예수동행신학

예수동행일기와 그 신학적 근거에 대하여

예수 동행 신학

예수동행일기와
그 신학적 근거에 대하여

정성욱 · 유기성 · 유재경 · 이강학 · 이은재 지음

위드지저스

목차

들어가는 말

성경에는 우리가 주 예수님을 단지 죄와 저주에서 구원해 주신 구주로만 믿을 것이 아니라 우리 안에 임하셔서 우리와 인격적으로 만나주시며, 친밀하게 동행할 수 있다는 놀라운 언급들로 가득합니다.

주님은 선한목자시고 우리는 양이며, 주님은 포도나무요 우리는 가지이고, 우리가 주님 안에, 주님은 우리 안에 거하시며, 우리를 고아로 버려두지 않고 오시겠다고 하셨고, "세상 끝 날까지 너희와 항상 함께 있으리라" 약속하셨습니다.

그리고 이 약속은 오순절 마가 다락방에서 이루어졌습니다.

그러나 많은 그리스도인들이 예수님에 대하여는 많이 듣고 배웠으나, 예수님을 인격적으로 만나며 친밀히 동행하는 삶에 대하여는 생소해 하는 것이 현실입니다. 사역자들 중에도 예수님과의 연합을 누리지 못한 채, 사역에만 몰두하다가 지쳐서 낙심하는 이들도 많습니다.

예수동행일기는 주 예수님과 친밀히 동행하는 삶을 살고자 시작된 일입니다.

동역자들과 교인들에게 매순간 임마누엘이신 주님을 바라보며 살기를 힘쓰며 그것을 매일 기록해 보도록 도전한 것입니다. 그리고 마음이 하나가 된 이들끼리 나눔방을 만들어 주님을 바라보며 살고자 하는 노력을 지속해 가도록 서로 돕게 하였습니다.

이 일기를 예수동행일기라 이름하였습니다.

한국교회는 그동안 '죄에 대한 회개'와 '속죄에 대한 확신', '의롭다 함을 얻은 은혜'에 대하여 가르치는 일에만 너무 집중하느라, 예수 그리스도 안에 거하는 것과 주님과 연합하는 것과 매 순간 그 분의 임재와 돌보심을 경험하는 것에 대하여 거의 가르치지 못하였습니다.

만약 우리가 처음 예수님을 믿기로 한 자들에게 예수님 안에 거하는 법을 가르쳤다면 그들의 삶에 정결함과 능력, 사랑과 기쁨, 복음전도의 열매가 풍성히 맺어졌을 것이고 한국 교회는 너무나 달라졌을 것입니다. 그러나 솔직히 말해서 교인들에게 주님과 친밀히 동행하는 삶을 가르치고 훈련할 뾰족한 방법이 없었다고 해야 옳을 것입니다.

예수동행일기는 이와 같은 목회적인 고민에서 시작된 것입니다.

그리고 지난 14년 동안 참으로 놀라운 은혜와 삶이 변화된 간증이 일어나며, 교회가 달라지는 것을 경험하였습니다.

그래서 이 일을 많은 목회자들에게 소개하였으며, 말씀을 전할 기회가 있을 때마다 24시간 주님과 동행하라고 전하였습니다.

이렇게 예수동행일기 사역이 확산되면서 예수동행일기에 대해 신학적인 검토를 해야 한다는 필요성이 제기 되었습니다. 많은 목회자들과 교인들이 일기를 쓰면서 주님을 바라보며 살자는 일이 성경적인 근거가 있는지 신학적으로 문제는 없는지 알고 싶어 했습니다.

그래서 이 문제를 진지하게 검토하면서 예수동행일기가 성경적으로나 신학적으로나 기독교 역사에서나 전혀 생소한 것이 아니라는 사실을 알게 되었습니다.

그래서 그동안 예수동행운동 사역을 전담하는 '예수동행운동'에서 예수동행일기에 대한 신학적 연구 내용을 가지고 컨퍼런스를 열었습니다.

이번 단행본은 그 내용을 모은 것입니다.

예수동행일기를 통해서 주님과 친밀한 교제와 행복한 동행의 삶이 누려지고, 예수동행일기를 통해서 주님을 더 깊이 바라보게 되는 시간이 되기를 바랍니다.

이 책을 통해서 더 많은 분들이 예수동행일기를 통해서 주님을 더 바라보며 나아가기를 간절히 기도합니다.

감사합니다.

유기성 목사

1부

예수동행일기의 조직신학적 기초

정성욱

Ⅰ. 삼위일체 신학과 영성 그리고 예수동행일기
(조직신학 신론)

들어가는 말

오늘날 '영성'(spirituality)은 이미 세계 기독교 신학계의 중심 화두가 되었습니다. 우선적으로 영성에 관심을 기울인 것은 로마 가톨릭권과 에큐메니컬 신학권이었습니다. 그러나 이제는 복음주의 신학권에서도 영성이란 말에 대한 반감이나 의구심을 찾아보기 어렵게 되었습니다. 물론 아직까지 보수적인 개혁신학권에서는 '영성'이라는 말보다는 '경건'(piety)이라는 말을 사용하자는 주장이 제기되고 있는 것도 사실입니다. 또한 복음주의 지도자 존 스토트는 '영성'이라는 말보다는 '제자도'(discipleship)라는 말을 선호한다고 주장했습니다. 하지만 '영성'이라는 말을 사용하는 것을 근본적으로 금지할 만한 성경적, 신학적 근거를 찾기는 어려워 보입니다. 그리고 이미 수많은 복음주의자들이 '영성', '영성형성'(spiritual formation), '영성신학'(spiritual theology)이란 말을 적극적으로 사용하고 있는 상황에서, '영성'이란 말을 사용하지 말자고 하는 것은 지나친 분리주의적 입장이라고 보입니다.

예를 들어 복음주의권에서 '영성신학'이란 제목으로 학문적 저술을 남긴 사람은 싱가포르의 사이먼 찬 교수입니다. 그의 〈영성신학〉(Spiritual Theology)[1]은 그리스도인의 삶에 대한 체계적인 신학화 작업을 특징으로 하고 있습니다. 이 책이 출간된 후 복음주의권의 영성신학적 논의는 매우 활발해지고 깊어졌습니다. 또한 미국의 복음주의 신학권에서 영성신학을 신학의 주요 분과로 인정하면서 영성신학 석박사과정을 개설하는 학교들이 점점 많아지고 있습니다. 대표적인 학교들이 미국 콜로라도 주의 덴버 신학대학원[2]과 캘리포니아주의 탈봇 신학대학원입니다. 캐나다 밴쿠버의 리젠트 칼리지도 오래전부터 영성신학과정을 개설해 왔습니다.[3]

'영성'이란 말과 함께 '영성일기'(spiritual journal/diary)라는 말도 회자된 지 오래되었습니다. 기독교 역사 2000년을 자랑하는 서구권에서는 '영성일기'를 쓰는 훈련이 영성훈련을 위한 매우 효과적이고 유익한 방법으로 인식되고 정착되어 왔습니다. 고대 사막 교부들(desert fathers)의 아버지로 불리는 대 안토니우스(Anthony the Great, 251-356)도 영성일기 쓰기를 실천했습니다. 그리고 교부 신학의 완성자로 불리는 아우구스티누스(Augustinus, 354-430)의 〈고백록〉이 사실상 영성일기의 산물입니다. 중세기 위대한 신앙지도자였던 토마스 아 켐피스(Thomas a Kempis, 1380-1471)의 저작 〈그리스도를 본받아〉(De Imitatione Christi) 역시 영성일기 형식으로 쓰였습니다. 종교개혁 이후 수많은 청교도 신학자들, 18세기 위대한 부흥과 영적 대각성을 이끌었던 조나단 에드워즈(Jonathan Edwards, 1703-1758)와 존 웨슬리(John Wesley, 1703-1791), 그리고 20세기를 섬겼던 위대한 믿음의 선진들, 특히 프랭크 루박(Frank Laubach, 1884-1970)과 토저(A. W. Tozer, 1897-1963) 같은 신앙 지도자들이 영성일기 쓰기를 실천했습니다. 더 나아가서 우리들에게 알려진 사람들보다 훨씬 더 많은 무명의 그리스도인들은 영성일기 쓰기를 매일 실천하면서 주님과 영적인 교제와 교통을 누렸습니다.

물론 성경 자체가 '영성일기'라는 단어를 사용하고 있지는 않습니다. 하지만 성경은 영성일기와 비슷한 문학적 장르를 포함하고 있다는 것을 기억할 필요가 있습니다. 특별히 많은 시편의 내용들은 매일매일의 삶 속에서 하나님과의 교통 가운데 느꼈던 기쁨, 그리고 시련 속에서의 고통, 유혹과의 투쟁, 죄에 대한 통렬한 회개, 말씀에 대한 깊은 묵상과 새로운 삶에 대한 결단 등 영성일기에서 사용되는 많은 문학적 요소들을 포함하고 있습니다. 또한 로마서 7장의 바울의 개인적인 고백 또한 영성일기적인 모습을 보여줍니다.

이런 기본적인 통찰에 기초해서 필자는 본 연구를 통하여 예수동행일기라는 영성훈련 방법이 삼위일체 신학에 정초된 영적 훈련임을 입증하고자 합니다. 다시 말하면 예수동행일기는 삼위일체 하나님의 존재론적 본질을 확인한 그리스도인이 실천하지 않을 수 없는 탁월한 영성훈련의 방법임을 입증하고자 합니다. 그리고 예수동행일기 운동이 한국교회의 갱신과 회복에 기여할 바가 클 것임을 입증하고자 합니다.

이 목적을 이루기 위해서 필자는 첫째, '영성'이란 말을 성경적인 의미에서 정의할 것입니다. 둘째, 삼위일체 하나님이 어떤 분이신가를 논의하고, 삼위일체 하나님과 예수동행일기를 이어주는 키워드인 '삼위일체 영성'(Trinitarian Spirituality)을 '코이노니아 영성'(Koinonia Spirituality)

으로 규정할 것입니다.[4] 이어서 코이노니아 영성을 실천하기 위한 탁월한 방법으로서 '예수동행일기'를 '코이노니아 일기'로 규정할 것입니다. 여기서 코이노니아라는 말에 대한 이해가 중요합니다. 신약성경에서 코이노니아라는 말은 대체로 '교통', '교제', "친교', 사귐'으로 번역되었습니다. 그러므로 코이노니아의 영성은 '교제의 영성', '교통의 영성', '친교의 영성', '사귐의 영성'으로 정의 내릴 수 있습니다.

한 차원 더 나아가서 코이노니아는 공동체가 누리는 교제의 영성입니다. 공동체라는 컨텍스트를 떠나서는 그리스도인의 참된 교제와 교통이 가능할 수 없습니다. 따라서 코이노니아의 영성은 결국 공동체의 영성이라고 확대해서 정의 내릴 수 있습니다. 이어서 예수동행일기 운동이 한국교회의 회복과 갱신을 위해 어떤 구체적인 유익을 줄 수 있는지를 논의할 것입니다.

1. 영성이란 무엇인가?

1) 영성이란 개념 정의의 어려움

'영성'(spirituality)이란 말은 정의하기가 어렵습니다. 왜냐하면 '영성'이란 말 자체가 너무나 다양한 의미로 이해되고, 또 사용되기 때문입니다. 특별히 오늘날 일반 종교학계에서 영성이란 말은 각각의 종교에 따라 다르게 이해됩니다. 불교의 영성[5]이 다르고, 이슬람의 영성[6]이 다르고, 힌두교의 영성[7]이 다릅니다. 일반 종교학에서는 '영성'이라는 말이 '종교성'(religiosity)이라는 말과도 혼동되어 사용되고 있기도 합니다. 어쨌든 모든 다양한 종교들이 '영성'이라는 말을 사용하고 있기 때문에, 독특한 의미에서의 기독교적 영성을 정의 내리는 것은 매우 중요합니다.

하지만 '기독교적인 영성(Christian spirituality)이란 무엇인가?'라는 질문에 대한 답을 찾기도 쉽지는 않습니다. 왜냐하면 기독교적 영성이라고 할 때에도 영성은 기독교의 다양한 전통들 안에서 매우 다양하게 정의 내려져 왔기 때문입니다. 가톨릭의 영성이 있고, 동방정교의 영성이 있고, 복음주의적 영성이 있습니다. 그리고 복음주의적 영성 안에는 종교개혁의 영성, 청교도적 영성, 경건주의적 영성, 웨슬리적 영성, 오순절적 영성, 은사주의적 영성 등이 포함되어 있습니다.

2) 기독교 영성과 그 네 가지 차원

이러한 다양성을 인식하면서 필자는 나름대로 기독교 영성을 정의하고자 합니다. 그것은 다음과 같습니다. '기독교 영성은 삶의 모든 영역에서, 성령의 인도와 능력을 통하여, 살아계신 하나님과 주 예수 그리스도를 전인적으로 지향하는 삶의 태도이다' 이렇게 정의 내릴 때 기독교 영성은 네 가지 중요한 차원을 가집니다.

첫째, 기독교 영성은 하나님과 주 예수 그리스도에 대한 지향성(orientation)과 관련됩니다. 영성이란 지향성의 문제입니다. 지향성은 어떤 목표를 향하여 방향지워짐(being oriented toward some object)을 뜻합니다. 그렇다면 기독교의 영성은 궁극적 실재와 목표이신 살아 계시고 참되신 하나님과 그분의 아들 예수 그리스도를 지향하고, 목적으로 삼는 것이 되어야 합니다.

둘째, 기독교 영성, 복음적 영성은 전인적인 영성(holistic spirituality)

입니다. 오늘날 세계 다른 종교들의 영성과 로마 가톨릭 영성은 사람이 몸이나 물질세계를 악하고 무가치한 것으로 보고, 사람의 영혼이나 영적 세계만을 선하고 가치 있는 것으로 보는 영지주의적 이원론(gnostic dualism)을 특징으로 하고 있습니다. 이러한 영지주의적 이원론은 어느새 복음주의적 기독교 안에도 스며들어와 뿌리를 내린지 오래되었습니다. 하지만 성경은 하나님께서 모든 만물을 선하게 창조하셨다고 가르칩니다. 하나님은 만물을 창조하신 후 지으신 모든 것을 보시고 심히 좋았다고 선언하셨습니다(창 1:31). 이 말은 물질이든 정신이든 몸이든 영혼이든 모든 만물이 존재론적으로 선하고 아름답게 창조되었음을 의미합니다. 모든 창조물의 선성(goodness)은 기독교 신앙의 매우 독특한 표지들 중 하나입니다.

물론 죄가 들어온 이후에 인간의 영혼과 몸은 죄의 저주 아래 있게 되었습니다. 그래서 영혼은 생명력을 잃었고, 몸은 죄의 지배를 받게 되었습니다. 그럼에도 불구하고 존재론적으로 인간의 영혼과 몸은 선하고 아름다운 것입니다. 본질적으로 악한 것은 죄입니다. 인간의 영혼과 몸이 아닙니다.

셋째, 기독교 영성은 삶의 모든 영역(all the realms and areas of life)과 관련됩니다. 기독교 영성은 특정한 시간과 공간과 영역에서만 추구되는 영성이 아닙니다. 기독교 영성은 삶의 모든 영역에서, 즉 우리 그리스도인들이 경험하는 모든 공간과 시간 속에서 추구되고 경험되어야 합니다. 다시 말하면 기독교 영성은 중세 수도원과 같은 곳에서만 추구될 수 있는 영성이 아닙니다. 고대 사막 교부들과 같이 사막이나 동굴에서만 추구될 수 있는 영성도 아닙니다. 사회와 분리된 교회에서만 추구될 수 있는 영성은 더더욱 아닙니다. 기독교 영성은 우리의 가정, 학교, 일터, 사회, 국가, 지구촌과 같은 모든 공간에서 추구되어야 합니다. 더 나아가서 경제, 교육, 정치, 문화, 예술, 과학 등 모든 영역에서 추구되어야 합니다. 하루 24시간, 일주일, 한 달, 일 년, 평생토록 추구되어야 합니다. 기독교 영성은 또한 교회당 안에서 공적으로 예배드리는 시간과만 관련된 것이 아닙니다. 우리 그리스도인들이 처하고 경험하는 모든 시간과 공간과 영역에서 기독교 영성은 추구되고 체험되어야 합니다. 그래서 기독교 영성은 본질상 '통전적'(integrative/holistic) 영성일 수밖에 없습니다.

넷째, 기독교 영성은 성령의 능력으로만 추구되고 체화될 수 있습니다. 그것은 기독교 영성이 하나님과 주 예수 그리스도를 지향하는 영성이기 때문입니다. 이 세상의 어느 누구도 성령의 인도하심과 능력을 힘입지 않고는 하나님을 향하여 나아갈 수 없습니다. 예수 그리스도를 주라고 시인하고 부를 수 없습니다(고전 12:3). 살아 계신 하나님을 참되게 만나고, 그분을 깊이 알아가며, 그분과 긴밀한 친교 가운데 살아가게 하시는 분은 오직 성령뿐이십니다. 동시에 하나님의 아들 예수 그리스도의 순종과 거룩하심을 따라 실천하며, 그분의 겸손과 온유를 본받게 하실 수 있는 분도 오직 성령뿐이십니다.

세계의 다른 종교들의 영성은 인간을 신격화하고, 인간의 능력을 높이며, 인간의 교만을 부추깁니다. 인간 스스로 자신을 발견할 수 있고, 자아실현에 이를 수 있다고 가르칩니다. 인간에게 있는 불성을 계발하여 해탈과 열반에 이를 수 있다고 가르칩니다. 인간이 소유하고 있는 신성을 실현하여 인간 스스로 절대자의 위치에 오를 수 있으며, 자기 인

생과 운명을 스스로 책임질 수 있다고 강조합니다. 세계의 다른 종교들의 영성이 향하여 가는 마지막 운명은 결국 영원한 저주와 멸망과 비참입니다.

그러나 성경이 가르치는 기독교 영성, 즉 복음적 영성은 성령의 영성입니다. 성령께서 모든 진리 가운데로 인도해 주실 때에만, 성령께서 당신의 거룩하심을 우리에게 전달해 주실 때에만, 성령께서 당신의 우리 눈을 열어 하나님의 기이한 법을 보게 하고 살아 계신 하나님을 향하여 담대히 나아가게 하실 때에만 기독교 영성은 추구될 수 있고 체화될 수 있습니다. 성령을 떠나서는 결코 기독교 영성이 실현될 수 없습니다. 그래서 18세기 최대의 신학자 조나단 에드워즈는 그의 주저 〈신앙감정론〉에서 '영적인' 혹은 '신령한' 그리스도인이란 결국 성령의 인도와 능력을 따라 살아가는 그리스도인, 성령으로 충만함을 받아 성령의 지배와 통제 아래 살아가는 사람이라고 증거했습니다.[8] 기독교 영성을 체화한 사람이란 결국 성령의 열매를 맺는 성숙한 그리스도인인 것입니다.

3) 기독교 영성은 삼위일체 영성이다

그렇다면 기독교 영성의 본질은 무엇일까요? 필자는 기독교 영성의 본질은 삼위일체 영성이라고 믿습니다. 그것은 기독교 영성이 지향하는 하나님이 바로 삼위일체 하나님이기 때문입니다. 뒤집어 말하면 기독교 영성은 삼위일체 영성일 수밖에 없고, 삼위일체 영성만이 기독교 영성인 것입니다. 우리는 위에서 '기독교 영성은 삶의 모든 영역에서, 성령의 인도와 능력을 통하여, 살아계신 하나님과 주 예수 그리스도를 전인적으로 지향하는 삶의 태도'라고 정의 내렸습니다. 여기에서 삼위일체 하나님의 세 위격이 함께 언급됩니다. 성령의 인도와 능력을 통하여 살아계신 하나님과 주 예수그리스도를 지향하는 것 즉 삼위일체 하나님을 지향하는 것이 삼위일체 영성의 본질입니다. 결국 우리는 성부와 성자와 성령의 세 위격이 상호 내주의 방식으로 서로를 지향하는 관계 속에 존재하시는 삼위일체 하나님을 추구해야 합니다.

우리 그리스도인이 지향해야 할 하나님은 다름 아닌 삼위일체 하나님입니다. 우리의 몸과 마음을 다하여 지향해야 할 하나님, 삶의 모든 영역에서 전인적으로 지향해야 할 하나님, 성령의 인도와 능력을 통하여 삶의 모든 영역에서 전인적으로 지향해야 할 살아계신 하나님은 바로 삼위일체 하나님입니다. 그런 의미에서 기독교 영성은 삼위일체 영성일 수밖에 없으며, 삼위일체 영성이야말로 기독교 영성의 본질입니다. 다시 말하면, 우리 그리스도인이 향하여 바르게 서 있어야 할 하나님, 사랑해야 할 하나님, 따르고 순종해야 할 하나님, 배우고 본받고 닮아가야 할 하나님은 바로 삼위일체 하나님이십니다.

기독교 영성이 하나님을 지향하는 영성이라는 말은 결국 기독교 영성은 삼위일체 하나님을 향하여 바로 서는 영성이며, 삼위일체 하나님을 사랑하는 영성이며, 삼위일체 하나님을 순종하고 따르는 영성이며, 삼위일체 하나님을 배우고 본받고 닮아 가는 영성임을 뜻합니다.

2. 삼위일체 하나님

1) 삼위일체 하나님의 중요성

그렇다면 우리 기독교 신앙에 있어서 삼위일체 하나님은 왜 그렇게 중요할까요? 무엇보다도 우리가 기억해야 할 것은 삼위일체 하나님은 우리 그리스도인이 섬기고, 예배하고, 사랑하는 궁극적 실재요, 절대자(the ultimate reality and the absolute)라는 사실입니다. 이 말은 삼위일체 하나님의 배후에 있거나, 삼위일체 하나님을 초월하는 어떤 다른 궁극적 실재는 존재할 수 없다는 것을 뜻합니다. 모든 만물이 삼위일체 하나님으로부터 나오고, 삼위일체 하나님으로부터 말미암고, 삼위일체 하나님에게로 돌아간다는 것입니다(롬 11:36).

또한 삼위일체 하나님은 기독교와 모든 다른 종교를 구별해 주는 기독교의 독특성(distinctiveness)과 절대적 유일성(absolute uniqueness)과 관련됩니다. 예를 들어, 오늘날 많은 사람들은 기독교의 하나님과 이슬람의 알라가 같은 신이라고 믿고 있습니다.[9] 그리스도인들 가운데도 그렇게 믿고 있는 사람들이 많습니다. 하지만 그것은 철저한 오해입니다. 우리가 믿는 삼위일체 하나님은 삼 인격적인(three-personed) 신인 반면, 이슬람의 알라는 단일 인격적(one-personed) 신입니다. 결국 기독교의 삼위일체 하나님이 참 신이거나, 알라가 참 신이거나, 또는 둘 다 거짓 신일수는 있어도, 둘 다 참된 궁극적 신일 수는 없습니다. 둘 중의 하나만이 참되고, 살아있는 절대 궁극적 신입니다. 물론 우리 그리스도인들은 아버지와 아들과 성령 삼위일체 하나님이 참되고 살아계신 절대 궁극적 신이라고 믿고 고백합니다. 따라서 이슬람의 알라는 인간이 만들어낸

가짜 신에 불과합니다.

우리가 믿는 삼위일체 하나님만이 참되고 살아계신 절대 궁극적 신이기에 우리는 기독교가 모든 세계 종교들과 구별되는 유일성과 절대성을 가진다고 믿습니다. 그것이 우리 그리스도인들의 신앙고백의 제1조입니다. 기독교를 세계의 다른 종교들로부터 뚜렷하게 구별해 주는 요소는 여러 가지가 있습니다. 오직 믿음, 오직 은혜, 오직 예수 등의 진리가 거기에 속합니다. 그러나 그 무엇보다도 삼위일체 하나님의 존재야말로 기독교를 세계의 다른 종교들과 절대적으로 구별되게 하는 요소이며, 기독교를 유일무이한 진리로 만드는 요소입니다.

2) 삼위일체 신학의 재흥(Renaissance of the Trinitarian Theology)

지난 반세기 동안 전 세계의 기독교 신학권은 삼위일체 신학의 재흥을 경험했습니다. 삼위일체 신학의 부흥에 초석을 놓은 사람은 신정통주의자 칼 바르트(Karl Barth, 1886-1968)입니다. 그는 19세기 자유주의 신학권에서 무관심의 대상이었던 삼위일체론을 그의 교의학 전면에 내세웠습니다. 특히 바르트는 그의 계시론을 삼위일체론에 정초시켰습니다. 그리고 그의 주저 〈교회교의학〉(Kirchliche Dogmatik)을 삼위일체론적으로 구조화하였습니다. 그렇게 함으로써 바르트는 삼위일체 하나님을 기독교 신앙과 진리의 근원과 중심 자리에 복권시켰습니다. 물론 바르트의 삼위일체론은 양태론적 경향을 보이고 있다는 비판을 받아왔습니다. 그럼에도 불구하고 바르트가 삼위일체 하나님을 기독교 진리의 중심 자리로 복권시킨 것은 큰 신학적 공헌이 아닐 수 없습니다.

바르트가 삼위일체론을 복권시킨 이후 독일의 발터 카스퍼(Walter

Kasper, 1933-)[10], 위르겐 몰트만(Jürgen Moltmann, 1926-)[11], 볼프하르트 판넨베르크(Wolfhart Pannenberg, 1928-2014)[12] 같은 학자들이 삼위일체론에 대한 큰 관심을 보였습니다. 그리고 영국의 토마스 토런스(Thomas F. Torrance, 1913-2007)[13]와 콜린 건튼(Colin Gunton, 1941-2003)[14], 미국의 로버트 젠슨(Robert Jenson, 1930-2017)[15] 그리고 다양한 여성신학자들이 삼위일체론에 대한 심도 있는 연구를 진행하였습니다. 서구 복음주의권에서는 스탠리 그렌즈(Stanley Grenz, 1950-2005)[16], 밀러드 에릭슨(Millard Erickson, 1932-)[17] 같은 학자들이 삼위일체론에 대한 큰 관심을 가지고 신학적 작업을 진행했습니다. 특별히 1980년대 이후 동방정교회 신학자 존 지지울라스(John Zizioulas, 1931-2023)[18]는 고대 갑바도기아 지역에서 활동했던 세 교부의 삼위일체론에 대한 재조명을 통해서 삼위일체 하나님의 공동체성, 삼위 간의 관계성과 코이노니아에 대하여 강조했습니다. 그 결과 소위 '사회적 삼위일체'(social Trinity)운동을 이끌게 되었습니다. 이 사회적 삼위일체 운동에는 지지울라스와 더불어 위르겐 몰트만과 남미 해방신학자 레오나르도 보프(Leonardo Boff, 1938-)[19], 미국의 복음주의 신학자 미로슬라브 볼프(Miroslav Volf, 1956-)[20] 그리고 가톨릭 여성신학자 캐써린 러큐나(Catherine Mowry Lacugna, 1952-1997)[21]같은 사람들이 적극적으로 참여해 왔습니다.

3) 사회적 삼위일체론과 코이노니아

사회적 삼위일체론의 핵심적인 주장은 삼위일체 하나님이 하나의 사회를 이루고 있다는 것입니다. 즉 삼위일체 하나님은 성부와 성자와 성령 세 위격이 하나의 공동체를 이루고 있다는 주장입니다. 이 공동체는 개별자들의 단순한 집합체를 뜻하는 커뮤니티(community)가 아니라, 연합적 친교의 공동체인 커뮤년(communion)입니다.

물론 필자는 사회적 삼위일체론이라는 말에서 '사회적'이라는 말이 오해의 소지가 있다고 생각합니다. '사회적'이라는 말은 그 사회를 구성하는 개인 혹은 개체 간의 끈끈한 연합적 친교를 충분히 전달할 수 없습니다. 그저 개인과 개체들이 모여서 하나의 집단을 이루었다는 정도의 의미만을 함축할 뿐입니다. 그래서 단순한 '사회적'이라는 말 대신 '연합적 친교'라는 뜻을 담고 있는 '커뮤널(communal)'이란 단어를 사용해야 한다고 믿습니다. 따라서 '소셜 트리니티(social Trinity)'가 아니라, '커뮤널 트리니티(communal Trinity)'라는 말을 사용해야 한다고 믿습니다.

삼위일체 하나님을 연합적 친교의 공동체로 바라보게 되면 몇 가지 중요한 신학적 통찰을 얻게 됩니다. 그것은 하나님 안에 이미 다양성(diversity)과 통일성(unity)이 함께 구유되어 있다는 점입니다. 성부와 성자와 성령 세 위격이라는 다양성과 이 세 위격이 완전히 연합되어 하나를 이루고 있다는 통일성이 한 분 하나님 안에 동시적으로 구현되어 있습니다. 따라서 본질적으로 다양성은 악하지 않고, 선하다는 결론에 이릅니다. 다양성을 존중하는 것이 하나님의 존재적 본질에 일치한다는 것이 '연합적 친교의 삼위일체론'이 주는 매우 중요한 통찰입니다. 물론 다양성의 존중이 무질서한 다원주의(disorderly pluralism)로 퇴락해서는 안 됩니다. 도리어 세 위격의 다양성이 한 분 하나님이라는 통일성으로 지탱되는 것처럼, 다양성과 통일성은 항상 균형을 유지해야 합니다.

성부와 성자와 성령의 커뮤년(communion)은 상호 내주(mutual indwelling)와 상호 침투(mutual penetration) 그리고 상호 참여(mutual participation)와 상호 의존(mutual dependence)과 상호 복종(mutual submission)을 의미하는 '페리코레시스(perichoresis)'적 공동체입니다.[22] 다시 말하면 삼위일체 하나님은 '페리코레틱 커뮤넌(perichoretic communion)' 즉 상호 내주, 침투, 참여, 의존, 복종을 통하여 완전히 연합된 친교의 공동체라는 것입니다. 아버지는 아들과 성령 안에 내주하시고, 아들은 아버지와 성령 안에 내주하시며, 성령은 아버지와 아들 안에 내주하십니다. 그래서 세 위격의 분명한 구별이 있지만, 세 위격은 결코 분리되어 존재하지 않습니다. 서로 간에 내주하심을 통해 완전히 하나로서 즉 연합된 하나로서 존재합니다.

여기서 성부와 성자와 성령이 함께 누리고 있는 친교와 교통은 첫째, 서로 사랑하는 친교, 둘째, 서로를 영화롭게 하는 교통, 셋째, 서로를 기뻐하는 사귐, 넷째, 서로를 환영하는 교제, 다섯째, 서로를 섬기는 친교, 여섯째 서로에게 복종하는 교통을 뜻합니다.

3. 삼위일체적 코이노니아의 본질

삼위일체 하나님을 연합적 친교의 공동체 즉 연합적 코이노니아의 공동체로 이해하게 되면 우리는 코이노니아 영성의 본질이 무엇인지를 확인할 수 있습니다. 간단하게 말해서 코이노니아 영성의 본질은 '서로 서로'의 영성입니다.

예수님은 제자들의 발을 씻기시던 날 밤에 제자들에게 "내가 너희를 사랑한 것 같이 너희도 서로 사랑하라"(요 13:34-35)는 새 계명을 주셨습니다. 왜 '서로 사랑하라'라는 계명을 새 계명으로 즉 모든 계명의 으뜸 계명으로 주셨을까요? 그것은 아버지와 아들과 성령이 서로 사랑하는 코이노니아 가운데 계시기 때문입니다. 아버지와 아들과 성령이 서로 사랑하고 계시기 때문에 너희도 서로 사랑하라는 것입니다. 삼위일체 하나님이 누리고 계시는 코이노니아를 너희도 함께 누리라는 초청입니다.

또한 놀랍게도 신약 서신서들의 후반부에 나와 있는 윤리적 교훈을 보면 '서로 ~하라'는 것이 윤리적 교훈의 핵심을 이루고 있음을 우리는 발견하게 됩니다. 예를 들어 '서로 사랑하라, 용서하라, 용납하라. 위로하라. 짐을 지라, 문안하라, 받으라, 위해 기도하라, 가르치라, 권면하라' 등 '서로 ~하라'라는 윤리적 요구를 우리는 수십 개 발견하게 됩니다. 그것은 신약성경이 우리에게 요구하는 코이노니아의 영성이 바로 '서로서로'의 영성임을 극명하게 보여주는 것입니다.

필자는 아래에서 신약성경에 나오는 '서로 ~하라'라는 윤리적 요구와 연결되는 삼위일체 하나님의 존재방식을 네 가지로 요약해 보고자 합니다.

1) 서로 사랑하심

앞에서도 논의한 것처럼, 아버지와 아들과 성령은 영원부터 영원까지 서로를 사랑하는 코이노니아를 누리고 계십니다. 아버지는 아들을 사랑하시고, 아들은 아버지를 사랑합니다. 예수님께서 세례요한에게 세례를 받으시고 요단강 물에서 올라올 때 하늘에서 음성이 들렸습니다. "이는 내 사랑하는 아들이요 내 기뻐하는 자라" 하나님 아버지는 당신의 아들 예수 그리스도를 사랑하십니다. 동시에 아들 예수 그리스도는 아버지를 사랑하셔서 아버지의 말씀과 뜻에 복종하고 순종한다고 여러 차례 천명하셨습니다. 물론 성령과 아버지의 서로 사랑, 성령과 아들의 서로 사랑에 대해서 성경은 명백하게 언급하고 있지 않습니다. 하지만 건전한 추론을 통해서 우리는 아버지와 아들과 성령이 영원한 사랑의 교통과 친교 즉 코이노니아를 누리며 존재해 오셨음을 알 수 있습니다. 또한 서로 사랑하시는 코이노니아를 누리고 계시는 삼위일체 하나님은 우리를 향해서도 서로 사랑하라고 명령하십니다.

2) 서로를 존경하고 영화롭게 하심

요한복음 17:1은 다음과 같이 말씀합니다. "예수께서 이 말씀을 하시고 눈을 들어 하늘을 우러러 이르시되 아버지여 때가 이르렀사오니 아들을 영화롭게 하사 아들로 아버지를 영화롭게 하게 하옵소서" 아버지는 아들을 영화롭게 합니다. 그리고 이어서 아들은 아버지를 영화롭게 합니다. 서로를 영화롭게 하는 친교가 펼쳐집니다. 또한 놀랍게도 요한복음 16:14은 성령이 오셔서 하실 일을 다음과 같이 증거합니다. "그가 내 영광을 나타내리니 내 것을 가지고 너희에게 알리겠음이라" 즉 보혜사 성령이 오셔서 하시는 일은 예수님의 영광을 나타내는 일입니다. 원문 상으로 보면 그것은 예수님께 영광을 돌리는 일입니다. 아버지는 아들을 영화롭게 하고, 아들은 아버지를 영화롭게 하며, 성령은 아들을 영화롭게 합니다. 예수님은 성령을 소개하시면서 "내가 떠나가는 것이 너희에게 유익이라 내가 떠나가지 아니하면 보혜사가 너희에게로 오시지 아니할 것이요 가면 내가 그를 너희에게로 보내리니"(요 16:7)라고 말씀하심으로써 보혜사 성령께 영광을 돌리고 있음을 보게 됩니다. 서로 영화롭게 하시는 코이노니아를 누리고 계시는 삼위일체 하나님은 우리를 향해서도 서로 존경하기를 먼저 하라고(롬 12:10) 명령하십니다.

3) 서로를 기뻐하고 환영하심

예수님이 세례를 받으시고 요단강 물에서 올라올 때 아버지께서 하셨던 말씀 즉 "이는 내 사랑하는 아들이요 내 기뻐하는 자라"라는 말씀은 아버지가 아들을 기뻐하시며, 환영하신다는 뜻을 포함합니다. 아버지만 아들을 기뻐하거나 환영하는 것이 아니라, 아들도 아버지를 기뻐하고 아버지의 뜻 행하기를 기뻐하십니다. 시편 40:8은 메시아에 대한 예언시로서 다음과 같이 선포합니다. "나의 하나님이여 내가 주의 뜻 행하기를 즐기오니 주의 법이 나의 심중에 있나이다 하였나이다" 예수님은 하나님의 뜻을 행하시는 것을 기뻐하셨습니다. 그것은 예수님이 하나님 아버지를 기뻐하고, 환영하셨음을 보여줍니다. 서로를 기뻐하시고 환영하시는 코이노니아를 누리고 계시는 하나님은 우리들에게도 서로 환영하고, 서로 받으며, 서로 우애하고, 서로 기뻐하라고 명령하십니다.

4) 서로 섬기고 복종하심

성자 예수님은 이 땅에 오셔서 철저히 하나님 아버지를 섬기셨습니다. '그는 근본 하나님의 본체시나 하나님과 동등됨을 취할 것으로 여기지 아니하시고 오히려 자기를 비워 종의 형체를 가지사 사람들과 같이 되셨고 사람의 모양으로 나타나사 자기를 낮추시고 죽기까지 복종하셨으니 곧 십자가에 죽으심이라"(빌 2:6-8). 아들이 아버지를 섬기시고 아버지께 복종하셨다는 것은 쉽게 이해할 수 있습니다. 그리고 성령이 아들의 영광을 구하고 그것을 통하여 아버지의 영광을 구했다는 것도 쉽게 이해할 수 있습니다. 그런 의미에서 성령은 아들과 아버지를 섬기십니다.

그렇다면 아버지는 아들을 섬기실까요? 아버지가 아들의 종이 되었다는 말은 성경에 나오지 않지만 아버지 역시도 아들을 섬기고 계신다는 여러 가지 증거를 우리는 성경에서 발견하게 됩니다. 그중 하나가 아버지가 아들의 말을 들으시며, 심지어 아들의 명령에 응답하신다는 것을 우리는 발견하게 됩니다.

요한복음 11:41-42은 "아버지여 내 말을 들으신 것을 감사하나이다. 항상 내 말을 들으시는 줄은 내가 알았나이다"라고 말씀하십니다. 아버지가 항상 아들의 말을 듣는다는 것은 아들을 섬기시는 아버지의 모습을 보여주는 것입니다. 예수님이 십자가에 못 박히실 때 예수님은 "아버지여 저들을 사하여 주옵소서 자기들이 하는 것을 알지 못함이니이다"(눅 23:34)라고 말씀하십니다. 이 말씀을 원문 상으로 보면 아들이 아버지께 명령하고 있음을 알게 됩니다. 우리말로는 기도문처럼 번역이 되어 있지만, 헬라어 원문 상으로는 명령형으로 되어 있습니다. 아들이 아버지에게 저들을 용서하라는 명령을 하고 있는 것입니다. 서로 섬기고 복종하는 코이노니아를 누리고 계시는 삼위일체 하나님은 우리들에게도 서로 섬기고 서로 복종하라고 명령하십니다.

4. 삼위일체적 코이노니아 영성의 실천

지금까지의 논의를 통해서 우리는 코이노니아의 영성이 삼위일체 하나님이 영원히 누리고 계시는 친교의 영성, 사귐의 영성임을 깨닫게 됩니다. 서로 사랑하는 친교와 사귐, 서로를 높이고 영화롭게 하는 친교와 사귐, 서로를 환영하고 기뻐하는 친교와 사귐, 서로를 섬기고 복종하는 친교와 사귐의 영성이 바로 삼위일체 영성입니다. 놀라운 것은 이 삼위일체적인 코이노니아의 영성은 공동체라는 맥락에서만 실천될 수 있다는 점입니다.

우리 그리스도인이 속한 근본적인 공동체는 바로 부부, 가정, 교회, 사회입니다. 이 네 가지 공동체의 맥락에서 코이노니아의 영성이 어떻게 실천될 수 있는지를 논의해 보고자 합니다.

1) 부부와 코이노니아의 영성

삼위일체 하나님을 가장 닮은 공동체는 부부입니다. 부부는 그런 의미에서 비유적으로 이위일체라고 부를 수 있습니다. 한 남자와 한 여자가 함께 만나서 한 몸을 이루는 부부관계는 성부와 성자와 성령이 한 분 하나님을 이루는 삼위일체에 가장 근접한 공동체의 그림입니다.

아버지와 아들과 성령이 다양성 가운데서 완벽한 일치를 이루고 있는 것처럼, 남편과 아내도 다양성 가운데서 완벽한 일치를 이루어야 합니다. 동시에 아버지와 아들과 성령이 서로를 사랑하며, 존경하며, 영화롭게 하며, 기뻐하며, 환영하고, 섬기고, 복종하듯이 남편과 아내도 서로 사랑하며, 존중하며, 높이며, 기뻐하며, 환영하고, 섬기고, 복종해야 합니다. 바로 그것이 부부관계라는 공동체 속에서 코이노니아의 영성이 실천되는 모습입니다.

주 예수 그리스도안에 있는 부부는 이런 삼위일체적인 코이노니아의 영성을 실천하기 위해서 날마다 성령을 힘입어야 합니다. 성령의 도우심이 없이는 어떤 부부도 코이노니아의 영성을 그들의 삶의 현장에서 실천해낼 수 없습니다.

2) 가정과 코이노니아의 영성

아버지와 아들과 성령 삼위일체 하나님이 서로를 사랑하고, 존경하고, 영화롭게 하며, 기뻐하며, 환영하고, 섬기고, 복종하듯이 가정의 구성원들도 그런 삶을 살아가야 합니다. 가정은 생물학적으로 피를 나눈 부모와 자녀로 구성이 되는데, 자녀와 부모 사이에서도 삼위일체적인 코이노니아의 영성이 실현되어야 하고, 실현될 수 있습니다. 물론 그것 역시 여전히 성령 하나님의 도우심과 인도하심이 있어야만 가능하다는 것은 분명합니다.

3) 교회와 코이노니아 영성

삼위일체 하나님의 모습을 가장 닮은 공동체 중의 하나가 부부라면 또 다른 하나는 바로 교회입니다. 교회는 매우 다양한 구성원들이 모여서 예수님의 몸을 이룹니다. 여러 지체들이 있지만 한 몸입니다. 성부, 성자, 성령 세 위격들이 있지만, 하나님은 한 분이시라는 삼위일체적 공동체의 원리와 매우 유사한 모습을 보여줍니다. 그런 의미에서 교회는 삼위일체적 코이노니아의 영성을 실천할 수 있는 가장 적합한 공동체입니다.

아버지와 아들과 성령이 다양성을 존중하시면서 한 분 하나님으로 존재하듯이, 교회의 다양한 지체들도 서로의 다양성과 다름을 존중하면서 한 몸으로 존재해야 합니다. 아버지와 아들과 성령이 서로를 사랑하듯이, 교회의 지체들도 서로를 피차 뜨겁게 사랑해야 합니다. 아버지와 아들과 성령이 서로를 높이고 영화롭게 하듯이, 교회의 지체들도 서로를 존경하고 소중히 여겨야 합니다. "아무 일에든지 다툼이나 허영으로 하지 말고 오직 겸손한 마음으로 각각 자기보다 남을 낫게 여기고"(빌 2:3). 그리고 서로를 기뻐하며, 환영하고, 서로 받으며, 서로를 섬기고, 그리스도를 경외함으로 피차 복종하는 삶을 살아가야 합니다. 이 일 역시 성령님의 능력과 인도에 의해서 가능해짐을 우리는 명심해야 합니다.

4) 사회와 코이노니아 영성

그리스도인 부부관계나, 가정이나 교회와는 달리 그리스도인이 속한 사회는 불신앙이 더 지배적인 공동체입니다. 그리스도인이 속한 사회가 삼위일체적 코이노니아를 닮아간다는 것은 거의 불가능하다고 해도 과언이 아닙니다. 그리스도인이 속한 사회가 단체적으로 회심하여 하나님을 구하지 않는 이상, 삼위일체적인 코이노니아의 영성이 어떤 사회 속에서 실현되는 것은 거의 불가능합니다.

하지만 그리스도인이 자기가 속한 사회라는 맥락에서 삼위일체적인 코이노니아의 영성을 실천하는 일을 그만두어서는 안 됩니다. 울더라도 씨앗을 뿌려야 합니다. 그래서 우리가 행하는 착한 행실을 보고 세상이 하늘에 계신 아버지께 영광을 돌리는 일이 일어나도록 노력해야 합니다(마 5:16).

　세상 사람들이 어떻게 반응하든지 그리스도인은 세상에 속한 사람들을 사랑해야 합니다. 그들을 존경하고 높여주어야 합니다. 환영하고 기뻐해 주어야 합니다. 그리고 섬기고, 복종해 주어야 합니다. 우리가 그렇게 한다고 해서 세상이 우리에 대한 핍박을 멈추지는 않을 것입니다. 우리가 그렇게 살면 살수록 세상은 더 우리를 핍박할 수도 있습니다. 그러나 우리는 인내심을 가지고 하나님의 나라가 우리 사회 속에 임하기를 고대하면서 신실하게 주님이 가라고 하신 그 길을 가야 합니다. 오직 성령의 능력과 인도를 힘입어 우리는 주님의 사랑을 품고 병든 세상, 망가진 세상을 부둥켜안고 전진해 나아가야 합니다. 삼위일체적인 코이노니아의 영성을 우리가 속한 사회의 맥락에서 실천하려는 것은 반드시 그리스도인의 중심 관심사들 중 하나가 되어야 합니다.

5. 삼위일체적 코이노니아 영성과 예수동행일기

1) 하나님의 존재적 본질로서의 코이노니아/교제

　지금까지의 논의를 통해서 필자는 삼위일체 하나님의 존재적 본질 중 한 차원이 코이노니아 즉 교제임을 밝혀 왔습니다. 아버지와 아들과 성령이 상호 내주하면서 서로를 사랑하고, 기뻐하고, 환영하고, 존중하며, 높여주고, 영화롭게 하고, 섬기며, 서로에게 복종하는 영광스러운 교통 가운데 존재하심을 확인하였습니다. 영원부터 영원까지 완전한 사랑의 친교와 사귐과 교통을 누리고 계신 하나님은 스스로 충족하신 분이십니다. 어느 하나도 부족함이 없으신 분이십니다. 왜냐하면 세 위격의 영원한 사랑의 교제 가운데에서 하나님은 완전히 만족한 삶을 살고 계시기 때문입니다.

2) 사람과 만물을 창조하신 목적으로서의 코이노니아/교제

그렇다면 영원히 만족스러운 사랑의 교통 가운데 계신 하나님이 왜 사람을 포함한 세상과 만물을 창조하셨을까요? 삼위일체 하나님이 사람을 포함한 세상과 우주와 만물을 창조하신 목적은 무엇인가요? 이 질문에 대해서 기독교회 역사 동안 수많은 신학자들이 고민해왔고 또 나름대로 해답을 제시해 왔습니다. 어떤 신학자들은 하나님의 영광을 드러내고 현시하는 것이 창조의 목적이라고 주장해 왔습니다. 이것은 주로 개혁주의권에 속한 신학자들의 입장입니다. 대표적인 실례가 18세기 미국의 청교도 신학자 조나단 에드워즈입니다.[23] 한편 어떤 신학자들은 삼위일체 하나님이 사람을 창조하신 것은 삼위일체 하나님이 영원히 누리고 계신 사랑의 교제 안으로 사람을 초대하기 위해서 즉 사람과 교제하고 교통하기 위해서라고 주장해 왔습니다.

필자는 위의 두 가지 목적들 모두 하나님이 사람을 포함한 우주와 만물을 창조하신 목적에 포함된다고 믿습니다. 다만 우리가 인정할 수 없는 답변은 하나님이 무엇인가 부족과 결핍을 느끼셔서 그 부족과 결핍을 채우기 위해서 사람을 포함한 우주와 만물을 창조했다는 주장입니다. 이것은 결코 성경적인 해답이 아닙니다. 왜냐하면 성경은 하나님이 "무엇이 부족한 것처럼 사람의 손으로 섬김을 받으시는 것이 아니"

라고 말씀하기 때문입니다(행 17:25).

그렇다면 하나님이 사람을 포함한 세상과 만물을 창조하신 목적은 다음과 같이 정리할 수 있습니다. '삼위일체 하나님은 당신의 무한한 영광을 드러내고 현시하기 위하여 세상과 만물을 창조하셨고, 특별히 삼위일체 하나님이 영원히 누리고 계시는 사랑의 교제 가운데 초대하셔서 영원하신 하나님과의 사랑과 기쁨의 교제를 누리게 하기 위해서 사람을 창조하셨다'. 간단하게 말하면 사람을 창조하신 목적이 바로 교제/코이노니아라는 것입니다.

3) 구원의 목적으로서의 주님과의 교제

고린도전서 1:9에서 사도 바울은 다음과 같이 말씀합니다. "너희를 불러 그의 아들 예수 그리스도 우리 주와 더불어 교제하게 하시는 하나님은 미쁘시도다" 하나님께서는 우리를 죄의 종된 상태로부터, 마귀의 노예 된 상태로부터, 온갖 더러운 탐욕이 지배하는 세상으로부터 우리를 불러내셨습니다. 우리를 구원하셨습니다. 그렇게 불러내시고 구원하신 목적은 무엇입니까? 그의 아들 예수 그리스도 우리 주와 더불어 교제하게 하시려는 것입니다. 주님과의 교제가 구원의 목적이라는 것입니다. 요한1서 1:3-4 역시 비슷한 교훈을 담고 있습니다. "우리가 보고 들은 바를 너희에게도 전함은 너희로 우리와 사귐이 있게 하려 함이니 우리의 사귐은 아버지와 그의 아들 예수 그리스도와 더불어 누림이라 우리가 이것을 씀은 우리의 기쁨이 충만하게 하려 함이라" 이 본문은 우리 그리스도인들 간의 사귐은 결국 아버지 하나님과 그의 아들 예수 그리스도와 더불어 누리는 교제가 되며, 그것은 그리스도인들에게 충만한 기쁨을 준다고 말씀하고 있습니다.

4) 영생의 본질로서의 주님과의 교제

여기서 우리는 교제라고 번역된 헬라어 단어 '코이노니아'를 주목해야 합니다. 코이노니아는 신약 성경에서 교제, 교통, 사귐, 친교라는 말로 번역이 되어 있습니다. 그런데 중요한 것은 이 코이노니아가 영생의 본질이라는 것입니다. 요한복음 17:3에서 예수님은 "영생은 곧 유일하신 참하나님과 그가 보내신 자 예수 그리스도를 아는 것이니이다"라고 말씀하십니다. 영생은 하나님과 예수님을 아는 것이라는 뜻입니다. 여기서 '아는 것'이라고 번역된 헬라어 단어는 '기노스코' 입니다. '기노스코'는 단순히 머리로 아는 지식을 의미하지 않습니다. 도리어 부부가 함께 동침하는 것, 동거하는 것을 뜻합니다. 즉 부부가 함께 살면서 서로에게 대하여 인격적으로, 경험적으로 친밀하게 아는 것을 의미하는 단어가 영생을 묘사하기 위해 사용되었습니다.

결국 영생은 우리 그리스도인이 예수님과 동행하고 동거하면서 그 예수님을 친밀하게 알아가는 것 즉 주님과의 교제임을 천명하신 것입니다. 요약하면 하나님이 우리를 죄의 종된 상태로부터, 마귀의 노예된 상태로부터, 온갖 더러운 탐욕이 지배하는 세상으로부터 불러내어 구원하신 것은 주님과 교제하게 하시려는 것, 즉 영생을 누리게 하시려는 것이라는 말입니다. 오늘날 많은 그리스도인들은 영생을 우리가 죽은 이후에 받는 것이라고 생각합니다. 물론 더욱 온전하고 완전한 의미에서의 영생은 우리가 죽은 후에 누리게 될 것입니다. 하지만 우리가 잊지 말아야 할 것은 우리는 이미 이 땅에서 영생을 얻었고, 누리고 있다는 사실입니다. 우리가 얻었고 누리고 있는 영생은 다름 아닌 주님과의 교제와 동행의 삶이며, 그 교제와 동행 가운데 주님을 더 깊이, 더 친밀하게 알게 되는 것입니다. 그렇기에 사도 바울은 데살로니가전서 5:10에서 "예수께서 우리를 위하여 죽으사 우리로 하여금 깨어 있든지 자든지 자기와 함께 살게 하려 하셨느니라"라고 말씀합니다.

우리가 예수 그리스도를 주님과 구주로 믿어 영접할 때 예수님은 우리 마음 안에 들어와 사시기 시작합니다. 그 예수님과 친밀하게 교제하면서 예수님을 더 깊이 알아가는 것 바로 그것이 영생을 누리는 삶입니다. 그렇기에 영생은 이미 이 땅에서 시작되었습니다. 요한1서 5:11-12은 다음과 같이 말씀합니다. "또 증거는 이것이니 하나님이 우리에게 영생을 주신 것과 이 생명이 그의 아들 안에 있는 그것이니라 아들이 있는 자에게는 생명이 있고 하나님의 아들이 없는 자에게는 생명이 없느니라" 하나님이 우리에게 당신의 아들 예수 그리스도를 주셨고, 우리가 예수님을 주님과 구주로 믿고 영접했을 때, 우리는 이미 영생을 받았다는 뜻입니다.

우리 그리스도인은 매일매일 24시간 주님과의 친밀한 교제를 통하여 영생을 누리며 살아가야 합니다. 이렇게 매일 주님과 교제하는 영생을 누려가기에 언제 주님이 부르시든, 언제 주님이 다시 오시든 상관없이 주님을 기쁨으로 대면할 수 있게 되는 것입니다. 이렇게 복되고 놀라운 삶이 바로 우리 모두의 삶이 되기를 주님은 원하고 계십니다.

5) 영생일기, 교제일기, 코이노니아 일기로서의 예수동행일기
지난 세월 동안 한국교회 내에서 주님과의 교제를 누리는 방법으로 많은 것들이 시도되었습니다. 대표적인 것인 '경건의 시간'이라고 불리는 큐티(Quiet Time)입니다. 큐티는 지난 80년대 이후로 한국교회 내에서 꽤 깊이 자리를 잡았습니다. 일반적으로 큐티는 아침에 하나님의 말씀을 읽고, 관찰하고, 요약하고, 적용하는 시간을 가진 뒤 하루를 주님께 맡기는 기도로 마무리됩니다. 큐티는 많은 그리스도인들에게 말씀과 기도로 하루를 시작할 수 있는 길을 마련해 주었습니다. 실제로 많은 사람들이 큐티를 통하여 영적인 유익을 얻었습니다. 하지만 큐티의 약점은 분명합니다. 그것은 큐티 이후 하루의 삶 속에서 주님과의 친밀한 교제와 교통으로 이끌어 주지는 못했다는 것입니다.

두 번째로 제시된 방법은 말씀묵상입니다. 말씀묵상은 성경의 한 구절이나 한 문단을 깊이 들여다보면서 그 말씀을 곱씹고, 되새김질하는 것을 뜻합니다. 그리고 말씀묵상은 어떤 단어나 구절을 접했을 때 그 단어나 구절이 연상하게 하는 다른 구절이나 단어들을 총체적으로 바라보고 우리 영혼과 삶에 적용시키는 것을 의미합니다.[24] 그렇기 때문에 말씀 묵상은 당연히 큐티보다는 좀 더 깊고 넓게 하나님의 말씀을 파고들게 해 주는 장점이 있습니다. 그러나 말씀묵상도 여전히 묵상 이후 하루의 삶 속에서 주님과의 친밀한 인격적 교제로 이끌어 주지는 못하는 약점을 가지고 있습니다.

세 번째로 최근에 제시된 방법은 로렌스 형제(Brother Lawrence, 1614-1691)에 의해서 주창된 '하나님의 임재 연습'입니다. 하나님의 임재 연습이란 24시간 하루를 살아가면서 매 순간 주님의 임재를 의식하고, 주님과의 교제를 연습하는 것을 뜻합니다. 이것은 큐티나, 말씀묵상보다는 좀 더 진일보한 것으로서 24시간 내내 주님과의 인격적인 교제를 도와주는 장점이 있습니다. 하지만 자칫 잘못하면 말씀묵상과 괴리되는 신비적 체험을 추구하는 것에 몰입하게 만들 수 있다는 약점이 지적되어 왔습니다.

네 번째로 예수동행일기를 쓰는 방법입니다. 필자는 위에서 언급된 큐티와 말씀묵상과 하나님의 임재 연습 등 세 가지 방법을 통합하는 가장 좋은 방법이 예수동행일기를 쓰는 방법이라고 믿고 있습니다. 예수동행일기는 매일매일, 순간순간 주님을 바라보고 주님과 교제한 내용을 적어봄으로써 주님과의 깊은 인격적 교제를 지속할 수 있게 해줍니다. 아침에 일어나서 주님을 의식하고 주님께 기도한 것, 큐티와 말씀묵상을 통하여 주님께 받은 깨달음과 교훈과 격려와 위로와 책망, 매 순간순간 주님을 바라보고 의식하면서 느꼈던 주님의 음성과 감동, 그리고 나 자신과 지체들에 대한 감사와 기도의 제목들을 매일매일 적으면서 주님과의 친밀한 교제를 누려가는 것이 바로 예수동행일기의 목적입니다.

예수동행일기는 '영성일기'라는 이름으로 교회 역사상 수많은 믿음의 사람들이 실천해 왔습니다. 고대 교부 아우구스티누스의 〈고백록〉이 사실상 영성일기의 산물입니다. 중세의 위대한 신앙지도자였던 토마스 아 켐피스의 저작 〈그리스도를 본받아〉 역시 영성일기 형식으로 쓰였습니다. 종교개혁 이후 수많은 청교도 신학자들, 18세기의 존 웨슬리와 조나단 에드워즈, 그리고 20세기에 와서 프랭크 루박같은 영적 지도자 등 수많은 믿음의 선진들이 영성일기를 통해서 주님과 깊이 교제하고, 영적인 성숙을 경험했습니다.

필자는 그런 의미에서 예수동행일기란 바로 영생일기이며, 주님과의 교제일기이며, 주님과의 코이노니아 일기라고 부르고자 합니다. 또한 필자는 조국의 모든 그리스도인들에게 오늘부터 예수동행일기를 써보기를 권면합니다. 예수동행일기를 통해서 우리는 주님과의 24시간 친밀한 인격적 교제를 누릴 수 있게 될 것입니다. 동시에 주님과의 인격적인 교제를 통해서 날마다 주님의 형상을 닮는 성화의 기쁨을 누리게 될 것입니다. 그리고 무엇보다도 모든 그리스도인이 예수동행일기를 통해서 한 차원 더 신앙의 성숙을 경험하게 될 것입니다.

6) 예수동행일기와 지체들과의 교제

예수동행일기가 주님과의 수직적인 교제와 사귐에 끼칠 긍정적인 영향에 대해서 인정하는 사람들 가운데에서도 과연 예수동행일기가 지체들과의 수평적인 교제에 긍정적인 영향을 줄 수 있을지에 대해 의문을 가지는 사람들이 많이 있습니다.

우선적으로 우리가 기억해야 할 것은 주님과의 수직적인 교제와 사귐을 통해서 우리의 신앙이 성숙하면, 자연스럽게 지체들과의 수평적인 교제에도 유익한 영향을 줄 수 있다는 것입니다. 그와 더불어 만약 예수동행일기를 훈련하는 지체들이 소그룹을 이루어 서로의 일기를 공개하고 나눌 수 있다면, 지체들 간의 수평적인 교제는 아주 깊어질 수밖에 없을 것입니다. 물론 일기가 매우 사적인 장르이고, 또 일기를 쓰는 사람이 자신의 일기 내용을 타인에게 공개하기로 결심하는 것은 결코 쉬운 일이 아닙니다. 하지만 서로에 대한 사랑과 신뢰를 바탕으로 그리고 그 소그룹을 이끌어 가는 지도자의 안내를 따라 각자가 주님과의 교제에 대해 기록한 내용들을 나누고, 또 그 나눔의 과정에서 계속적인 격려와 응원과 권면이 나누어질 수 있다면 모든 지체들이 영적으로 큰 유익을 얻을 수 있습니다. 그런 의미에서 예수동행일기 나눔방은 부정적인 결과보다는 긍정적인 결과들을 더 많이 얻을 수 있다고 믿습니다.

물론 예수동행일기를 쓰고 또 예수동행일기 나눔방을 통해 그 일기의 내용을 같은 나눔방의 지체들과 나누는 일이 가지고 있는 부정적인 요소들이 있을 수 있습니다. 이에 대해서 우리는 분명하게 숙지하고, 적절하게 대응할 준비가 되어 있어야 합니다. 예를 들어 예수동행일기 내용을 나눈 결과 그 내용들이 나중에 부정적인 인물평의 재료가 되는 일은 반드시 피해야 합니다. 또한 서로에 대한 이해와 관용보다 비판과 비난의 빌미로 사용된다면 그것은 예수동행일기 내용을 나누지 않는 것보다도 더 나쁜 결과를 낸 것입니다. 이런 부분에 대해서 충분히 숙지하면서, 부정적인 요소들을 적절히 통제해야 합니다. 그렇게 되면 소그룹 공동체에서의 예수동행일기 나눔은 동참하는 모든 사람들에게 큰 유익을 줄 것입니다. 동시에 그 작은 나눔 공동체 안에서 삼위일체 하나님이 누리고 계시는 막힘이 없는 친밀한 교제와 소통의 단면을 조금이나마 구체적으로 맛볼 수 있는 현장이 될 것입니다.

6. 예수동행일기 운동이 한국교회에 줄 수 있는 구체적인 유익

그렇다면 예수동행일기 운동이 한국교회에 줄 수 있는 구체적인 유익들은 무엇일까요? 이 질문에 대한 답변은 현재 한국교회의 상황에 대한 비판적 진단과 더불어 제시되어야 합니다. 필자는 한국교회가 현재 여러 가지 면에서 위기에 처해있다고 진단합니다. 그 위기는 여러 가지 방식으로 표현될 수 있습니다. 하지만 첫째, 순전한 십자가의 복음이 아닌 다른 복음들 즉 가짜 복음들이 횡행하고 있다는 것, 둘째, 신앙생활의 본질에 대한 오해가 편만해 있다는 것으로 요약할 수 있습니다.

1) 횡행하는 다른 복음의 폐해를 막아준다

필자는 오늘날 한국교회의 뿌리를 갉아먹고 있는 다른 복음들을 다섯 가지로 규정합니다. 그것은 기복주의/번영주의(prosperity gospel), 율법주의(legalism), 방종주의(antinomianism), 신비주의(mysticism), 영지주의(gnosticism)입니다. 기복주의/번영주의란 성경이 가르치는 영원한, 신령한, 하늘에 속한, 내면적 복을 시간적, 육체적, 세상적, 외면적 복으로 왜곡하여 이 세상에서 잘 먹고, 잘 살고, 건강하고, 성공하고, 번영하는 것이 복음의 중심 메시지라고 가르치는 흐름을 의미합니다. 이런 기복주의의 흐름은 한국의 무속적 전통과 합세하여 한국기독교와 교회의 근간을 무너뜨리고 있습니다. 필자는 예수동행일기 운동이 한국교회를 지배하고 있는 기복주의적 흐름을 차단하고, 한국교회를 건강한 복음의 교회로 회복시킬 수 있다고 믿습니다. 그것은 예수동행일기 운동이 복음의 실체이신 예수 그리스도께 생각과 시선을 집중케하는 운동이기 때문입니다. 하나님이 우리에게 주신 '하늘에 속한 모든 신령한 복'(엡 1:3)은 바로 예수님 자체이며, 예수님 안에 있기 때문입니다.

율법주의란 오직 예수 그리스도를 믿고 의지함으로 완전한 구원을 받을 수 있음을 거부하고, 예수 믿음에 인간의 선한 행위를 더해야 구원을 얻는다는 주장입니다. 그것은 이미 갈라디아서에서 사도 바울이 영원히 저주받아야 할 다른 복음이라고 정죄한 바 있습니다. 오늘날 놀랍게도 많은 목회자들, 심지어 훈련받은 신학자들까지 나서서 오직 은혜에 의하며, 오직 믿음으로 말미암아, 오직 예수 그리스도 때문에 얻는 칭의와 구원의 진리를 거부하는 흐름들이 나타나고 있습니다. 이것은 한국교회의 복음적 정체성을 무너뜨리고 행위구원을 설파하는 거짓 운동입니다. 필자는 이런 율법주의적 흐름이 왜 세력을 얻고 있는지를 충분히 이해합니다. 입술로는 믿는다고 하면서도 거룩한 삶이 나오지 않는 사람들이 너무나 많기 때문에 이런 주장이 설득력을 얻고 있습니다.

그렇다고 해서 복음의 본질을 거부하고, 복음을 수정하겠다는 것은 결코 용납될 수 없습니다. 필자는 예수동행일기 운동이 이런 율법주의적 흐름을 차단하고 한국교회를 건강한 복음의 교회로 회복시킬 수 있다고 믿습니다. 그것은 예수 그리스도의 십자가 복음으로 거듭나고 새사람이 된 그리스도인은 필연적으로 거룩한 삶을 살아가게 되어 있기 때문입니다. 그 거룩한 삶은 바로 매일매일의 삶 속에서 24시간 주님과 동행하고 교제하는 삶이기 때문입니다. 예수동행일기는 이러한 삶을 가능케 해주는 탁월한 영적 훈련입니다.

방종주의란 예수 믿음으로 구원받음을 인정하지만, 예수 믿음 이후의 성화의 삶을 거부하고, 주님이 주신 자유를 육체의 기회로 삼는 흐름을 뜻합니다. 한국교회 외곽에서 등장한 구원파와 한국교회 내에 들어와 있는 방종주의적 흐름은 생각보다 널리 퍼져있습니다. 방종주의에 빠진 사람들은 자기 입술로 하는 신앙의 고백과 그들의 삶의 모습이 전혀 일치하지 않습니다. 말로는 예수를 믿는 사람이라고 주장하지만, 그들의 인격과 삶은 그 입술의 고백과 일치하지 않습니다. 오늘날 한국

교회는 이런 사람들로 가득 차 있다고 해도 과언이 아닙니다. 정말 '이름 뿐인 크리스천'(nominal Christian)이 너무나 많은 상황입니다. 생각보다 많은 사람들이 교회에 다니는 사람들일 뿐, 진정한 예수님의 제자는 아닙니다. 그 결과 세상과 사회는 교회를, 그리스도인을 더 이상 신뢰하지 않습니다. 필자는 예수동행일기 운동이 방종주의의 흐름을 차단하고 한국교회를 건강한 복음의 교회로 회복시킬 수 있다고 믿습니다. 그것은 매일매일 예수동행일기를 쓰는 훈련을 통해서 인격과 삶의 변화를 구체적으로 경험할 수 있게 도와주기 때문입니다.

신비주의란 신앙생활의 중심을 예수님과의 친밀한 인격적 교제로 보지 않고, 신비한 은사와 현상의 체험으로 보는 흐름입니다. 신비주의는 오늘날 극단적인 은사주의나 신사도 운동을 통해서 한국교회 내에 깊게 뿌리내리고 있습니다. 신비주의 신앙 행태에 빠진 사람들은 신비적인 현상을 경험하는 것이 영성이 좋은 것으로 오해합니다. 터무니없는 왜곡입니다.

물론 필자가 신비주의를 반대한다고 해서 기독교의 신비적인 성격을 반대하는 것은 아닙니다. 기독교 신앙은 근본적으로 신비성을 가지고 있습니다. 인간의 머리와 체험으로 이해할 수 없는 초월적 차원이 있기 때문입니다. 하지만 기독교 신앙은 일상 속에서 뿌리내려야 합니다. 일상을 떠나서는 안 됩니다. 먹든지 마시든지 무엇을 하든지 하나님의 영광을 위한 삶이 영성 있는 삶입니다. 신앙의 일상성을 거부하고 신비적인 체험에만 몰입하는 것은 결코 건강하지 않습니다. 그리고 마귀와 귀신들의 속임수와 미혹의 희생자를 양산할 수밖에 없습니다. 필자는 예수동행일기 운동이 한국교회를 어지럽히고 있는 신비주의적 흐름을 차단하고 신앙의 건강한 일상성을 회복하게 해 줄 수 있다고 믿습니다. 매일매일 주님과의 친밀한 교제와 동행을 통해서 참으로 건강하고 풍성한 삶, 거룩한 일상의 삶을 회복할 수 있기 때문입니다.

영지주의란 삶의 영역을 거룩한 영역과 속된 영역으로 나누는 성속이원론 또는 이분법에 기초한 신앙 양태입니다. 그래서 교회는 거룩하나, 일터는 불결하다고 생각합니다. 예배는 거룩하나, 일상의 삶은 불결하거나 속되다고 생각합니다. 목회자나 선교사는 거룩한 직업이나, 일반 직업은 불결하거나 속되다고 생각합니다. 교회 내의 봉사는 거룩하나, 이윤을 위한 사업이나 사회봉사는 속되다고 생각합니다. 이런 영지주의적 이원론은 한국교회에 깊이 뿌리내린 지 오래되었습니다. 영지주의적 이원론은 결코 성경적이지도 않고, 복음적이지도 않습니다. 주님은 "너희가 먹든지 마시든지 무엇을 하든지 하나님의 영광을 위해 하라"라고 명령하셨습니다. 예수님을 믿음으로 새사람이 된 그리스도인들에게 삶의 모든 시간과 영역은 거룩합니다. 교회도 거룩하고, 일터도 거룩합니다. 목회자나 선교사만 거룩한 것이 아니고, 다른 모든 직업이 거룩한 성직입니다. 예배만 거룩한 것이 아니라 일상적인 삶의 모든 영역이 거룩합니다. 밥을 먹고, 잠을 자고, 땀 흘려 일하고, 부지런히 사업하는 모든 일이 주 안에서 거룩합니다. 우리는 이 모든 삶의 영역에서 하나님의 나라를 구하고, 하나님의 영광을 구하도록 부름을 받았습니다. 필자는 예수동행일기 운동이 한국교회 내에 뿌리박힌 영지주의적 이원론을 극복하고 건강한 일상의 영성, 건강한 일터의 영성을 회복하게 할 수 있다고 믿습니다. 왜냐하면 매일매일 주님과의 친밀한 교제를 통해서 주님의 뜻을 바르게 발견하고, 그 뜻에 순종할 수 있는 힘을 매일 공급받도록 도움을 줄 것이기 때문입니다.

2) 신앙생활의 본질에 대한 오해를 정리한다

오늘날 한국교회의 위기는 신앙생활의 본질에 대한 오해가 팽배해 있다는 점에서 극명하게 드러납니다. 간단하게 말해서 오늘날 한국교회는 '종교생활'과 '신앙생활'의 차이를 구별하지 못하는 안타까운 모습을 보여주고 있습니다. 오늘날 많은 그리스도인들은 주일을 성수하고, 주중 예배에 참석하고, 새벽 기도에 참석하고, 구역예배나 소그룹에 참석하고 일정한 헌금을 하는 것을 신앙생활의 전부라고 생각합니다. 하지만 이것은 철저한 오해입니다. 주일 성수, 주중 예배참석, 새벽 기도 참석, 소그룹 활동, 헌금은 때로는 '신앙생활'이 될 수도 있지만, 때로는 단순한 '종교생활'이 될 수도 있습니다. 왜냐하면 예수님에 대한 참된 신앙이 없이도 위의 것들을 실천하기는 어렵지 않기 때문입니다. 실제로 예수님에 대한 참된 신앙이나 진정한 의미의 신앙생활이 없이도 위의 것들을 실천하는 사람은 너무도 많습니다.

그렇다면 진정한 신앙생활이란 무엇입니까? 참된 의미에서의 신앙생활은 매일매일 주님과 동행하는 삶입니다. 매 순간 모든 삶의 영역에서 주님께 생각과 시선을 집중하는 삶입니다. 참된 의미에서의 신앙생활은 특정한 공간이나 시간에서 이뤄지는 것이 아니라, 삶의 전 영역과 전 시간에 주님과 동행하는 삶을 뜻합니다. 그래서 먹든지 마시든지 무엇을 하든지 하나님의 영광을 위한 삶이 신앙생활입니다. 항상 기뻐하고, 쉬지 말고 기도하며, 범사에 감사하는 삶이 신앙생활입니다. 가정과 교회와 일터와 세상 속에서 예수님과 함께 호흡하며, 예수님을 따라 생각하고, 예수님을 계속 의식하고, 예수님과 더불어 교제하며 살아가는 삶, 바로 그런 삶이 신앙생활입니다.

그동안 한국교회 내에는 종교생활은 넘쳐났지만, 진정한 신앙생활은 실종되었다고 해도 과언이 아닙니다. 예배와 집회에 참석하지 말라는 것이 아닙니다. 예배와 집회에 참석해야 합니다. 그러나 그것이 신앙생활의 전부라고 생각하지 말라는 것입니다. 또한 예배와 집회에 참석한다 하더라도 일상에서 주님과 동행하는 삶과 동일한 맥락에서 참석하라는 것입니다. 예배와 삶이 분리되어서는 안 됩니다. 집회 참석과 일터에서의 일상적인 삶이 분리되어서는 안 됩니다. 예배가 삶이고, 삶이 예배인 경지까지 올라가야 합니다. 가정과 일터에서의 삶과 공적인 예배를 대하는 태도가 같아야 한다는 것입니다. 교회당 안이든 밖이든 코람데오(coram Deo, 하나님의 면전에서)의 삶을 추구하라는 것입니다.

필자는 예수동행일기 운동이 한국교회에서 오랫동안 실종된 진정한 의미의 '신앙생활'을 회복할 수 있게 해 줄 것이라고 믿습니다. 왜냐하면 예수동행일기를 통해서 우리는 매일의 일상의 삶을 예배로 건져내는 길을 배울 수 있기 때문입니다. 매일 일상의 삶 속에서 주님과 구체적으로 동행하는 삶을 누릴 수 있기 때문입니다. 그래서 예배와 삶이, 신앙과 삶이 완전히 일치하는 경지까지 오를 수 있게 될 것이기 때문입니다.

나가는 말

지금까지 필자는 삼위일체 신학과 영성이 예수동행일기와 필연적인 관계에 있음을 논증해 왔습니다. 우리 그리스도인들이 믿고, 예배하고, 사랑하는 궁극적인 절대자이신 삼위일체 하나님의 본질 중 한 차원이 교제와 코이노니아라는 것을 입증했습니다. 그리고 그리스도인들이 추구해야 할 삼위일체 영성은 코이노니아의 영성임을 확인했습니다. 또한 우리 모든 그리스도인은 삼위일체적 공동체의 영성을 우리의 부부관계 속에서, 가정 속에서, 교회 속에서, 사회 속에서 이루어가려고 몸부림쳐야 한다는 것을 입증했습니다. 이 코이노니아의 영성이 실현되기 위해서는 성령 하나님의 능력과 인도가 필수적입니다. 매일매일 삼위일체 하나님을 묵상하고, 예수 그리스도 우리 주를 바라보며, 성령의 능력과 인도를 따를 때 비로소 우리는 삼위일체적인 코이노니아의 영성을 실현할 수 있습니다.

더 나아가서 삼위일체 하나님께서는 우리를 구원하셔서 주님과의 교제를 누리는 삶, 즉 영생을 선물로 주셨고, 계속해서 주님과의 교제로 우리를 초대하시고, 우리가 주님의 깊은 사랑과 기쁨의 교제를 누리기를 원하고 계심을 확인했습니다. 이러한 진리에 기초해서 예수동행일기가 주님과의 인격적이고 친밀한 교제를 가능하게 해주는 탁월한 영성훈련 방법임을 논증하였습니다.

예수동행일기는 영생일기이며, 교제일기이며, 코이노니아 일기입니다. 그리고 예수동행일기는 단순히 주님과의 수직적인 교제만을 깊게 해주는 것이 아닙니다. 예수동행일기에 쓴 내용을 공동체 가운데서 나눌 때에 지체들 간의 수평적인 교제도 깊게 해줄 것입니다. 필자는 예수동행일기 운동이 한국교회가 처해 있는 현재의 위기를 극복하게 해주는 대안이 될 수 있다고 믿습니다. 특별히 예수동행일기 운동은 다섯 가지 다른 복음의 확장을 차단하면서 참된 복음을 회복하는데 기여할 것입니다. 그리고 한국교회에서 오랫동안 실종된 참된 '신앙생활'의 본질을 회복하는데 기여할 것입니다. 부디 많은 한국교회들과 이민교회들이 예수동행일기쓰기를 실천함을 통해서 삼위일체적 코이노니아의 영성을 실천하는 아름다운 공동체로 갱신되고 회복되기를 간절히 기도합니다.

II. 우리가 바라보는 예수는 누구인가?
(조직신학 기독론)

※ 2020년 7월 예수동행일기 컨퍼런스에서 발제한 논문을 수정/보완한 것입니다.

1. 들어가는 말

예수동행운동은 매일 24시간 예수 그리스도를 바라보자는 운동입니다. 매일 매 순간 예수님과 동행하자는 운동입니다. 매일 매 순간 예수님을 바라보고, 예수님과 동행하기 위해서 우리는 예수동행일기를 써왔고 또 쓰고 있습니다. 이 지점에서 우리가 반드시 제기해야 할 질문이 있습니다. 그것은 '우리가 매일 매 순간 바라보는 예수님은 과연 누구인가?'라는 질문입니다.

예수동행운동에 동참하여 예수동행일기를 쓰고 있는 여러 사람들이 바라보고 있는 예수님의 모습은 어느 정도 다양성을 띨 수 있을 것입니다. 어떤 사람은 우리를 위해 고난당하시고 십자가에 못 박히신 예수님을 강조할 수 있습니다. 어떤 사람은 사망의 권세를 깨뜨리고 부활하신 예수님을 강조할 수 있습니다. 어떤 사람은 승천하셔서 하나님 보좌 우편에 앉아서 통치하시고 중보하시는 예수님을 강조할 수 있습니다.

예수동행일기를 쓰고 있는 모든 사람들이 바라봐야 할 예수님의 모습에 대하여 경직된 획일성을 강요하는 것은 적절하지 않을 뿐 아니라, 불가능합니다.

하지만 그 다양성의 편차가 너무 심해서 서로가 바라보는 예수님의 모습이 심각하게 다르다면 문제가 될 수밖에 없습니다. 그럴 경우 예수동행운동에 참여하는 사람들의 영성형성(spiritual formation)과 영적성장(spiritual growth)의 과정에 심각한 굴곡이 생길 수밖에 없습니다. 그리고 서로 간의 깊은 영적 교제와 사귐 역시 방해를 받을 수밖에 없습니다.

이런 문제의식에 기초해서 필자는 본 논문을 통해 예수동행일기를 쓰고 있는 우리들이 어떤 예수님을 바라봐야 할 것인가에 대해서 신학적이면서도 실제적인 제언을 하고자 합니다. 물론 독자들은 필자의 제언을 획일성을 요구하거나 강요하는 것으로 받아들일 필요는 없습니다. 더 나아가서 하나의 보편적인 규범을 제시하는 것으로 이해할 필요도 없을 것입니다. 다만 예수동행일기를 계속 써왔고, 또 쓰고 있는 한 사람의 조직신학자로서 적어도 우리가 함께 바라봐야 할 예수님은 바로 이런 모습이어야 하지 않을까라는 제언을 해보고자 합니다.

2. 조직신학의 기독론

우리말로 신학이란 말은 하나님을 뜻하는 '신'과 배움을 뜻하는 '학'을 합친 말입니다. 따라서 '하나님을 배운다'(learning God)는 것을 뜻합니다. 하나님이 어떤 분이신지, 무슨 일을 하시는지, 우리에게 무엇을 주시는 분이신지, 우리에게 무엇을 요구하시는 분이신지 그리고 우리와 어떤 관계를 맺고 싶어 하시는지 등등을 배워가는 것을 의미합니다. 영어로 신학을 뜻하는 'theology'는 하나님 또는 신을 의미하는 헬라어 'theos'와 이성, 연구, 담론, 또는 말씀을 의미하는 'logos'를 합친 말로서 '하나님에 대한 연구, 담론'을 뜻합니다.

지난 2천 년의 오랜 역사 동안 교회는 '신학'이라는 말을 사용해서 그리스도인들이 하나님에 대하여 배우고, 사유하고, 알아가는 과정을 표현했습니다. 문제는 이 '신학'이란 말이 성경에 나오지 않는다는 사실입니다. 그렇다면 성경에 나오지 않는 '신학'이라는 말을 계속 사용해야 할 정당성은 어디에 있습니까? 성경에 나오지 않는 말을 쓰지 않는 것이 더 정당하지 않겠습니까? 여기서 우리가 꼭 기억해야 할 것은 '신학'이라는 말이 성경에 나오지 않는다고 해서 신학이란 개념이나 아이디어가 성경에 나오지 않는 것은 아니라는 사실입니다. 놀랍게도 성경은 '신지식'(the knowledge of God) 또는 '하나님을 아는 지식'(knowing God)[25]이란 말을 신학이란 개념과 동일한 의미로 사용하고 있습니다.

놀랍게도 신구약 성경 전체를 살펴보면 '하나님을 아는 지식'이라는 표현은 수없이 반복되고 강조됩니다. 대표적인 구절은 요한복음 17:3입니다. "영생은 곧 유일하신 참하나님과 그가 보내신 자 예수 그리스도를 아는 것이니이다." 이 말씀을 통해서 주님은 하나님을 아는 지식과 예수 그리스도를 아는 지식이 곧 영생이라고 말씀하셨습니다. 놀라운 말씀이 아닐 수 없습니다.

그렇다면 여기에서 또 다른 질문이 제기되어야 합니다. 그것은 주님이 말씀하신 지식은 단순한 머리의 지식, 정보적 지식을 의미하는가

라는 질문입니다. 결코 아닙니다. 주님이 사용하신 '아는 것' 또는 '지식'
이란 말은 신약성경의 원문에서 헬라어 '기노스코'(ginosko)라는 단어로
표현됩니다. '기노스코'는 그냥 인지적으로, 정보적으로, 머리로만 아는
피상적 지식을 의미하지 않습니다. 도리어 관계적으로, 인격적으로, 가
슴으로, 체험적으로 아는 깊은 지식을 의미합니다. 물론 여기서 관계적
인 지식이 정보적인 지식을 배제하는 것은 아닙니다. 관계적 지식은 정
보적 지식을 포함합니다. 그러나 관계적 지식은 정보적 지식을 넘어서
는 인격적, 체험적 지식을 뜻합니다. 그러므로 우리가 '신학'이라는 말
을 사용할 때, 그것은 하나님에 대한 개념적 지식을 넘어, 인격적, 관계
적 지식을 추구하는 것과 연결됨을 반드시 이해해야 합니다.[26]

   전통적으로 교회는 신학의 분야를 네 가지로 나눠서 가르치고 연
구해 왔습니다. 그것은 성경신학(biblical theology), 조직신학(systematic
theology), 역사신학(historical theology), 실천신학(practical theology)입니
다. 성경신학은 성경의 각 권을 기록한 기자들이 가지고 있는 신지식
에 집중합니다. 그래서 바울의 신학, 모세 오경의 신학, 선지서의 신학,
요한의 신학 등으로 세분화됩니다. 역사신학은 교회사에 걸쳐서 교리
와 신학이 어떻게 발전해 왔는지를 다룹니다. 그래서 교부 시대의 신학
(patristic theology), 중세 시대의 신학, 종교개혁 시대의 신학, 현대신학 등
으로 세분화됩니다. 실천신학은 교회의 사역과 목회에 직접적으로 관
련된 실천들과 활동들을 연구합니다. 예배학, 선교학, 목회학, 기독교 교
육학, 기독교 상담학, 영성신학 등등이 이 영역에 포함됩니다.

   마지막으로 조직신학은 성경 전체가 가르치는 총체적인 진리를
주제별로 체계화해서 연구하고 정리하는 신학 분야입니다. 그래서 조

직신학은 일반적으로 기독교의 핵심 교리를 체계화하고, 조직화하는 신학 분야로 여겨집니다. 조직신학은 일반적으로 서론(prolegomena), 신론(theology proper), 인간론(anthropology), 기독론(Christology), 성령론(pneumatology), 구원론(soteriology), 교회론(ecclesiology), 종말론(eschatology) 등 7-8개의 세부 분야로 나눠집니다. 이 중에서도 기독론이 바로 예수 그리스도가 어떤 분이시며, 어떤 일을 하시며, 우리와 어떤 관계를 맺기를 원하시는가 등의 문제를 구체적으로 연구하는 분야입니다.[27]

그러므로 지금 우리가 제기하고 논의하는 주제 즉 '우리가 바라보는 예수는 누구인가?'라는 주제는 조직신학의 기독론과 매우 밀접한 관련이 있습니다. 일반적인 조직신학의 기독론은 크게 보아서 예수님의 본성과 사역 두 부분을 다룹니다. 먼저 예수님의 본성을 다루면서 기독론은 예수님의 신성(divinity), 인성(humanity), 성육신(incarnation), 위격적 연합(hypostatic union), 성품(character)을 논의합니다. 이어서 예수님의 사역을 다루면서 예수님의 탄생, 순종의 삶, 말씀을 가르치시는 사역, 하나님 나라 복음 전파 사역, 치유사역, 긍휼 사역, 고난과 속죄 사역, 부활과 승천, 우좌와 재림 등등을 논의합니다.

그렇다면 조직신학적 관점에서 봤을 때 예수동행운동이 지향하는 기독론은 어떤 것이어야 합니까? 여기서 우리가 반드시 지적해야 할 것은 예수동행운동은 교회사 2천 년 동안 기독교를 지탱해온 정통 복음주의 노선[28]의 기독론을 수용하고 채택한다는 것입니다. 다시 말하면 예수동행운동은 교회사 2천 년 동안 등장했던 다양한 이단적인 기독론을 배격한다는 것입니다. 기독론적 이단들에는 예수님의 인성을 부인하는 영지주의(Gnosticism)와 가현설(Docetism)이 있습니다. 예수님의 신성을 부인하는 아리우스 주의(Arianism)[29], 양자론(Adoptionism) 그리고 자유주의적 기독론(liberal theological Christology)이 있습니다. 예수님의 위격적 연합(hypostatic union)에 대해서 오해하는 다양한 이단적 이론들이 있습니다. 또한 예수동행운동은 이미 널리 알려지고 공인된 이단들인 여호와의 증인이나 모르몬교 또는 통일교나 신천지 등이 주창하는 기독론을 배격합니다.

3. 예수동행운동 기독론의 공교회성과 보편성

그렇다면 예수동행운동이 기본적으로 수용하고 천명하는 기독론은 어떤 것입니까? 그것은 교회사 2천 년 동안 정통교회가 수용하고 고백해 온 보편적, 공교회적 기독론입니다. 그런 의미에서 예수동행운동의 기독론은 보편성과 공교회성을 가지고 있습니다. 그런 보편적, 공교회적 기독론은 사도신경(Apostles' Creed)이 선언하고 있는 기독론입니다. 또한 니케아-콘스탄티노플 신경/신조(Nicene-Constantinopolitan Creed, 381)가 천명하는 기독론입니다. 니케아-콘스탄티노플 신경/신조는 다음과 같이 선언합니다.

> 우리는 보이는 것이나 보이지 않는 모든 것들, 천지의 창조주,
> 전능하신 하나님 아버지 한 분을 믿습니다.
> 우리는 하나님의 독생자이시며, 만세 전에 아버지로부터 나신
> 주 예수 그리스도 한 분을 믿습니다.

그분은 하나님으로부터 나신 하나님이시며,

빛으로부터 나신 빛이시고,

참하나님으로부터 나신 참하나님이시고,

나시었고, 창조함을 받지 아니하시었으며,

아버지와 같은 본성을 가지시었고,

그분으로 말미암아 만물이 창조되었고,

그분은 우리 인간들을 위하여,

또 우리의 구원을 위하여,

하늘에서 내려오시어,

성령으로 동정녀 마리아로부터 육신이 되시고,

사람이 되시었으며,

본디오 빌라도 치하에서 우리를 위하여 십자가에 못 박히시고,

고난을 받으시고,

장사되시었다가,

성경대로 사흘 만에 다시 살아나시고,

하늘에 오르시어,

아버지 오른편에 앉아 계십니다.

그분은 산 사람들과 죽은 사람들을 심판하시러,

영광 중에 다시 오실 것이며,

그분의 나라는 영원할 것입니다.

우리는 생명의 주님이시며 수여자이신, 성령을 믿습니다.

그분은 아버지와 아들로부터 나시었고,

아버지와 아들과 더불어 예배와 영광을 받으시고,

> 선지자들을 통하여 말씀하셨습니다.
>
> 우리는 하나의 거룩한 공적이고, 사도적인 교회를 믿습니다.
>
> 우리는 죄 사함을 위한 한 세례를 인정합니다.
>
> 우리는 죽은 자들의 부활과, 오는 세상의 생명을 고대합니다.
>
> 아멘

1) 하나님이신 예수 그리스도

사도신경과 더불어 니케아-콘스탄티노플 신경은 보편적, 공교회적 기독론을 고백하고 있습니다. 이 보편적, 공교회적 기독론이 천명하는 가장 중요한 진리는 예수 그리스도가 본질상 하나님이시라는 사실입니다. 예수 그리스도를 하나님이라고 직접적으로 지칭하는 구절들이 신약성경에는 많이 있습니다. 그중에서도 대표적인 것이 바로 요한복음 1:1입니다. "태초에 말씀이 계시니라 이 말씀이 하나님과 함께 계셨으니 이 말씀은 곧 하나님이시니라". 여기서 '말씀'은 바로 인간의 본성을 취하여 성육신하신 삼위일체 하나님의 제2 위격이신 하나님의 아들, 예수 그리스도를 의미합니다.

한 가지 더 드라마틱한 실례가 있습니다. 그것은 예수님의 부활에 대하여 의심이 많았던 사도 도마의 '나의 주 나의 하나님'(My Lord, my God)이라는 고백입니다. 만일 도마의 고백에 문제가 있었다면, 예수님은 "도마야, 오버하지 마 나는 주도 하나님도 아니야"라고 도마를 책망하면서 도마의 고백을 수정하셨을 것입니다. 그러나 주님은 도마의 고백을 그대로 순순히 받으셨습니다. 그 말은 바로 예수님도 자신이 하나님이심을 인정하셨다는 것입니다. 이러한 예수님의 자기 계시와 사도들의 증거에 기초해서 초대교회는 하나님과 예수님이 '동일한 신적 본질'(homoousia)을 가지신 분이라고 선언했습니다. 여기서 동일한 신적 본질을 가지셨다는 말은 하나님과 예수 그리스도가 그 본성 즉 신성의 측면에서 완전히 똑같은 존재라는 뜻입니다.

예수 그리스도가 본질상 하나님이시라는 성경의 증거와 우리의 고백은 매우 중요한 의미가 있습니다. 그것은 예수님은 우리의 예배와 경배와 찬양을 받으시기에 합당하신 우주의 왕이시라는 것입니다. 만왕의 왕이요, 만주의 주이시라는 것입니다. 그런 의미에서 우리가 예수님을 바라본다는 말의 가장 근본적인 의미는 예수 그리스도를 예배하고 경배하는 마음과 태도로 바라봐야 한다는 것입니다. 다시 말하면 예수님을 바라봄은 송영적(doxological) 차원과 의미를 가진다는 것입니다.

2) 하나님의 아들이신 예수 그리스도

하나님 아버지도 하나님이시고, 예수님도 하나님이시라면 두 분의 하나님들이 있다는 말입니까? 초기 교회는 이 문제에 대해서 심각하게 고민하면서 예수님이 하나님 아버지와 동일한 신적 본질을 가지신 분이긴 하지만, 예수님과 하나님 아버지 사이에는 영원한 위격적 구분(personal distinction)이 있음을 확인하게 되었습니다. 하나님은 예수님과의 관계에서 아버지이시고, 예수님은 하나님 아버지와의 관계에서 아들이심을 확인하게 된 것입니다. 더 나아가서 동일한 신성을 소유하신 아버지 하나님과 아들 예수님의 위격적 구분이 있지만, 두 분의 하나님들이 계신 것이 아니라, 오직 한 분의 하나님이 존재하심을 천명했습니다.

또한 더 나아가서 성령도 아버지 하나님과 아들 예수님이 가지고 계신 것과 동일한 신적 본질을 가지신 분임을 인식하게 되었습니다. 그 결과 세분의 하나님들이 계신 것이 아니라, 한 분 하나님이 아버지와 아들과 성령 세 신적 위격의 완전한 연합체로 존재한다는 삼위일체 교리를 확립하게 되었습니다.[30] 따라서 삼위일체적 관점에서 본다면 예수 그리스도는 삼위일체의 제2 위격으로서, 아버지로부터 영원히 출생되시는(eternal generation) 하나님의 아들이십니다. 하나님의 아들이신 예수 그리스도는 그 본성, 영광, 권위, 능력, 지혜에 있어서 성부와 동등하신 분이십니다. 그러나 성자는 영원히 성부와 구별되시는 위격으로 존재하십니다. 그리고 성자는 성부로부터 출생하신 성부의 유일한 독생자이십니다(the only begotten Son). 물론 여기서 '출생'이란 말은 시간적 의미가 아니라, 영원적 의미로 이해되어야 합니다. 성자 예수님은 성부 하나님으로부터 영원히 출생하시는 분이십니다. 결국 신약성경이 예수님에 대해서 '하나님의 아들'이라는 용어를 사용할 때, 그것은 예수님이 성부 하나님과 동일한 신적 본질을 가진 분이시면서도, 동시에 성부와 영원히 구별된 또 다른 신적 위격임을 드러내는 것입니다.

3) 성육신하신 예수 그리스도

요한복음 1:14은 "말씀이 육신이 되어 우리 가운데 거하시매"라고 선포합니다. 영원한 하나님의 아들이신 예수 그리스도가 인성을 취하셔서 사람이 되셨다는 말입니다. 여기서 인성을 취하셨다는 말은 인성의 두 측면, 즉 영혼과 몸을 함께 취하셨다는 의미입니다. 일반적으로 많은 사람들은 하나님의 아들이 인간의 영혼은 배제한 채 몸만 취하셨다고 생각합니다. 그것은 철저한 오해입니다. 예수님은 인성의 모든 요소 즉 영혼과 몸을 모두 취하셨습니다.

고대 공교회의 신경 중 하나인 '칼케돈 신경'(Chalcedonian Creed)은 예수 그리스도의 한 인격 속에 신성과 인성이 완전히 연합되었다고 고백했습니다.

> 한 분이시고 같은 분께서 그리스도, 외아들, 주님이시며, 두 본성 안에서 혼합되지 않으시고 변화되지 않으시며 분리되지 않으시고 나뉘지 않으시는 분으로 인식되며, 이 외에는 결합으로 인해 본성들의 구별이 없어지지 않으시고, 오히려 두 본성의 각 속성이 보존되며, 하나의 위격과 하나의 휘포스타시스로 결합되신다.

다시 말하면 신성과 인성은 혼합되거나, 변화되거나, 분리되거나, 나뉨 없이 완전히 연합되었다는 것입니다. 그래서 '칼케돈 신경'은 예수 그리스도는 완전한 하나님이시자, 완전한 사람(fully God and fully man)이시라고 고백했습니다.

물론 예수 그리스도께서 취하신 인성은 죄가 없는 인성이었습니다. "이는 성령으로 잉태하사 동정녀 마리아에게 나시고"라는 사도신경의 고백이 우리에게 알려주는 것처럼, 본래 하나님이신 성자 예수 그리스도는 성령으로 잉태되어 동정녀 마리아에게서 나셨습니다. 성령으로 잉태되심은 예수님께 죄성이 전달되는 것을 막기 위한 하나님의 초자연적 조치였습니다. 예수님은 흠 없고 점 없는 제물로 오셔야 했기에, 죄성으로 오염된 인성을 취하지 않으신 것입니다. 예수님은 죄가 없는 인성을 취하셨습니다. 그렇게 하여 사람이 되어 이 땅에 오셨습니다. 비록 죄성이 없는 인성을 취하셨지만, 여전히 예수님은 죄의 지배 아래 있는 현 세상의 한계들을 여러 차원으로 경험하셨습니다. 그리고 인성의 모든 연약성들을 체휼하셨습니다. 피곤해 하셨고, 배고프셨으며, 목이 마르셨고, 슬픔에 눈물을 흘리셨으며, 배반당하는 아픔을 경험하셨고, 사단의 유혹을 받으셨으며, 손과 발에 못이 박히고, 가시면류관을 쓰시는 것과 같은 말할 수 없는 고통을 당하셨습니다.

4) 십자가에 못 박히시고 부활하신 예수 그리스도

예수 그리스도가 이 땅에 오신 목적은 여러 가지가 있지만, 그중에서 가장 중요한 것은 나무에 달려 죽으심으로 죄의 문제를 해결하시는 것이었습니다. 즉 예수님은 죄인을 대속하시기 위하여 이 땅에 오셨습니다. 당신의 몸을 대속의 제물로 드리시기 위하여 오셨습니다. 동시에 주님은 십자가의 죽으심으로 마귀의 머리를 상하게 하셨고(창 3:15), 죽으시고 장사된 지 사흘 만에 다시 살아나심으로 하나님 나라의 임금으로 등극하셨습니다(마 28:18-20). "하늘과 땅에 있는 모든 권세를 내게 주셨으니"라고 선포하심으로써, 주님은 당신이 사람의 인성을 입으신 채로 우주의 주님과 왕이 되셨음을 선언하셨습니다.

5) 아버지 보좌 우편에서 통치하시고 중보하시는 예수 그리스도

죄인들을 위하여 피 흘려 죽으시고 장사되셨다가 죽음의 권세를 깨뜨리고 부활하신 예수 그리스도는 부활 후 40일 동안 이 땅에서 지내시면서 하나님 나라의 일을 말씀하셨습니다(행 1:3). 그 후 하늘로 승천하셨고, 이어서 하나님 아버지 보좌 우편에 앉으셨습니다. 여기서 하나님 보좌 우편에 앉으심이라는 사건은 부활한 몸을 입으신 예수 그리스도가 온 우주의 임금 즉 절대주권적 통치자가 되셨음을 확증하는 사건입니다.

성육신하시기 전 예수님은 영원한 하나님의 아들로서 하나님 아버지와 함께 영원한 통치자로 존재하셨습니다. 하지만 성육신하시고, 고난당하시고, 죽으시고, 부활하신 예수님은 인성을 입으신 채로 하나님 보좌 우편에 앉게 되셨습니다. 이것은 우리 믿는 자들의 대표자로서 하신 것입니다. 예수님이 부활하신 인성을 입으신 채로 하나님 보좌 우편에 앉으신 것은, 당신의 많은 자녀들을 영원한 새 하늘과 새 땅의 공동 통치자로 삼으시려는 하나님의 계획을 이루시는 행위였습니다. 그래서 예수 그리스도를 주님과 구주로 믿는 모든 사람들은 예수 그리스도와 연합하게 됩니다. 예수님과 연합한 모든 하나님의 자녀들은 예수님과 함께 하나님 보좌 우편에 이미 앉히심을 받았고(엡 2:6), 장차 통치권을 영원히 행사하게 될 것입니다(계 22:5).

하나님 보좌 우편에 앉으신 그리스도는 지금 현재도 온 우주와 만물, 특별히 교회를 통치하시고 다스리고 계십니다(메시아 왕직). 동시에 당신의 백성들을 위하여 계속적으로 중보자의 역할을 감당하시며, 그들을 위하여 기도하고 계십니다(메시아 제사장직). 더 나아가서 성령을 보내시어 당신의 백성들이 하나님의 말씀을 깨닫게 하시고, 능력 있는 복음전도자의 사명을 감당하게 하십니다(메시아 선지자직). 예수님의 메시아 사역은 끝나지 않았습니다. 지금도 지속되고 있습니다.

6) 재림을 준비하고 계신 예수 그리스도

현재 하나님 아버지의 보좌 우편에 앉아서 지속적으로 메시아의 왕직과 제사장직과 선지자직을 감당하고 계신 예수 그리스도는 장차 영광 중에 재림하실 것입니다. 사실 주님은 지금도 재림을 준비하고 계십니다. 예수님의 초림으로 하나님의 나라는 이미 도래하였고, 마귀는 결정적으로 패배하였습니다. 그러나 아직은 하나님 나라가 완성되지 않았습니다. 개인사적으로 볼 때 죄인이 회개하고 예수 그리스도를 인격적으로 영접하는 순간 그의 구원은 확정됩니다. 그의 구원은 이미 확정되었으나, 여전히 완성을 기다리고 있습니다.

예수 그리스도의 십자가와 부활로 말미암아 마귀도 결정적으로 패배하였습니다. 그러나 마귀가 아직 완전히 불못으로 던져지지는 않았습니다. 우리는 현재 '이미 그러나 아직은 아님'(the already but not yet)이라는 종말론적 긴장 가운데 살아가고 있습니다. 우리의 최종적 승리는 확실합니다. 그렇지만 여전히 그것은 미래의 일입니다. 예수 그리스도가 재림하실 때에야 비로소 초림으로 이미 시작된 하나님 나라와 구속의 역사가 완성될 것입니다. "저리로서 산 자와 죽은 자를 심판하러 오시리라." 우리들도 예수님의 재림을 간절히 소망하고 있지만, 예수님 자신도 재림을 준비하고 계심을 우리는 기억해야 합니다.

지금까지 논의한 내용이 바로 예수동행운동이 견지하는 보편적, 공교회적 기독론의 중심 내용입니다. 우리는 이 보편적, 공교회적 기독론이 그려주고 있는 예수 그리스도를 날마다 바라봐야 합니다. 하나님이신 예수 그리스도, 하나님의 아들이신 예수 그리스도, 성육신하신 예수 그리스도, 십자가에 못 박히고 부활하신 예수 그리스도, 아버지 보좌 우편에서 통치하시고 중보하시는 예수 그리스도, 그리고 재림을 준비하고 계시는 예수 그리스도입니다.

그렇다면 예수동행운동이 견지해야 할 기독론의 특수성은 무엇입니까? 다음 절에서 이 주제를 좀 더 구체적으로 다루고자 합니다.

4. 예수동행일기 기독론의 특수성 1

1) 예수 그리스도와의 연합[31]

예수동행운동의 기독론은 위에서 논의한 공교회적, 보편적 기독론에 깊이 뿌리를 내려야 합니다. 그렇게 해야만 예수동행운동이 공교회와 보편적 교회라는 큰 울타리 안에서 참되게 하나님의 나라에 공헌하는 정통적인 신앙운동(orthodox faith movement)이 될 것이기 때문입니다. 그러면서도 예수동행운동의 기독론은 특수성을 견지할 수 있습니다. 여기서 특수성이란 예수동행운동이 강조하고 초점을 맞추고자 하는 특별한 기독론적 진리를 의미합니다. 정통 기독교 내에서 여타 신앙운동이 상대적으로 강조하지 않거나, 집중하지 않았던 기독론의 중요한 부분에 예수동행운동은 깊은 관심을 가질 수 있고, 또 가지고 있습니다. 그것은 다름 아닌 예수 그리스도와의 연합이라는 진리와 그 진리가 함축하고 있는 예수 그리스도의 모습입니다.

예수동행운동은 그 시작 때부터 우리 안에 계신 그리스도를 강조해 왔습니다.

이 비밀은 만세와 만대로부터 감추어졌던 것인데 이제는 그의 성도들에게 나타났고 하나님이 그들로 하여금 이 비밀의 영광이 이방인 가운데 얼마나 풍성한지를 알게 하려 하심이라 이 비밀은 너희 안에 계신 그리스도시니 곧 영광의 소망이니라 (골 1:26-27).

예수 그리스도가 우리 안에 계시기 때문에, 예수님은 늘 우리와 함께 하십니다. 위에서는 분명히 예수님은 지금 아버지 하나님의 보좌 우편에 앉아 계신다고 말씀을 드렸습니다. 그렇다면 우리 안에 계신 예수님과 하나님 보좌 우편에 계신 예수님 사이에 모순이 생기는 것은 아닐까요? 그렇지 않습니다. 부활하신 인성을 입으신 예수님은 지금 하나님 보좌 우편에 앉아 계십니다. 다시 말하면 부활하신 인성의 측면에서 예수님은 시공간의 제한을 받으십니다. 그러나 예수님은 신성의 무소부재성 또는 전재성(omnipresence)의 차원에서 계시지 않은 곳이 없습니다. 온 우주의 모든 곳에 예수님은 존재하십니다. 더 나아가서 아버지와 아들과 성령의 삼위일체적 연합의 차원에서 예수님은 우리 안에 내주하십니다. 그것은 우리 안에 내주하시는 성령과 예수님은 존재론적으로 영원히 연합되어 계시기 때문입니다.

너희는 너희가 하나님의 성전인 것과 하나님의 성령이 너희 안에 계시는 것을 알지 못하느냐 (고전 3:16)

예수님을 주와 구주로 믿고 영접한 자들에게는 성령이 내주하십니다. 그리고 내주하시는 성령과 연합되신 예수님도 우리 안에 내주하십니다. 한 차원 더 밀고 나가면 아버지와 아들과 성령 삼위일체 하나님은 우리 안에 지금 내주하고 계십니다.

그러므로 우리가 드려야 할 기도는 "주여 우리와 함께 하소서!"가 아닙니다. 도리어 "주여, 이미 함께 계신 주님을 매 순간 의식하고 바라보게 하소서! 또 이미 우리 안에 계신 주님과 친밀하게 동행하게 하소서!"가 되어야 한다는 것이 예수동행운동의 핵심 모토입니다.

성경은 예수님이 우리 안에 계실 뿐만 아니라, 우리도 예수님 안에 있음을 반복적으로 강조합니다. 즉 성경은 예수님과 우리 사이의 상호 내주 또는 페리코레시스(perichoresis)에 반복적으로 초점을 맞춥니다. 예수님과 우리 사이의 상호 내주의 진리를 가장 적확하게 표현하는 구원론의 진리가 바로 '예수 그리스도와의 연합'입니다. 우리가 우리의 죄를 회개하고 예수 그리스도를 주님과 구주로 믿고 영접하는 순간 우리는 성령의 세례를 받으며, 성령은 우리 안에 내주하기 시작합니다. 우리 안에 내주하시는 성령을 통하여 우리는 예수님과 영적으로 연합하여 하나가 됩니다. 사도 바울은 고린도전서 6:17에서 "주와 합하는 자는 한 영이니라"라고 말씀합니다. 아담과 하와가 서로 합하여 한 몸이 된 것 같이, 예수님과 우리가 서로 연합하여 한 영이 되었습니다. 이것은 정말 놀라운 진리입니다. 예수님과 우리의 개별성은 영원히 유지됩니다. 그래서 두 존재가 늘 함께 있습니다. 예수님의 인격과 우리의 인격이 혼돈되거나 섞이지 않습니다. 하지만 성령으로 말미암아 예수님과 우리는 영적으로 하나가 되었습니다. 예수님과 우리 사이에 구별은 여전히, 그리고 영원히 존재하지만, 예수님과 우리 사이에는 절대 분리될 수 없는 상호 내주적 연합 관계가 형성되었습니다.

우리가 예수님을 주와 구주로 믿을 때 예수님과 우리 사이에는 영적 연합의 사건이 일어납니다. 마르틴 루터가 그의 주저 〈그리스도인의 자유〉에서 강조한 것처럼, 이 영적 연합의 시점에 '거룩하고 위대한 교환'(holy and great exchange)의 사건이 일어납니다. 이 위대한 교환을 통해서 예수님이 가지고 계신 모든 복된 것들이 우리의 것이 되고, 우리가 가지고 있었던 모든 부정적인 것들이 예수님께로 옮겨지게 됩니다. 예수님의 의가 우리의 의가 되며, 예수님의 지혜가 우리의 지혜가 되고, 예수님의 거룩하심이 우리의 거룩하심이 됩니다. 우리의 죄와 허물과 저주는 예수님께로 옮겨집니다. 더 나아가서 예수님과의 영적 연합을 통하여 예수님의 순종이 우리의 순종이 되고, 예수님의 죽으심이 우리의 죽음이 되며, 예수님의 부활이 우리의 부활이 되며, 예수님이 하나님 우편에 앉으심이 우리의 앉음이 됩니다.

다시 말하면 예수동행운동이 바라보는 예수님은, 우리와 연합하여 우리 안에 계시고, 우리와 늘 함께 하시는 주님이십니다. 예수 그리스도와의 영적 연합이 함축하고 있는 기독론은 예수님에 대한 독특한 이미지들로 구성됩니다. 예수동행운동의 기독론은 바로 예수님에 대한 이 독특한 이미지들과 깊이 관련되어 있습니다.

2) 예수 그리스도와의 연합과 관련된 예수님의 이미지들

⑴ 우리와 동거하시는 예수 – 신랑과 남편 이미지
예수 그리스도와의 연합이라는 놀라운 진리와 밀접하게 관련된 예수님에 대한 이미지들 중 하나는 바로 예수님이 우리와 동거하시는 영적 신랑이자, 남편이라는 것입니다. 고린도후서 11:2은 다음과 같이 말씀합니다.

> 내가 하나님의 열심으로 너희를 위하여 열심을 내노니 내가 너희를 정결한 처녀로 한 남편인 그리스도께 드리려고 중매함이로다.

사도 바울은 예수 그리스도께서 우리의 영적인 남편이시라고 증거하고 있습니다. 에베소서 5:31-32은 다음과 같이 말씀합니다.

> 그러므로 사람이 부모를 떠나 그의 아내와 합하여 그 둘이 한 육체가 될지니 이 비밀이 크도다 나는 그리스도와 교회에 대하여 말하노라.

이 말씀을 통해서 바울은 예수님과 교회의 관계가 영적 결혼의 관계임을 천명하고 있습니다. 고린도전서 6:15-20은 다음과 같이 말씀합니다.

> 너희 몸이 그리스도의 지체인 줄을 알지 못하느냐 내가 그리스도의 지체를 가지고 창녀의 지체를 만들겠느냐 결코 그럴 수 없느니라. 창녀와 합하는 자는 그와 한 몸인 줄을 알지 못하느냐 일렀으되 둘이 한 육체가 된다 하셨나니 주와 합하는 자는 한 영이니라. 음행을 피하라 사람이 범하는 죄마다 몸 밖에 있거니와 음행하는 자는 자기 몸에 죄를 범하느니라. 너희 몸은 너희가 하나님께로부터 받은 바 너희 가운데 계신 성령의 전인 줄을 알지 못하느냐 너희는 너희 자신의 것이 아니라 값으로 산 것이 되었으니

그런즉 너희 몸으로 하나님께 영광을 돌리라.

본문에 따르면 육신적 결혼과 영적 결혼 사이에는 매우 중요한 유사성이 있습니다. 남자가 그 부모를 떠나 여자와 합하여 한 몸이 되듯이, 예수 그리스도와 우리가 합하여 한 영이 됩니다. 고전 6:17에 나오는 주와 합한다는 말은 바로 예수 그리스도를 주와 구주로 믿음을 통하여 예수님과 연합함을 뜻합니다. 그 연합의 결과 예수님은 우리의 영적 신랑이 되시고, 우리는 예수님의 영적 신부가 됩니다. 육적인 차원에서 남녀가 결혼을 하면 함께 사는 것이 당연하고 자연스럽습니다. 마찬가지로 영적인 차원에서도 우리가 그리스도와 연합하여 결혼하면 우리가 그리스도와 함께 사는 것은 당연하고 자연스러운 것입니다.

데살로니가전서 5:9-10은 다음과 같이 말씀합니다.

하나님이 우리를 세우심은 노하심에 이르게 하심이 아니요 오직 우리 주 예수 그리스도로 말미암아 구원을 받게 하심이라. 예수께서 우리를 위하여 죽으사 우리로 하여금 깨어 있든지 자든지 자기와 함께 살게 하려 하셨느니라

예수님이 우리를 위해 죽으셔서 우리를 구원하신 것은 우리가 깨어 있든지 자든지 예수님과 "함께 살게 하려"는 것이라고 말씀합니다. 놀라운 말씀이 아닐 수 없습니다. 신랑과 신부 사이의 영적 동거를 위해서 우리의 영적 신랑이신 예수님은 우리 안에 내주하시고 거하십니다. 그러므로 우리는 날마다의 삶 속에서 우리와 함께 사시는 우리의 영적

신랑이신 주님을 의식하고, 바라보아야 합니다.

우리와 함께 사시는 우리의 영적 신랑이신 주님을 의식하고 바라보는 삶은 결국 신부로서의 특권을 누리고, 책임을 다하는 삶을 의미합니다. 우리가 예수 그리스도의 영적 신부라는 이미지는 우리의 무한한 영광과 특권을 표현하는 말입니다. 예수 그리스도의 신부인 우리는 신랑이신 예수 그리스도와 모든 것을 함께 공유합니다. 예수 그리스도가 가지고 있는 모든 영광을 함께 누리는 특권을 받은 것입니다. 예수 그리스도의 무한한 부요하심, 예수 그리스도의 한이 없는 지혜, 예수 그리스도의 절대적인 거룩과 의로우심, 예수 그리스도의 놀라운 권능, 예수 그리스도의 통치권과 주권, 예수 그리스도가 가지고 계신 만유에 대한 소유권, 예수 그리스도를 향한 하나님 아버지의 무한한 사랑, 예수 그리스도께 부어지시는 끝없는 성령의 충만 등등이 예수 그리스도의 신부로서 우리가 누릴 수 있는 영광이요 특권입니다.

문제는 일반적으로 우리가 이런 특권과 영광을 그리스도 안에서 부여받았음을 잘 모르고 있다는 것입니다. 혹시 알더라도 크게 관심을 갖지 않고 도리어 다른 부차적인 것에 신경을 쓰고 있다는 것입니다. 신랑이신 예수 그리스도 안에서 우리가 가지고 있는 놀라운 영광과 특권에 대해서 진정한 의미에서 눈을 뜬 성도는 달라질 수밖에 없습니다. 인색하거나, 쩨쩨하거나, 궁색하거나, 주눅이 들 수 없는 것입니다. 그리스도 안에 있는 놀라운 자존감과 담대함과 용기와 지혜를 보여줄 수 있는 힘 있는 성도가 될 수밖에 없습니다. 대단한 재력이나 학벌, 세상의 인기 등 세상적으로 보아서 설령 아무것도 내세울 것이 없다 하더라도, 예수 그리스도 안에 있는 절대적이고 무한한 부요함 속에서 날마다 감사와 기쁨의 삶을 살아갈 수밖에 없는 것입니다.

우리가 예수 그리스도의 영적 신부라는 이미지는 우리의 놀라운 영광과 특권뿐 아니라, 우리가 가진 무한한 책임도 드러냅니다. 무엇보다도 예수 그리스도의 영적 신부인 우리는 신랑이신 그리스도 앞에서 거룩하고 정결한 신부로 자신을 단장해야 합니다. 신부가 거룩과 정결을 떠나서 더러움과 불결함과 음란함 가운데 있다면 그 신부는 심각하게 타락한 신부일 수밖에 없습니다. 무한히 거룩하신 신랑 앞에서, 자신을 거룩하고 정결하게 단장해야 할 신부로서 성도는 모든 면에서 거룩과 정결을 추구해야 합니다.

이 말은 세상의 가치관이라는 더러운 탁류가 우리의 삶 속에 들어와서는 안 된다는 것을 의미합니다. 과거의 잘못과 오류를 회개하고 이제부터라도 새로운 마음자세를 가다듬어야 합니다. 그래서 진정 거룩하고 정결한 신부의 모습으로 변화되어야 합니다. 그때에야 우리는 믿음의 본질에 충실한 참된 성도로 드러나게 될 것입니다.

정결한 신부, 신부다운 신부는 신랑을 바라봅니다. 신랑에게 주목하고 집중합니다. 한눈을 팔지 않습니다. 우리가 영적인 의미에서 신부다운 신부, 정결한 신부라면 우리는 매 순간 신랑이신 예수님을 바라봐야 합니다. 예수님께 주목하고 집중해야 합니다. 그러할 때 우리는 진정 신랑의 거룩함과 온전함을 닮은 완숙한 신부로 자라나게 될 것입니다.

(2) 우리 앞서가시는 예수 - 목자 이미지

그리스도와의 연합이라는 놀라운 진리와 밀접하게 관련된 예수님에 대한 이미지들 중 또 다른 하나는 바로 예수님이 우리의 참된 목자요, 참된 스승이라는 이미지입니다. 요한복음 10:11-18에서 주님은 다음과 같이 말씀하셨습니다.

> 11 나는 선한 목자라 선한 목자는 양들을 위하여 목숨을 버리거니와
>
> 12 삯꾼은 목자가 아니요 양도 제 양이 아니라 이리가 오는 것을 보면 양을 버리고 달아나나니 이리가 양을 물어가고 또 헤치느니라
>
> 13 달아나는 것은 그가 삯꾼인 까닭에 양을 돌보지 아니함이나
>
> 14 나는 선한 목자라 나는 내 양을 알고 양도 나를 아는 것이
>
> 15 아버지께서 나를 아시고 내가 아버지를 아는 것 같으니 나는 양을 위하여 목숨을 버리노라
>
> 16 또 이 우리에 들지 아니한 다른 양들이 내게 있어 내가 인도하여야 할 터이니 그들도 내 음성을 듣고 한 무리가 되어 한 목자에게 있으리라
>
> 17 내가 내 목숨을 버리는 것은 그것을 내가 다시 얻기 위함이니 이로 말미암아 아버지께서 나를 사랑하시느니라
>
> 18 이를 내게서 빼앗는 자가 있는 것이 아니라 내가 스스로 버리노라 나는 버릴 권세도 있고 다시 얻을 권세도 있으니 이 계명은 내 아버지에게서 받았노라 하시니라

예수님은 우리의 선한 목자이시고, 우리는 그분의 양들입니다. 선한 목자이신 주님은 우리를 앞서가시며 인도하십니다. 또한 주님은 당신의 양들을 깊이 아시며, 양들에게 좋은 꼴을 먹이시고, 푸른 풀밭과 맑은 시냇가로 인도하십니다. 사자와 이리떼로부터 보호하시며, 사랑으로 돌보시고, 우리가 아프거나 상처를 받았을 때 치유하시는 분이십니

다. 자기 양들을 향한 목자의 심정은 바로 아버지의 마음입니다.

　양들의 건강과 안전과 행복은 어떤 목자를 만나느냐에 달려 있습니다. 그리고 양들이 일단 목자를 잘 만났다면, 그 목자를 잘 따라가야 합니다. 그러할 때 양들의 건강과 안전과 행복이 보장됩니다. 목자의 음성을 듣고, 목자에게 자신의 시선을 집중하고, 순전하게 목자를 따라가는 한, 양들에게는 어떠한 실패도 있을 수 없습니다. 마찬가지입니다. 우리의 목자이신 주님은 결코 우리를 떠나지 아니하시며, 우리를 홀로 두시지 않습니다. 문제는 양들이 그릇 행하여 각기 제길로 가는 것(사 53:6)입니다. 양 아흔아홉 마리를 남겨두고 길 잃은 양 한 마리를 찾아 나서는 목자의 심정 그것이 바로 우리 주 예수님의 심정입니다. 선한 목자는 양들을 잘 먹이고 돌볼 뿐만 아니라, 양들을 위하여 목숨을 버립니다. 양들을 위하여 자신의 목숨을 버리는, 희생적인 사랑을 실천합니다. 그런 참되고, 선한 목자가 바로 우리의 주님이신 예수님이십니다. 예수 동행운동이 바라보는 예수님의 모습은 바로 이렇게 선한 목자이신 주님이십니다.

　(3) 우리와 함께 걸으시는 예수 - 친구 이미지
　그리스도와의 연합이라는 놀라운 진리와 밀접하게 관련된 예수님에 대한 이미지들 중 셋째는 바로 예수님이 우리의 참된 친구라는 이미지입니다. 요한복음 15:13-16에서 주 예수님은 다음과 같이 말씀하셨습니다.

　13 사람이 친구를 위하여 자기 목숨을 버리면 이보다 더 큰 사랑이 없나니

14 너희는 내가 명하는 대로 행하면 곧 나의 친구라

15 이제부터는 너희를 종이라 하지 아니하리니 좋은 주인이 하는 것을 알지 못함이라 너희를 친구라 하였노니 내가 내 아버지께 들은 것을 다 너희에게 알게 하였음이라

16 너희가 나를 택한 것이 아니요 내가 너희를 택하여 세웠나니 이는 너희로 가서 열매를 맺게 하고 또 너희 열매가 항상 있게 하여 내 이름으로 아버지께 무엇을 구하든지 다 받게 하려 함이라

　

본문은 예수님이 자신을 우리의 친구라고 묘사하심을 보여주고 있습니다. 주님은 더 이상 당신의 제자들을 "종이라 하지 아니하리니"라고 말씀하십니다. 여기서 '종'이란 말은 헬라어로 '둘로스'로서 '노예' 또는 '노비'라는 말입니다. 로마제국 당시 노예나 노비는 인격적으로 존중받지 못했습니다. 주인의 소유물로 취급을 받았습니다. 심한 경우 학대와 폭력의 대상이 되었습니다. 주님은 우리를 더 이상 노예로 부리시지 않으시겠다는 것을 선언하신 것입니다. 그러고는 "너희를 친구라 하였노니"라고 말씀하십니다. 그렇게 하시면서 주님과 우리 사이의 관계가 영적 친구 관계임을 천명하셨습니다. 예수님은 우리의 참된 친구로서 우리와 함께 걸으시는 분, 동행하는 분이십니다. 우리 옆에서 우리와 함께 걸으시면서 우리를 향하여 거룩한 친구 노릇을 해 주시는 분이 바로 예수님이십니다.

우리의 참된 친구되신 예수님은 우리를 위하여 자기 목숨을 버리셨습니다. 그것은 친구에게 베풀 수 있는 최고의 사랑을 보여주신 것입니다. 그 결과 베드로를 포함한 예수님의 제자들은 자신들의 친구인 예

수님을 위해 자신들의 목숨을 버렸습니다. 그리고 주님께서는 친구인 우리에게 아버지께 들은 것은 다 알게 하였다고 말씀하십니다(요 15:15). 그 결과 사도들에 의해서 신약성경이 기록되고, 하나님의 계시의 말씀이 전달되었습니다. 그리고 우리가 주님을 택한 것이 아니라, 주님이 우리를 당신의 친구로 택하여 세웠다고 말씀하십니다.

우리는 우리의 참된 친구가 되신 예수 그리스도를 바라봐야 합니다. 주님과 우리 사이의 우정 관계를 가장 아름답게 보여준 구약의 예표가 바로 다윗과 요나단의 우정입니다. "요나단은 다윗을 자기 생명같이 사랑"했습니다(삼상 18:1). 요나단과 같이 우리도 주 예수님을 우리 생명같이 사랑해야 합니다. 주 예수님을 우리 생명같이 사랑한다는 것은 결국 매일의 삶 속에서 주님을 지속적으로 바라보고, 주님께 지속적으로 우리의 시선과 생각을 집중하는 것과 연결됩니다. 그런 의미에서 예수동행운동은 우리의 친구되신 예수님을 바라보는 운동입니다.

예수님을 깊이 생각하고, 예수님을 바라보는, 예수님의 친구인 우리는 예수님께서 명한 대로 행해야 할 책임이 있습니다(요 15:14). 순종의 거룩한 책임입니다. 동시에 가서 열매를 맺고, 열매가 항상 있게 하여야 할 책임이 있습니다. 여기서 열매란 전도의 열매, 선행의 열매, 성령의 열매, 찬송의 열매 등을 포함합니다. 이런 거룩한 책임을 감당하기 위해서 우리는 지속적으로 주님을 바라봄으로, 주님과의 긴밀한 관계를 유지해야 합니다. 주님과의 긴밀한 인격적 관계가 없이, 우리가 주님이 기뻐하시는 열매를 맺을 방도는 없습니다. 그래서 주님은 "나를 떠나시는 너희가 아무것도 할 수 없음이라"(요 15:5)고 말씀하셨습니다.

(4) 우리의 생명이신 예수 - 포도나무 이미지

그리스도와의 연합이라는 놀라운 진리와 밀접하게 관련된 예수님에 대한 이미지들 중 넷째는 바로 예수님이 우리의 참된 포도나무라는 이미지입니다. 요한복음 15:13-16에서 주 예수님은 다음과 같이 말씀하셨다.

> 1 나는 참 포도나무요 내 아버지는 농부라
> 2 무릇 내게 붙어 있어 열매를 맺지 아니하는 가지는 아버지께서 그것을 제거해 버리시고 무릇 열매를 맺는 가지는 더 열매를 맺게 하려 하여 그것을 깨끗하게 하시느니라
> 3 너희는 내가 일러준 말로 이미 깨끗하여졌으니
> 4 내 안에 거하라 나도 너희 안에 거하리라 가지가 포도나무에 붙어 있지 아니하면 스스로 열매를 맺을 수 없음 같이 너희도 내 안에 있지 아니하면 그러하리라
> 5 나는 포도나무요 너희는 가지라 그가 내 안에, 내가 그 안에 거하면 사람이 열매를 많이 맺나니 나를 떠나서는 너희가 아무것도 할 수 없음이라

예수님은 자신을 참 포도나무에 그리고 우리를 그 포도나무에 붙어있는 가지에 비유하셨습니다. 이 비유는 포도나무이신 주님이 그 가지인 우리의 생명이심을 증거합니다. 그리스도인인 우리의 생명은 우리 스스로에게서 나오는 것이 아닙니다. 또한 우리 스스로가 유지하고 관리할 수 있는 것이 아닙니다. 우리의 생명은 주님이시며, 동시에 우리의 생명은 주님께 철저히 의존되어 있습니다. 다시 말하면 가지의 생명

력은 그 가지 자체에 있는 것이 아니라, 가지가 연합되어 있는 포도나무에 달려 있다는 것입니다.

가지의 생명력이 포도나무에 달려 있기 때문에, 포도나무 가지는 포도나무에 붙어 있어야만 살 수 있고, 열매를 맺을 수 있습니다. 마찬가지로 우리도 주님께 붙어 있어야만 생명력을 유지할 수 있고, 열매를 맺을 수 있다고 말씀하셨습니다. 여기서 '붙어 있음'은 예수님 안에 거하는 것을 의미합니다. 예수님 안에 거함이란 예수동행운동의 관점에서 본다면 예수님을 지속적으로 바라봄을 뜻합니다. 우리는 우리의 생명이 되시고, 우리의 생명력의 근원이 되시는 예수님을 지속적으로 바라봐야 합니다. 우리가 예수님 안에 거할 때, 우리는 주님이 원하시는 열매를 맺을 수가 있습니다.[32]

예수님 안에 거함에 대해서 주님은 우리만 예수님 안에 거하는 것이 아니라, 예수님도 우리 안에 거하심 즉 주님과 우리 사이의 상호 내주적인 관계가 있다고 말씀하셨습니다. "내 안에 거하라 나도 너희 안에 거하리라." 진정 놀라운 말씀이 아닐 수 없습니다. 주님과 우리 사이의 상호 내주를 말씀하시면서, 주님은 "너희가 내 안에 거하고 내 말이 너희 안에 거하면 무엇이든지 원하는 대로 구하라 그리하면 이루리라"(요 15:7)고 말씀하셨습니다. 주님이 우리 안에 거하신다는 말을 주님의 말씀이 우리 안에 거하는 것으로 풀어주신 것입니다. 그러므로 문자화된 성경 말씀이 우리 안에 거함은 인격이신 예수님이 우리 안에 거함과 동일합니다. 그것은 우리가 문자화된 말씀을 읽고 먹을 때, 인격이신 예수님을 경험하게 된다는 것입니다. 따라서 문자화된 말씀과 인격이신 말씀이신 예수 그리스도는 상호 구별되나, 결코 분리되지 않습니다.

더 나아가서 예수님 안에 거함에 대해서 주님은 "아버지께서 나를 사랑하신 것 같이 나도 너희를 사랑하였으니 나의 사랑 안에 거하라 내가 아버지의 계명을 지켜 그의 사랑 안에 거하는 것 같이 너희도 내 계명을 지키면 내 사랑 안에 거하리라"(요 15:9-10)고 풀어주셨습니다. 우리가 주님 안에 거한다는 것은 주님의 사랑을 알고 그 사랑 안에 거하는 것을 뜻합니다. 즉 우리를 위하여 목숨을 희생하시기까지 사랑하신 주님을 인식하고, 그 주님을 계속 바라보는 것을 의미합니다. 그리고 우리가 주님의 사랑 안에 거한다는 것은 주님의 계명을 지키는 것 즉 주님의 말씀에 순종하는 것을 뜻함을 알려주셨습니다.

그러므로 주님과 우리 사이의 상호 내주적 연합과 교제는 주님의 말씀이 우리 안에 거하시고, 주님의 말씀에 순종함으로 우리도 주님의 사랑 안에 거하는 것을 뜻합니다. 다시 말하면 주님과의 상호 내주적 교제는 지성적이면서 관계적입니다. 우리의 지성을 사용하여 하나님의 말씀을 이해하고 깨달음과 동시에, 그 말씀에 대하여 인격적으로 순종함으로 주님과의 올바른 관계를 유지하게 되는 것입니다. 그러할 때 우리의 삶 속에서는 풍성한 열매가 지속적으로 맺어질 것이고, 이로 인하여 하나님 아버지께서 영광을 얻으실 것입니다.

예수동행운동이 바라봐야 할 예수님은 다름 아닌 우리의 생명 되신, 참 포도나무이신 예수 그리스도입니다. 그분을 바라보는 방법은 다름 아닌 그분의 말씀이 우리 안에 거하게 하고, 또 그 말씀에 순종으로 반응하는 것입니다. 그러하기에 '주님을 바라봄'이란 어떤 신비적 체험을 추구하는 것이 아닙니다. 도리어 철저히 말씀에 집중하는 것과 관련됩니다. 말씀에 집중한다고 해서 말씀에 대한 지성적, 지식적, 정보적 추구에만 머물러서는 안 됩니다. 말씀에 대한 인격적 반응 즉 순종을 통하여 주님과의 사랑의 관계를 돈독하게 하는 것을 뜻합니다. 우리의 포도나무 되신 주님을 참되게 바라볼 때, 우리의 영적 성장과 성숙은 자연스럽게 따라오는 복된 열매가 될 것입니다.

5. 예수동행일기 기독론의 특수성 2

1) 삼위일체 하나님과의 교제의 통로이신 예수 그리스도

예수동행운동 기독론이 가지는 특수성의 두 번째 차원은 예수님이 삼위일체 하나님과의 교제의 통로가 되신다는 것입니다. 이것은 위에서 다룬 바 있는 예수 그리스도와의 연합이라는 진리와 긴밀하게 연결되어 있습니다. 동시에 이것은 하나님께서 온 우주와 만물을 창조하시고 섭리하시는 목적, 더 나아가서 사람을 만드신 최종 목적과 긴밀하게 연결되어 있습니다.

⑴ 삼위일체 하나님이 어떤 분이심을 드러내심: 하나님의 전경륜의 최종 목적

삼위일체 하나님께서 온 우주와 만물을 창조하신 궁극적인 목적은 삼위일체 하나님이 어떤 분이심을 드러내고 계시하심에 있습니다. 시편 19:1은 "하늘이 하나님의 영광을 선포하고 궁창이 그의 손으로 하신 일을 나타내는도다"라고 증거합니다. 로마서 1:20 역시 "창세로부터 그의 보이지 아니하는 것들 곧 그의 영원하신 능력과 신성이 그가 만드신

만물에 분명히 보여 알려졌나니 그러므로 그들이 핑계하지 못할지니라"라고 선언합니다. 이 진리를 전통적인 신학과 신앙고백에서는 '하나님의 영광을 위하여'라는 말로 표현했습니다. 여기서 '하나님의 영광을 위하여'라는 말은 하나님이 본래 영광이 부족하신 분이시어서 우주와 인간이 하나님께 영광을 돌려야 하나님이 더 영광스러운 분이 되시거나, 그 영광을 보고 만족해하신다는 뜻으로 오해되어 왔습니다. 이것은 철저한 오류입니다. 오히려 하나님이 '하나님의 영광을 위하여' 만물을 창조하셨다는 것은 '하나님의 영광을 드러내기 위하여' 또는 '하나님의 어떠하심을 드러내고 계시하기 위하여'라는 의미로 이해되어야 합니다. 가장 극명한 실례가 웨스트민스터 신앙고백일 것입니다. 웨스트민스터 신앙고백 제4장 1조는 다음과 같이 고백합니다.

> 태초에 성부, 성자, 성령 하나님께서는(히 1:2; 요 1:2, 3; 창 1:2; 욥 26:13, 33:4) 자신의 영원하신 능력과 지혜와 선하신 영광을 나타내기 위하여(롬 1:20; 렘 10:12; 시 104:24, 33:5, 6) 세상과 그 안에 있는 보이거나 보이지 않는 모든 것들을 엿새 동안에 무(無)로부터 창조하시되, 다 매우 선하게 창조하시기를 기뻐하시었다(창 1; 히 11:3; 골 1:16; 행 17:24).

웨스트민스터 신앙고백은 하나님께서 자신의 "영광을 나타내기 위하여" 창조하셨다고 고백합니다. 다시 말하면 삼위일체 하나님이 가지고 계시는 충만한 영광 즉 그분의 선하심, 권능, 지혜, 지식, 사랑, 거룩, 공의, 은혜, 자비, 인내 등을 온 우주 만물과 당신의 역사 섭리를 통하여 드러내시고 나타내시는 것이 하나님의 전경륜의 목적입니다.

(2) 삼위일체 하나님과 교제하게 하심: 사람을 창조하고 구속하신
최종 목적

사람을 포함한 모든 만물을 창조하시고, 역사를 섭리하시는 하나님의 전경륜의 최종 목적은 하나님의 영광을 드러내고, 하나님의 어떠하심을 계시하시기 위함임을 위에서 논의하였습니다. 하지만 여기서 우리가 반드시 기억해야 할 것은 사람은 단순히 하나님의 자기 계시와 영광 계시를 위한 도구적 존재로만 창조된 것이 아니라는 사실입니다. 삼위일체 하나님이 사람을 만든 최종 목적은 당신과의 인격적인 교제, 사랑의 교제를 나누게 하시려는 것입니다. 다시 말하면 창조와 구속을 포함한 전경륜을 통해서 하나님은 당신이 어떤 분이신지를 계시하시고, 사람은 그것을 통하여 하나님이 어떤 분이심을 알고 그분과 교제하게 될 때 사람의 창조 목적이 완결되는 것입니다.

아버지와 아들과 성령은 서로 안에 영원히 내주하십니다. 아버지는 아들과 성령 안에, 아들은 아버지와 성령 안에, 성령은 아버지와 아들 안에 내주하십니다. 이것이 신적인 페리코레시스입니다. 그리고 아버지와 아들과 성령은 영원한 사랑의 교제 가운데 사십니다. 영원 전부터 영원 후까지 아버지와 아들과 성령은 영원한 사랑의 교통 가운데 상호 내주적으로 존재하십니다. 영원한 사랑의 교통과 사귐은 삼위일체 하나님의 존재 방식입니다. 또한 삼위일체 하나님이 누리고 계시는 영생의 본질입니다. 아버지와 아들과 성령은 서로를 기뻐하시며, 서로를 높이시고, 서로를 예찬하시며, 서로를 환영하시고, 서로를 존중하시고, 서로에게 복종하시는 영원한 사랑의 교제를 누리고 계십니다.

놀랍게도 삼위일체 하나님은 세 위격이 누리고 계시는 영원한 사

랑의 교제 안으로, 즉 상호 내주적 사귐 안으로, 우리를 초대하고 초청하신다는 것입니다. 아버지와 아들과 성령은 바로 이 일을 예수 그리스도 안에서 그리고 예수 그리스도를 통하여 하셨습니다. 하나님의 아들 예수 그리스도가 사람의 본성을 입고 이 땅에 오심으로써 하나님은 우리와 연합하셨습니다. 동시에 우리는 신성과 인성을 가지신 하나님의 아들 예수 그리스도를 믿음으로 그와 연합하게 되었습니다. 그 결과 우리는 삼위일체 하나님과 연합하게 되었습니다. 다시 말하면 예수 그리스도를 주와 구주로 믿음으로 말미암아 우리는 영원한 삼위일체 하나님과의 인격적인 교제, 사랑의 교제를 누릴 수 있게 되었습니다. 결국 예수 그리스도는 삼위일체 하나님과의 영원한 사랑의 교제를 위한 채널이 되신 것입니다.

이런 진리를 아주 드라마틱하게 보여주는 여러 성경 본문들이 있습니다. 요한복음 17: 21-22이 대표적인 실례입니다.

21 아버지여, 아버지께서 내 안에, 내가 아버지 안에 있는 것 같이 그들도 다 하나가 되어 우리 안에 있게 하사 세상으로 아버지께서 나를 보내신 것을 믿게 하옵소서

22 내게 주신 영광을 내가 그들에게 주었사오니 이는 우리가 하나가 된 것 같이 그들도 하나가 되게 하려 함이니이다

예수님께서 십자가에 달리시기 전에 드리셨던 대제사장적 기도의 핵심은 바로 아버지와 아들이 누리고 계시는 상호 내주적인 사랑의 친교와 교제 안으로 하나님의 백성 즉 교회가 들어오게 해달라는 것이었

습니다. "그들도 다 하나가 되어 우리 안에 있게 하사"라는 말씀은 교회가 주의 말씀과 성령 안에서 완전히 하나가 되어 '우리 안에' 즉 삼위일체 하나님 안에 또는 아버지와 아들이 함께 누리는 사랑의 교제 안에 있게 해달라는 것이었습니다. 이와 유사한 말씀이 요한일서 4:13-16입니다.

> 13 그의 성령을 우리에게 주시므로 우리가 그 안에 거하고 그가 우리 안에 거하시는 줄을 아느니라
> 14 아버지가 아들을 세상의 구주로 보내신 것을 우리가 보았고 또 증언하노니
> 15 누구든지 예수를 하나님의 아들이라 시인하면 하나님이 그의 안에 거하시고 그도 하나님 안에 거하느니라
> 16 하나님이 우리를 사랑하시는 사랑을 우리가 알고 믿었노니 하나님은 사랑이시라 사랑 안에 거하는 자는 하나님 안에 거하고 하나님도 그의 안에 거하시느니라

본문에 의하면 우리에게 성령을 주신 이유는 우리가 하나님 안에 거하고 하나님이 우리 안에 거하심을 알게 하기 위함이었습니다(13절). 그리고 누구든지 예수를 하나님의 아들이라고 믿고 시인하는 자는 하나님이 그의 안에 거하시고, 그도 하나님 안에 거하십니다(15절). 무슨 말입니까? 예수 그리스도를 믿고 성령을 통하여 예수님과 하나가 된 사람은 바로 하나님 안에, 더 넓게 말하면 삼위일체 하나님 안에 거하게 된다는 말씀입니다. 아버지와 아들과 성령이 영원히 누리고 계시는 상

호 내주적 연합과 사랑의 교제가 삼위일체 하나님과 우리 사이로 확대되고 확장되었다는 것입니다. 그래서 삼위일체 하나님과 교회 간의 상호 내주적 연합과 사랑의 교제가 실현된다는 것입니다. 삼위일체 하나님이 교회 안에 거하시고, 교회가 삼위일체 하나님 안에 거합니다. 이 영원한 사랑의 교제의 채널 또는 통로가 바로 우리 주 예수 그리스도이십니다.

예수동행운동 기독론의 특수성은 바로 여기에 있습니다. 예수님은 삼위일체 하나님과의 영원한 상호 내주적 연합과 사랑의 교제 안으로 우리를 데려가시는 분이십니다. 또한 그 영원한 상호 내주적 연합과 사랑의 교제를 풍성하게 누리게 하시는 분이십니다. 이 놀라운 복락은 오직 예수 그리스도 안에서 그리고 예수 그리스도를 통하여서만 얻을 수 있습니다.

다시 말하면 삼위일체 하나님과의 사랑의 교제는 예수 그리스도와의 사랑의 교제와 함께 시작된다는 것입니다. 고린도전서 1:9은 이 진리를 다음과 같이 묘사합니다. "너희를 불러 그의 아들 예수 그리스도 우리 주와 더불어 교제하게 하시는 하나님은 미쁘시도다." 하나님은 먼저 우리를 부르셔서 우리로 하여금 예수 그리스도와 더불어 교제하게 하십니다. 그리고 예수님과 우리의 교제는 결국 삼위일체 하나님과 우리의 교제로 확장됩니다. 그런 의미에서 우리는 삼위일체 하나님과의 교제의 통로가 되시는 예수 그리스도를 매일매일의 삶 속에서 바라봐야 합니다. 그렇게 함으로써 삼위일체 하나님과의 풍성한 사랑의 교제를 누릴 수 있으며, 이것이 하나님께서 예수님 안에서 우리에게 약속하신 영원한 생명인 것입니다. 그러므로 우리는 여기 그리고 이곳에서 이미 영생을 누리며 살아갈 수 있습니다. 영생은 이미 우리에게 주어졌습니다. 요한일서 5:11-12은 다음과 같이 말씀합니다.

또 증거는 이것이니 하나님이 우리에게 영생을 주신 것과 이 생명이 그의 아들 안에 있는 그것이니라. 아들이 있는 자에게는 생명이 있고 하나님의 아들이 없는 자에게는 생명이 없느니라.

물론 우리에게 이미 주어진 영생의 완전하고 총체적인 누림은 여전히 주님 재림 이후에 이뤄질 것입니다. 하지만, 우리는 이미, 여기 그리고 이곳에서, 삼위일체 하나님과의 풍성한 사랑의 교제 즉 영생을 누릴 수 있습니다.

6. 결론

예수동행운동에 동참하는 우리가 바라보는 예수님은 누구인가라는 질문에 대해서 이제 결론적으로 답을 드릴 시간이 되었습니다. 첫째, 우리는 2천 년 교회 역사 동안 모든 그리스도인들이 함께 믿고 바라본 예수님 즉 공교회적, 보편적 기독론의 예수님을 바라봐야 합니다. 그분은 본질상 하나님이시고, 위격 상 하나님의 아들이시며, 우리를 위하여 성육신하셨고, 우리 죄를 위하여 십자가에 못 박혀 죽으시고, 장사된 지 사흘 만에 부활하신 만왕의 왕이요, 만주의 주이시며, 하나님 보좌 우편에 앉으셔서 지금도 교회와 우주를 통치하시고, 우리를 위하여 중보하시며, 성령을 보내어 하나님의 말씀을 깨닫게 하시는 메시아이시며, 조만간 다시 오실 것 즉 재림을 준비하고 계시는 분이십니다.

둘째, 우리는 예수동행운동의 기독론의 특수성에 주목해야 합니다. 그것은 우리와 연합하시는 예수 그리스도로가 우리의 영적 신랑이시며, 우리의 선한 목자이시고, 우리의 참된 친구이시며, 우리의 생명이시자 참 포도나무이시라는 진리입니다. 더 나아가서 예수님은 삼위일체 하나님과의 상호 내주적 연합과 사랑의 교제를 위한 통로와 채널이 되십니다. 우리는 오직 예수 그리스도 안에서 그리고 그분을 통하여서만 삼위일체 하나님과 상호 내주적인 연합을 경험할 수 있습니다. 그리고 삼위일체 하나님이 누리고 계시는 영원한 사랑의 교제에 참여할 수 있습니다.

예수동행운동은 공교회적, 보편적 기독론에 깊은 뿌리를 내려야 합니다. 이것은 예수동행운동의 신학적, 교리적 정통성과 갚은 관련이 있습니다. 동시에 예수동행운동이 특별하게 강조해온 기독론에도 초점을 맞추어야 합니다. 그러할 때 주님과의 더 깊은 사귐, 더 친밀한 동행으로 나아갈 수 있을 것입니다. 우리가 예수동행일기를 쓰는 목적은 바로 이것입니다. 주님을 지속적으로 바라봄으로 주님과의 더 깊은 사귐, 더 친밀한 동행을 누리기 위한 것입니다. 예수동행일기 쓰기에 함께 동참하는 모든 형제와 자매들이 이 놀라운 복을 날마다 풍성히 누릴 수 있게 되기를 간절히 기도합니다.

III. 성화훈련 과정으로서의 예수동행일기
(조직신학 구원론/성화론)

※ 2018년 7월 예수동행일기 컨퍼런스에서 발제한 논문을 수정보완
한 것입니다.

들어가는 말

필자는 이 논문을 통해서 성화 자체에 대한 조직신학적인 논의와 성화
훈련과정으로서의 예수 동행일기의 효과에 대해 논의하고자 합니다.
우선 루터와 칼빈을 중심으로 한 종교개혁적 전통에서 성화가 어떻게
이해되어 왔는지를 살피겠습니다. 이어서 성화 훈련과정으로서 예수
동행일기가 얼마나 요긴하며 유익한가에 대해서 논증하고자 합니다.

이러한 발제의 목적을 이루기 위해서 먼저 성화가 무엇인지에 대
해서 조직신학적으로 논의할 것입니다. 그 후 예수 그리스도와 연합의
맥락에서 성화를 논의할 것입니다. 이어서 성화의 세 가지 측면 즉 개인
적 성화와 신앙공동체 성화와 사회적 성화를 구분해서 논의할 것입니
다. 그리고 각 측면에 있어서 예수 동행일기가 어떤 긍정적인 역할을 감
당하는지를 논의할 것입니다. 마지막으로 예수 동행 운동이 한국교회
와 세계교회의 성숙에 있어서 어떤 역할을 감당해야 하는지에 대한 제

언으로 제 논문을 마무리하고자 합니다.

1. 성화란 무엇인가?

1) 성화의 정의

성경이 사용하고 있는 단어들 중에서 조직신학적 용어인 '성화'에 가장 근접한 단어는 '거룩하게 구별하다' 또는 '정결하게 하다' 또는 '성별하다'입니다. 특별히 구약의 레위기에는 거룩을 의미하는 '카도쉬'라는 용어가 자주 사용되고 있습니다. 그 근본 의미는 거룩하신 하나님이 거룩한 목적을 위해서 어떤 사람이나 사물을 구별하는 것을 뜻합니다. 그러므로 거룩하지 못한 것은 하나님 보시기에 불결한 것이고, 가증한 것이 됩니다.

또한 신구약의 윤리적 관점에서 성화는 '거룩하게 행하다' 또는 '윤리적으로 도덕적으로 흠 없고 순결한 삶을 살다'라는 의미와 연결됩니다. 따라서 거룩하지 못한 행위는 하나님 보시기에 악하고 불의한 행위가 됩니다. 또한 거룩한 행위는 하나님 앞에서 선하고, 의로운 행위가 됩니다.

이런 성경적 관점에 기초해서 조직신학의 구원론은 '성화'라는 단어를 특별한 의미로 사용하고 있습니다. 조직신학적 관점에서 '성화'란 '거룩하게 함' 혹은 '거룩하게 변화됨'이라는 근본 뜻을 가지고 있습니다. 그래서 오늘날 조직신학자들은 성화를 영어로 'sanctification'이나 'spiritual transformation'(영적 변화)라는 말로 표현합니다. 반면에 영성신학자들은 'spiritual formation'(영적형성, 영성형성)이라는 표현을 더 선호하고 있습니다. 어떤 표현을 사용하든지 성화라는 말의 근본 뜻은 분명합니다. 그것은 전적으로 타락한 죄인이 하나님 앞에서 거룩한 자로 구별되고, 그의 인격과 성품과 행동과 삶이 거룩하게 변화되는 것을 의미합니다.

2) 성화의 두 차원

오늘날 조직신학자들은 성화의 두 차원이 있음에 주목하고 있습니다. 첫째 차원은 신분적 성화(positional sanctification)입니다. 신분적 성화란 죄인이 처음 예수님을 믿음으로 거듭나고, 하나님 앞에서 영단번에 의롭다 함을 얻는 순간에 일어납니다. 그 순간 하나님께서 그를 거룩하게 구별하시면서, 그의 신분과 정체성을 거룩한 자로 선포하시는 사건입니다. 신분적 성화는 다른 신학적 전문 용어로 '확정적 성화' 또는 '결정적 성화'(definitive sanctification)라고 표현됩니다. 그리고 이 신분적/확정적 성화는 칭의와 마찬가지로 영단번에 일어나는 단회적 사건입니다. 신분적/확정적 성화는 예수 믿는 자를 당신의 거룩한 목적을 위하여 거룩하게 구별하시는 하나님의 단회적이고 주권적인 행위와 관련됩니다.

신분적/확정적 성화와 관련된 대표적인 성경 구절이 바로 고린도전서 6:11입니다. "너희 중에 이와 같은 자들이 있더니 주 예수 그리스도의 이름과 우리 하나님의 성령 안에서 씻음과 거룩함과 의롭다 하심을 받았느니라." 사도 바울은 고린도교회 성도들이 이미 확정적으로 혹은 신분적으로 거룩함을 받았고, 성화되었다고 증거하고 있습니다. 또한 거룩함과 의롭다 하심이 동시에 함께 언급되고 있다는 사실 역시 중요합니다. 그것은 여기서 언급된 성화가 칭의와 유사하게 영단번에 일어난 사건으로서 확정적 성화임을 보여주고 있습니다.[33]

그러므로 예수 그리스도를 주와 구주로 고백하는 모든 그리스도인들은 이미 확정적으로, 신분적으로 거룩한 존재가 되었습니다. 예수 그리스도 안에서 새로운 피조물이 되었다는 것입니다. 하나님은 새로운 피조물이 된 우리를 당신의 소유로 특별히 구별하셨습니다. 또한 당신의 거룩한 목적을 위하여 우리를 따로 구별하신 것입니다. 하나님은 예수 그리스도 안에 있는 우리를 더 이상 불결하게 보시지 않습니다. 예수님의 보혈로 완전히 씻음 받아, 정결케 되고, 성결케 되고, 거룩하게 된 존재로 보십니다.

성화의 둘째 차원은 실재적 성화(practical sanctification)입니다. 실재적 성화란 우리의 인격과 성품과 행동과 삶이 실재적으로 변화되어 예수 그리스도의 거룩한 형상을 점점 본받아 가는 과정을 의미합니다. 따라서 실재적 성화는 점진적 성화(progressive sanctification)라고 달리 표현할 수 있으며, 이 실재적/ 점진적 성화는 일평생 계속되는 과정입니다. 일평생 계속되는 점진적 과정을 통해서 우리는 실재적으로 우리의 인격과 성품과 태도와 행동과 삶에 있어서 예수 그리스도를 닮은 자로 변화되어 가는 것입니다.[34]

여기서 우리가 반드시 기억해야 할 것은 우리가 일반적으로 '성화'라는 말을 사용할 때, 우리는 대체로 실재적/점진적 성화에 대해서 말하고 있다는 것입니다. 목회자든 평신도든 '성화'라는 말을 처음 들을 때 '신분적 성화'와 '확정적 성화'를 생각하는 경우는 매우 드뭅니다. 물론 본 논문에서도 필자가 '성화'를 말할 때 그것은 주로 '실재적 성화'와 '점진적 성화'를 의미하게 될 것입니다.

그럼에도 불구하고 우리가 꼭 기억해야 할 것은 성화의 다른 차원 즉 영단번에 이루어지는 '신분적 성화' 혹은 '확정적 성화'가 있다는 것입니다. 죄인이 예수 그리스도를 주와 구주로 믿고, 고백하고, 인격적으로 자신을 예수님께 굴복시키는 순간, 그는 새사람으로 거듭나며, 의인이라고 선포되고, 완전히 거룩하게 구별된 새로운 피조물로 인정을 받게 된다는 것입니다.

3) 칭의와 성화의 관계

오늘날 칭의의 교리는 엄청난 도전을 받고 있습니다. 특별히 종교개혁이 주장했던 이신칭의 교리를 비판하면서 수정주의적인 시도를 하는 학자들이 많이 출현하고 있습니다. 예를 들어 영국의 신약신학자이면서 바울에 대한 새 관점 학파에 속한 톰 라이트(N. T. Wright)는 의의 전가(imputation of righteousness)에 기초한 종교개혁의 칭의론을 비판하면서, 구원론이 아닌 교회론적 맥락에서 칭의에 대한 새로운 해석을 제시합니다.[35] 재미 한인 신학자 김세윤은 그의 책 〈칭의와 성화〉[36]에서 칭의가 영단번에 일어나는 사건임을 거부하고, 성화와 병행하면서 일평생 지속되는 과정이라는 새로운 해석을 제시합니다. 두 견해 모두 성경 진리에 대한 심각한 왜곡입니다.

이런 상황에서 우리는 칭의와 성화의 관계에 대한 분명한 이해를 통해서 복음의 본질을 지켜나가야 합니다. 앞에서 저는 성화의 두 차원이 있음을 논증했습니다. 그것은 신분적/확정적 성화와 실재적/점진적 성화입니다. 따라서 칭의와 성화의 관계를 논의할 때에도 우리는 칭의와 신분적/확정적 성화의 관계 그리고 칭의와 실재적/점진적 성화의 관계를 따로 논의해야 합니다.

(1) 칭의와 신분적/확정적 성화의 관계

먼저 칭의와 신분적/확정적 성화는 어떤 관계가 있을까요? 신분적/확정적 성화와 칭의 사이에는 유사점이 많습니다.

첫째, 두 가지 모두 영단번에 일어나는 사건이라는 점에서 유사합니다. 칭의는 죄인이 자신의 죄를 회개하고 예수 그리스도를 주와 구주로 믿을 때에 죄 사함을 얻고, 하나님의 법정에서 의인이라고 선포되는 사건입니다. 그리고 이 사건은 영단번의 사건으로서 완료적 의미가 있습니다. 마찬가지로 신분적/확정적 성화도 죄인이 예수 그리스도를 믿을 때에 완전한 죄씻음을 받고, 하나님이 그를 거룩한 존재로 성별하시는 사건입니다.

둘째, 두 가지 모두 신분상의 변화라는 점에서 유사합니다. 칭의는 신분상 불의했던 자가, 예수 그리스도를 믿음으로 말미암아 의인의 신분을 얻는 사건입니다. 하나님과의 바른 관계를 얻게 되는 사건입니다. 마찬가지로 신분적/확정적 성화도 신분상 불결했던 자가 하나님 앞에서 성결한 신분을 얻는 사건입니다.

셋째, 두 사건은 동시에 일어납니다. 칭의가 일어날 때 동시에 신분적/확정적 성화도 함께 일어납니다. 그러나 꼭 여기서 기억해야 할 것은 칭의는 신분적/확정적 성화가 아니고, 신분적/확정적 성화는 칭의가 아니라는 것입니다. 두 사건은 여전히 구별되어야 하는 개별적 사건입니다. 하지만 두 사건이 동시에 일어난다는 것을 기억해야 합니다.

(2) 칭의와 실재적/점진적 성화의 관계

그렇다면 칭의와 실재적/점진적 성화는 어떤 관계가 있을까요? 양자 사이에는 유사성은 거의 없으며, 차별성이 지배적입니다. 첫째, 칭의는 영단번의 사건인 반면, 실재적/점진적 성화는 평생 동안 지속되는 과정입니다. 최근 칭의를 일평생 지속되는 과정이라고 보는 수정주의자들이 많이 출현하고 있습니다. 이 사람들은 사실상 종교개혁적 복음신학을 거부하고 중세 로마 가톨릭의 율법주의적, 공로주의적 신학으로 되돌아간 것입니다. 둘째, 칭의는 실재적/점진적 성화의 시작점이자 뿌리이며, 실재적/점진적 성화는 칭의의 결과요, 열매요, 목적입니다. 셋째, 양자는 철저히 구별되어야 하지만, 분리될 수는 없습니다. 왜냐하면 칭의와 실재적/점진적 성화는 연합되어 있기 때문입니다. 그러므로 칭의가 없이는 실재적/점진적 성화는 불가능합니다. 마찬가지로 실재적/점진적 성화가 없는 칭의는 결코 있을 수 없습니다. 참되게 칭의된 사람은 반드시 실재적으로 점진적으로 성화되어 가기 마련이고, 또 그렇게 되도록 노력해야 합니다. 물론 이것을 가능하게 하시는 분은 보혜사 성령님이십니다.

2. 실재적/점진적 성화의 세 가지 측면

1) 개인적 성화

실재적/점진적 성화의 첫 번째 측면은 개인적 성화입니다. 예수 그리스도를 주와 구주로 믿음으로 영단번에 의롭다 함을 얻고, 하나님을 위하여 거룩하게 구별됨으로 신분적으로 성화된 그리스도인 개인은 하나님 앞에서 점진적으로 더욱 거룩한 사람이 되고, 그리스도를 닮은 사람으로 자라나게 되어 있고, 자라나야 합니다. 이것을 달리 표현하면 한 그리스도인 개인이 하나님과의 수직적인 관계에서 더 자라고, 성숙해 가는 과정이 바로 개인적 성화의 과정인 것입니다.

따라서 개인적 성화의 과정은 그리스도인의 의무이자 특권입니다. 특권이자 의무입니다. 개인적 성화의 과정은 오직 예수 그리스를 믿음으로 거듭나고 칭의된 그리고 오직 예수 그리스도의 은혜만으로 구원을 받은 사람만이 누릴 수 있는 과정입니다. 개인적 성화의 과정은 힘들고 더디지만, 기쁨과 행복이 넘치는 과정입니다. 그런 의미에서 개인적 성화의 과정은 특권입니다. 하지만 개인적 성화의 과정은 또한 의무입니다. 주님은 계속해서 우리 그리스도인들에게 거룩하게 행동하고, 거룩하게 살아가라고 명령하시며, 그리스도의 은혜를 아는 지식에서 자라가라고 명령하십니다(벧후 3:18). 개인적 성화가 우리를 향하신 주님의 뜻이요 명령이라는 점에서 개인적 성화는 또한 의무이자 책임인 것입니다.

그리고 개인적 성화라는 특권을 누리게 하시고, 책임을 감당하도록 힘을 주시는 분은 보혜사 성령이십니다. 우리가 예수 그리스도를 주와 구주로 믿을 때에 성령은 우리 안에 내주하시며, 우리를 예수 그리스도와 연합되게 하십니다. 우리 안에 내주하시는 성령은 우리가 지속적으로 성화되어 가도록 힘을 주시고(empower), 격려하시고(encourage), 위로하시며(comfort), 도우시는(help) 역할을 감당하십니다.

2) 신앙공동체의 성화

실재적/점진적 성화의 두 번째 측면은 신앙공동체 즉 교회의 성화입니다. 주님은 우리를 개인적으로 부르십니다. 그렇지만 주님은 우리가 한 사람의 단독자로 머무는 것을 원하지 않습니다. 개인적으로 부름을 받고 믿음의 사람이 되자마자 우리는 동일한 믿음을 고백하는 신앙공동체의 일원이 됩니다. 즉 그리스도의 몸된 교회의 지체가 됩니다.

주님은 우리 각자가 개인적으로 점점 더 거룩하게 변화되고 자라기를 원하시지만, 동시에 우리가 속한 신앙공동체가 단체적으로 더 거룩하게 변화되고 자라기를 원하십니다. 사실상 주님은 신앙공동체의 성화에 더 큰 관심을 가지고 계십니다. 물론 그 말이 개인적 성화의 중요성을 약화시키는 것으로 이해되어서는 안 됩니다. 그럼에도 불구하고 우리가 잊지 말아야 할 것은 성도 개인의 성화는 교회 공동체의 성화와 불가분의 관계에 있다는 사실입니다. 그것은 그리스도인 개인이 그리스도의 몸 된 교회 공동체를 떠나서는 영적으로 자랄 수도, 성화될 수도, 하나님 나라의 확장에 기여할 수도 없기 때문입니다.[37] 이 점에 대해서 존 칼빈은 그의 〈기독교강요〉 4권 교회론에서 "교회는 성도들의 어머니"라는 교회론을 전개했습니다. 자신들의 어머니인 교회를 떠나서 성도는 잉태될 수도 없고, 태어날 수도 없고, 영적 양식을 공급받을 수도 없고, 훈육을 받을 수도 없고, 성장할 수도 없다는 것이 칼빈 교회론

의 핵심 사상입니다.[38]

성경은 성도 개인이 홀로, 단독자로 존재할 수 없다고 선포합니다. 성도 개인은 언제나 교회 공동체의 일원인 개인이며, 그리스도의 몸의 지체이기에 그렇습니다. 또한 모든 지체들이 유기적인 연합을 이뤄서 한 몸을 형성합니다. 이 사실을 가장 극명하게 보여주는 성경 구절이 바로 고린도전서 12:12-27입니다.

몸은 하나인데 많은 지체가 있고 몸의 지체가 많으나 한 몸임과 같이 그리스도도 그러하니라. 우리가 유대인이나 헬라인이나 종이나 자유인이나 다 한 성령으로 세례를 받아 한 몸이 되었고 또 다 한 성령을 마시게 하셨느니라. 몸은 한 지체뿐만 아니요 여럿이니 만일 발이 이르되 나는 손이 아니니 몸에 붙지 아니하였다 할지라도 이로써 몸에 붙지 아니한 것이 아니요 또 귀가 이르되 나는 눈이 아니니 몸에 붙지 아니하였다 할지라도 이로써 몸에 붙지 아니한 것이 아니니 만일 온몸이 눈이면 듣는 곳은 어디며 온몸이 듣는 곳이면 냄새 맡는 곳은 어디냐 그러나 이제 하나님이 그 원하시는 대로 지체를 각각 몸에 두셨으니 만일 다 한 지체뿐이면 몸은 어디냐 이제 지체는 많으나 몸은 하나라 눈이 손더러 내가 너를 쓸 데가 없다 하거나 또한 머리가 발더러 내가 너를 쓸 데가 없다 하지 못하리라. 그뿐 아니라 더 약하게 보이는 몸의 지체가 도리어 요긴하고 우리가 몸의 덜 귀히 여기는 그것들을 더욱 귀한 것들로 입혀 주며 우리의 아름답지 못한 지체는 더욱 아름다운 것을 얻느니라. 그런즉 우리의 아름다운 지체는 그럴 필요가 없느니라. 오직 하나님이 몸을 고르게 하여 부족한 지체에게 귀중함을 더하사 몸 가운데서 분쟁이 없고 오직 여러 지체가 서로 같이 돌보게 하셨느니라. 만일 한 지체가 고통을 받으면 모든 지체가 함께 고통을 받고 한 지체가 영광을 얻으면 모든 지체가 함께 즐거워하느니라. 너희는 그리스도의 몸이요 지체의 각 부분이라.

그러므로 우리는 신앙공동체의 성화가 어떤 선택적 사안이 아님을 기억해야 합니다. 있어도 되고, 없어도 되는 비본질적 사안이 아닙니다. 도리어 신앙공동체의 성화는 필수적인 사안이며, 본질적인 사안입니다. 어떤 의미에서는 신앙공동체의 성화가 없이는 개인의 성화도 사실상 보장될 수 없습니다. 성도 개인은 신앙공동체 안에서 다른 지체들과 유기적으로 연결되고 연합되어 있기에 신앙공동체가 단체적으로 성화되고 자라는 컨텍스트에서, 개인도 성화되고 자랄 수 있기 때문입니다. 이렇게 본다면 신앙공동체의 성화도 사실상 하나님과의 관계 즉 수직적인 관계에서의 성화라고 말할 수 있습니다. 에베소서 4:13-16은 이러한 진리에 대하여 분명하게 증거하고 있습니다.

우리가 다 하나님의 아들을 믿는 것과 아는 일에 하나가 되어 온전한 사람을 이루어 그리스도의 장성한 분량이 충만한 데까지 이르리니 이는 우리가 이제부터 어린아이가 되지 아니하여 사람의 속임수와 간사한 유혹에 빠져 온갖 교훈의 풍조에 밀려 요동하지 않게 하려 함이라. 오직 사랑 안에서 참된 것을 하여 범사에 그에게까지 자랄지라. 그는 머리니 곧 그리스도라. 그에게서 온몸이 각 마디를 통하여 도움을 받음으로 연결되고 결합되어 각 지체의 분량대로 역사하여 그 몸을 자라게 하며 사랑 안에서 스스로 세우느니라.

3) 사회적 성화

성화의 세 번째 측면은 사회적 성화(social sanctification)[39]입니다. 사회적 성화란 성도 개인과 교회 공동체가 거룩한 영향력을 미침으로 말미암아 사회가 좀 더 거룩한 방향으로 변화되게 하는 것입니다. 다시 말하면 그리스도인 개인과 신앙공동체가 여러 가지 다양한 선행들을 통하여 세상의 빛과 소금이 되어 그들이 속한 사회가 점진적으로 더 거룩하여져 가게 하는 것입니다. 마태복음 5:16에서 주님은 "이같이 너희 빛이 사람 앞에 비치게 하여 그들로 너희 착한 행실을 보고 하늘에 계신 너희 아버지께 영광을 돌리게 하라"라고 말씀하십니다. 성도 개인과 교회 공동체의 착한 행실 때문에 세상이 하나님께 영광을 돌리는 놀라운 일이 가능해진다고 주님은 말씀하고 계십니다.

사회적 성화는 또한 예수님께서 요약하신 대 계명 중에서 수평적 차원 즉 네 이웃을 네 몸처럼 사랑하는 차원과 연결되어 있습니다. 그리스도인 개인과 그 개인이 속한 신앙공동체가 하나님을 사랑하는 데 있어서 점점 자라고 변화된다면, 그것은 필연적으로 사회적 성화라는 열매를 낳게 됩니다. 동시에 하나님과의 수직적인 관계에서 더 자라고 성화되어 가는 그리스도인 개인과 신앙공동체는 반드시 사회의 좀 더 거룩한 변화를 위해서 노력하고 애써야 합니다.

그런 의미에서 사회적 성화는 개인적 성화와 신앙공동체 성화라는 뿌리에서 자연적으로, 필연적으로 나오는 열매일 뿐만 아니라, 개인적 성화와 신앙공동체 성화를 추구하는 모든 참된 그리스도인들이 반드시 힘쓰고 애써야 하는 거룩한 의무요 책임입니다. 또한 사회적 성화를 가능하게 하시는 분은 여전히 성화의 영이신 성령이십니다.[40]

3. 실재적/점진적 성화와 그리스도와의 연합

그리스도와의 연합(union with Christ)은 조직신학 구원론 영역에서 절대적으로 중요한 진리입니다. 예수동행운동은 사실상 그리스도와의 연합이라는 진리를 그 뿌리로 합니다. 예수님과의 연합이라는 뿌리에서 예수님과의 동행이라는 열매가 나오기 때문입니다. 이러한 기본적 통찰에 기초해서 본장에서는 그리스도와의 연합의 진리가 예수동행운동과 어떤 관련이 있는지를 더 깊고 상세하게 논의해 보고자 합니다.

1) 성경과 그리스도와의 연합

구약성경은 그리스도와의 연합이라는 진리를 구체적으로 언급하고 있지 않습니다. 그렇다고 해서 구약성경이 말하지 않는 진리를 신약성경이 갑자기 부각시키고 있다는 생각은 오해입니다. 놀랍게도 성경은 창세기부터 요한계시록까지에 이르는 구속사의 전 과정을 통해서 '하나님이 우리와 함께 계심'(God with us) 또는 '임마누엘'의 깊이가 점진적으로 깊어져 온 것을 밝히 증거해줍니다. 또한 구약성경은 하나님과 이스라엘 민족이 시내산에서 맺은 언약을 결혼의 언약으로 묘사하고 있습니다. 이것은 신약성경에서 전개될 예수 그리스도와 교회의 결혼에 대한 탁월한 모형이요, 예표였습니다.

그리스도와의 연합(uniocum Christo)은 신약 성경에 자주 등장하는 "그리스도 안에서"(in Christ, en Christo)라는 표현과 긴밀하게 연결되어 있습니다. 예를 들어 에베소서 1장은 우리가 그리스도 안에서 선택되고 예정되었으며, 그리스도 안에서 구속과 죄사함을 얻었고, 그리스도 안에서 성령으로 인치심을 받았다고 말씀합니다. 우리 구원의 모든 혜택들이 그리스도 안에서 주어졌다고 말씀합니다. 다시 말하면 우리가 믿음으로 그리스도와 연합할 때 그리스도께서 십자가와 부활로 우리를 위하여 획득하신 모든 구원의 혜택들을 우리가 소유하게 되고 누리게 된다는 것입니다.[41] 예를 들어, 우리가 믿음으로 예수 그리스도와 연합할 때 우리는 죄사함, 거듭남, 성령의 세례와 내주, 칭의, 양자됨, 성화, 견인, 영화 등 다양한 구원의 혜택들을 누릴 수 있게 됩니다.

신약성경은 또한 그리스도와 교회의 연합을 영적인 결혼으로 묘사합니다. 영적 신부인 교회는 영적 신랑이신 그리스도와 영적으로 결혼함으로써 놀라운 축복과 특권을 누리게 됩니다. 그런 의미에서 그리스도와의 연합의 진리가 성경 전체에 편만해 있다는 말은 결코 과언이 아닙니다.

2) 조직신학 구원론과 그리스도와의 연합

(1) 연합의 의미

그리스도와의 연합은 기독교 조직신학 구원론의 핵심주제입니다.[42] 그리스도와의 연합이란 죄인이 회개하고 예수 그리스도를 주와 구주로 영접하는 순간에 그가 예수님과 영적으로 하나가 됨을 의미합니다. 그리스도와의 연합에 대해서 고린도전서 6:17은 우리가 그리스도와 함께 한 영(one spirit)이 되는 사건이라고 표현합니다. 즉 회심의 순간, 믿음의 순간에 그리스도와의 연합이 일어난다는 것입니다. 이 때 성도와 그리스도를 연합하게 하는 분이 바로 우리 안에 내주하시기 시작하시면서 우리를 그리스도의 소유로 인치시는 성령입니다. 성령은 바로 우리와 그리스도를 하나 되게 하시는 연합의 영이십니다.

우리는 그리스도와 연합함으로 그리스도가 우리 안에, 우리가 그리스도 안에 거하는 삶을 시작하고 누리게 됩니다. 하나님의 총체적인 경륜의 관점에서 볼 때 그리스도와 우리의 연합은 하나님께서 우리를 향하여 가지신 영원한 경륜의 중심에 있습니다. 하지만 오랫동안 그리스도와의 연합의 진리는 많은 그리스도인들에게 주목을 받지 못했습니다. 다행히 최근 종교개혁자 칼빈이 강조했던 그리스도와의 연합이라는 진리가 신학자들의 관심을 받게 되면서, 그리스도와의 연합의 진리를 점점 더 많은 신학자들의 주목을 받게 되었습니다.

⑵ 그리스도와의 연합의 특징

그리스도와의 연합은 몇 가지 특징을 가지고 있습니다. 첫째, 성도와 그리스도와의 연합은 성도가 그리스도에게로 흡수되어, 자기의 정체성을 잃어버리고, 그리스도와 합일되는 것이 아닙니다. 신적인 존재와의 합일은 성경이 말하는 연합이 아니라, 힌두교와 같은 신비주의적인 종교들이 가르치는 바임을 기억해야 합니다. 다시 말하면 우리의 본질이 바뀌어서 하나님의 신적 본질을 공유하게 되는 것이 아닙니다. 그러므로 동방정교회가 강조한 '신화'(神化, deification, theosis)개념도 바르게 이해되어야 합니다.[43] 동방정교회가 말하는 '신화'는 결코 우리가 본질상 하나님이 된다는 의미가 아닙니다. 우리는 영원히 피조물로 남지만 하나님의 영광과 성품에 참여하게 된다는 것을 뜻합니다(벧후 1:4).

둘째, 성도와 그리스도와의 연합은 인격과 인격의 연합입니다

(personal union). 다시 말하면 성도와 그리스도 각자의 인격과 개별성이 그대로 유지되면서 성령을 통하여 연합되는 것입니다. 그래서 이 연합은 성도와 그리스도의 인격적이고 친밀한 교제와 사귐을 가능하게 합니다. 그리고 그리스도와의 인격적인 사귐을 통해서 우리는 그리스도의 성품을 닮아가게 됩니다. 셋째, 성도와 그리스도의 연합은 영적 연합(spiritual union)입니다. 어떤 물리적, 생물학적 연합이 아닙니다. 성도와 그리스도와의 영적인 연합을 통해 성도는 그리스도의 영적 생명력을 공급 받습니다(vital union). 넷째, 성도와 그리스도의 연합은 언약적 연합(covenantal union)입니다. 이것은 그리스도가 성도의 언약적 머리, 대표 또는 대리자가 되신다는 의미입니다. 예수님은 우리를 대표하시는 분으로서 우리를 대신하여 고난당하시고, 죽으시고, 부활하시고, 승천하시고, 하나님보좌 우편에 앉으셨습니다.

(3) 그리스도의 사역과의 연합

그리스도와의 연합을 통해서 성도는 그리스도의 사역과 연합이 됩니다. 그리스도는 우리의 대표자로서 고난당하시고, 십자가에 죽으시고, 부활하셨고, 승천하셔서 하나님보좌 우편에 앉으셨습니다. 우리가 믿음으로 예수 그리스도와 연합할 때 우리는 그리스도와 함께 죽고, 그리스도와 함께 살게 되었습니다. 즉 그리스도의 십자가의 죽으심이 우리의 죽음이 되었고, 그리스도의 부활이 우리의 부활이 된 것입니다. 나는 죽고 예수 그리스도가 사는 복음이란 바로 연합의 복음을 뜻합니다.[44] 2000년 예수님께서 십자가에 달려 죽으셨을 때 우리의 옛사람도 주님과 함께 죽었습니다. 예수님이 죽으신지 3일 만에 부활하셨을 때,

우리도 새사람으로 다시 살아난 것입니다. 예수님이 승천하시어 하나님 보좌 우편에 앉으셨을 때 사실은 우리도 주님과 함께 하나님 보좌 우편에 앉은 것입니다. 에베소서 2:5-6은 이 사실을 다음과 같이 표현합니다. "허물로 죽은 우리를 그리스도와 함께 살리셨고 (너희는 은혜로 구원을 받은 것이라) 또 함께 일으키사 그리스도 예수 안에서 함께 하늘에 앉히시니" 우리의 몸은 현재 이 땅위에 존재하지만, 영적으로 우리는 이미 예수님과 함께 하늘에 앉힌바 되었다는 말씀입니다.

더 나아가서 칭의의 사건도 그리스도와의 연합의 관점에서 재해석되어야 합니다. 다시 말하면 하나님의 뜻과 율법에 대한 예수 그리스도의 완벽한 순종도 사실은 그리스도와의 연합을 통해서 우리의 순종으로 여겨지게 됩니다. 우리는 하나님의 법에 불순종한 것 밖에 없지만, 우리가 예수 그리스도를 믿음으로 말미암아 그리스도와 연합될 때 그리스도께서 완벽한 순종으로 드러내신 모든 의가 우리의 것이 되는 것입니다. 그러므로 그리스도의 완전한 의(그것이 내재적인 의든, 행위로 드러난 의든)가 우리에게 전가되는 것은 믿음으로 말미암아 우리가 그리스도와 연합되었기 때문입니다. 따라서 구원론의 칭의론에서 그리스도의 의가 믿음을 통하여 죄인에게 전가되는 것은 그리스도와의 연합에 기초합니다.

(4) 그리스도의 신분과의 연합

그리스도와의 연합을 통해서 성도는 그리스도의 신분과도 하나됩니다. 그것은 성도는 성도의 대표자요, 대리자인 그리스도와 연합하게 되기 때문입니다. 예를 들어, 예수님은 하나님과 사람 사이를 연결시키는 중보자 또는 메시아로서 삼중직을 가지십니다. 이 삼중직은 구약의 기름부음 받은 자들의 직분, 즉 왕직과 선지자직과 제사장직입니다. 우리 성도들이 그리스도와 연합할 때 우리는 예수님처럼 기름부음을 받습니다. 그것이 바로 성령세례입니다. "우리가 유대인이나 헬라인이나 종이나 자유인이나 다 한 성령으로 세례를 받아 한 몸이 되었고 또 다 한 성령을 마시게 하셨느니라"(고전 12:13).

또한 우리 성도들이 그리스도와 연합할 때 우리 역시도 그리스도의 왕직과 선지자직과 제사장직을 공유하게 됩니다. 그래서 사도 베드로는 우리가 '왕같은 제사장'(벧전 2:9) 이라고 증거합니다. 또한 예수님은 하나님의 아들이십니다. 우리가 믿음으로 그리스도와 연합할 때 우리는 하나님의 자녀들이 됩니다. 예수님이 가지신 신분을 우리도 공유하게 되는 것입니다. 물론 예수님이 하나님의 아들이시라는 사실과 우리가 하나님의 자녀라는 사실 간에는 차이가 있습니다. 예수님은 본질적인 의미에서 영원한 하나님의 '그 아들'(the Son)인 반면, 우리는 예수 그리스도와의 연합을 통해서 '입양된 자녀'(adopted children)들입니다.

(5) 존 칼빈의 통찰

종교개혁자 존 칼빈(John Calvin, 1509-1564)만큼 그리스도와의 연합을 강조한 신학자도 찾아보기 어렵습니다. 칼빈은 간단하게 말해서 그리스도와의 연합의 신학자였습니다.[45] 그의 이러한 면모를 가장 극명하게 보여주는 실례가 있습니다. 그것은 그가 칭의와 성화를 그리스도와의 연합이라는 뿌리에서 나오는 이중적인 은혜(double grace)라고 보았다는 점에 있습니다. 칼빈은 그의 주저 〈기독교강요〉에서 다음과 같이 주장합니다.

그리스도는 하나님의 관대하심으로 우리에게 주신 바 되었습니다. 우리는 믿음으로 그리스도를 붙들고 소유합니다. 그리스도와 하나 됨으로 말미암아 우리는 주로 이중적인 은혜를 받게 됩니다. 첫째 그리스도의 흠 없으심을 통하여 우리는 하나님과 화목하게 되며, 그 결과 우리는 하늘에서 심판자가 아니라 은혜로우신 아버지를 소유하게 됩니다. 둘째 우리는 그리스도의 영에 의해 성화되어 우리 삶의 흠 없음과 순결함을 배양하게 됩니다. (Christ was given to us by God's generosity, to be grasped and possessed by us in faith. By partaking of him, we principally receive a double grace: namely, that being reconciled to God through Christ's blamelessness, we may have in heaven instead of a Judge a gracious Father; and secondly, that sanctified by Christ's spirit we may cultivate blamelessness and purity of life).[46]

즉 다시 말하면 그리스도와의 연합이라는 큰 우산 아래 칭의와 성화라는 구원론의 두 가지 대 주제가 포함된다는 통찰입니다. 이것은 아무리 강조해도 지나치지 않는 심오한 통찰입니다. 다른 말로 표현하면 칼빈에게 있어서 그리스도인의 개인적 성화는 그리스도와의 연합에 의존되어 있습니다. 그리스도인 신앙공동체의 성화도 그리스도와의 연합에 의존되어 있습니다. 더 나아가서 사회적 성화 즉 그리스도인 개인과 신앙공동체가 사회를 좀 더 거룩한 방향으로 변화시켜가는 일도 궁극적으로 그리스도와의 연합에 의존되어 있다는 말입니다.

3) 개인적 성화와 그리스도와의 연합

한 그리스도인 개인이 점진적으로 그리고 실재적으로 성화되어 감에 있어서 그리스도와의 연합은 본질적이며 결정적입니다. 이 사실을 비유적으로 보여주는 것이 바로 요한복음 15:1-8에 나오는 포도나무 비유입니다.

나는 참 포도나무요 내 아버지는 농부라 무릇 내게 붙어 있어 열매를 맺지 아니하는 가지는 아버지께서 그것을 제거해 버리시고 무릇 열매를 맺는 가지는 더 열매를 맺게 하려 하여 그것을 깨끗하게 하시느니라 너희는 내가 일러준 말로 이미 깨끗하여졌으니 내 안에 거하라 나도 너희 안에 거하리라 가지가 포도나무에 붙어 있지 아니하면 스스로 열매를 맺을 수 없음 같이 너희도 내 안에 있지 아니하면 그러하리라 나는 포도나무요 너희는 가지라 그가 내 안에, 내가 그 안에 거하면 사람이 열매를 많이 맺나니 나를 떠나서는 너희가 아무것도 할 수 없음이라 사람이 내 안에 거하지 아니하면 가지처럼 밖에 버려져 마르나니 사람들이 그것을 모아다가 불에 던져 사르느니라 너희가 내 안에 거하고 내 말이 너희 안에 거하면 무엇이든지 원하는 대로 구하라 그리하면 이루리라 너희가 열매를 많이 맺으면 내 아버지께서 영광을 받으실 것이요 너희는 내 제자가 되리라

포도나무 가지는 포도나무와 완전히 연합되어 있습니다. 이 연합은 유기적인 연합입니다. 생명의 연합입니다. 역동적인 연합입니다. 포도나무 가지가 포도나무와 연합되어 있지 않으면 어떤 열매도 맺을 수가 없습니다. "나를 떠나서는 너희가 아무것도 할 수 없음이라."

포도나무 비유를 통해서 주님은 주님과 그리스도인 개인 사이에 상호 내주적 연합이 있다고 가르치고 계십니다. 여기서 상호 내주라는 말은 주님이 그리스도인 개인 안에 거하시고, 그리스도인 개인이 주님 안에 거하는 '페리코레시스'(perichoresis)적인 연합을 의미합니다. 서로가 철저히 구별되나, 결코 분리될 수없이 완전히 하나가 된 상태를 의미합니다. 이 진리를 가장 분명하게 증거해주는 구절이 바로 요한 1서 3:24입니다. "그의 계명을 지키는 자는 주 안에 거하고 주는 그의 안에 거하시나니 우리에게 주신 성령으로 말미암아 그가 우리 안에 거하시는 줄을 우리가 아느니라." 그리스도인은 주 안에 거하고, 주는 그리스도인 안에 거하신다는 상호 내주의 진리가 분명하게 선포되고 있습니다.

따라서 개인적 성화의 과정에서 가장 중요한 것은 한 사람의 그리스도인이 예수 그리스도와의 역동적이고 생생한 영적 관계를 유지하고 누리는 것입니다. 즉 그리스도와의 연합적 친교를 풍성하게 누리는 것입니다. 그리스도와의 친밀한 인격적 교통을 충만하게 누리는 것입니다. 이러한 누림이 없이는 어느 그리스도인도 결코 거룩의 열매를 맺을 수가 없습니다. 그리스도인 자신의 인격적 변화도 있을 수 없으며, 그 상품 상의 변화도 있을 수 없습니다.

4) 신앙공동체 성화와 그리스도와의 연합

한 개인 그리스도인이 그리스도와 연합되어 있다는 말은 결국 그 개인이 속한 신앙공동체 역시 그리스도와 연합되어 있다는 말입니다. 왜냐하면 한 그리스도인 개인은 결코 신앙공동체에서 분리되어 존재할 수 없기 때문입니다. 하나님은 한 개인을 불러 구원받게 하신 후에 반드시 그 개인이 어떤 신앙공동체의 일원이 되게 하십니다. 그리고 그 공동체가 자라고 성화되는 맥락에서 개인의 성화와 성숙이 일어나게 하십니다.

신앙공동체가 그리스도와 연합되어 있다는 사실을 가장 잘 그려주는 그림이 바로 그리스도의 몸된 교회라는 그림입니다. 교회는 그리스도의 몸으로서 머리되신 그리스도와 완전히 연합되어 있습니다. 머리되신 그리스도와 분리된 몸은 죽은 몸일 수밖에 없습니다. 그리고 머리되신 그리스도와 연합되어 있다고 해도, 그 몸이 그리스도의 명령과 지령과 뜻을 잘 받들지 않는다면 그 몸은 정상적인 기능을 감당할 수 없습니다.

따라서 신앙공동체의 성화에 있어서 가장 중요한 것은 여전히 머리되신 그리스도와의 생명력 있는 관계입니다. 머리되신 그리스도와 생생하고 역동적인 관계와 교통을 누린다면, 그 교회는 점진적으로 더 거룩하여지고, 영적으로 성숙하고, 더 정상적인 기능을 하게 될 것입니다. 하지만 그렇지 않다면 그 교회는 점진적으로 영적인 힘을 잃고 탈진하여 쓰러지게 되고, 더 이상 회복이 되지 않으면 결국 소멸해 갈 것입니다.

5) 사회적 성화와 그리스도와의 연합

사회를 점점 더 거룩하게 변화시키는 사회적 성화의 주체는 그리스도인 개인과 그 개인이 속한 신앙공동체입니다. 그리스도인 개인과 그 개인이 속한 신앙공동체가 그리스도와의 친밀한 연합을 누린다면 그 개인과 공동체는 반드시 사회에 긍정적인 영향을 미치게 될 것입니다. 그것은 필연적입니다. 자연스러운 열매입니다.

또 다르게 표현하면 한 그리스도인 개인과 그 개인이 속한 신앙공동체가 진정한 의미에서 그들이 속한 사회에 더 거룩하고 선한 영향을 미치고자 한다면, 그들은 그리스도와의 연합적 친교를 풍성하게 누려야 합니다. 또한 역으로 말해서 그리스도와의 연합적 친교를 누리도록 부름을 받은 그리스도인 개인과 신앙공동체는 반드시 선한 일에 열심을 내는 하나님의 친 백성이 되어야 합니다. 그리고 그 선한 일을 통해서 세상이 감동을 받아 세상이 하늘에 계신 아버지께 영광을 돌리게 해야 합니다(마 5:16). 왜냐하면 그것이 그들을 부르신 하나님의 목적이기 때문입니다. 따라서 사회적 성화는 개인적 성화와 신앙공동체의 성화의 열매라는 성경적 진리가 분명하게 확인되고 이해되어야 합니다.

에베소서 2:10은 "우리는 그가 만드신 바라 그리스도 예수 안에서 선한 일을 위하여 지으심을 받은 자니 이 일은 하나님이 전에 예비하사 우리로 그 가운데서 행하게 하려 하심이니라"라고 말씀합니다. 여기서 '우리'는 그리스도인 개인과 신앙공동체를 모두 포함하는 말입니다. 하나님께서 오직 은혜와 믿음으로 우리를 구원하셔서 새로운 피조물로 만드신 목적은 "그리스도 예수 안에서 선한 일을 위하여"라고 말씀합니다. 여기서 '선한 일'이란 결국 세상을 더 아름답고, 거룩하고, 복되게 하는 일입니다. 하나님은 우리가 행해야 할 선한 일들을 미리 예비해 놓으셨습니다. 우리는 하나님이 미리 예비하신 선한 일을 행함으로써 세상과 사회에 선한 영향력을 미쳐야 합니다. 결국 우리의 개인적 성화와 신앙공동체의 성화의 결과와 목적이 바로 사회적 성화임을 알 수 있습니다.

디도서 2:14도 유사한 말씀입니다. "그가 우리를 대신하여 자신을 주심은 모든 불법에서 우리를 속량하시고 우리를 깨끗하게 하사 선한 일을 열심히 하는 자기 백성이 되게 하려 하심이라." 여기서 '우리'라는 말은 그리스도인 개인과 신앙공동체 모두를 포함하는 개념입니다. 예수님께서 우리를 대속하셔서 우리를 깨끗하게 하신 것은 "선한 일을 열심히 하는 자기 백성이 되게 하려"라는 것입니다. 즉 우리로 하여금 선한 일에 열심을 내는 친 백성이 되어 결과적으로 자기가 속한 사회를 좀 더 거룩한 방향으로 변화시켜 가도록 하시기 위한 것이었다는 말입니다. 그러므로 우리의 개인적 성화와 신앙공동체의 성화의 결과와 목적이 바로 사회적 성화에 있습니다.

4. 신분적/확정적 성화와 예수동행일기

1) 복음의 재확인

이미 신분적으로 확정적인 성화를 얻은 하나님의 자녀들도 매일의 삶 속에서 실패를 경험합니다. 자주 넘어짐을 경험합니다. 그리고 예수동행일기를 쓰면서 우리는 그러한 실패와 넘어짐에 대한 안타까움과 아픔과 갈등을 표현하게 됩니다. 때로는 우리의 연약함에 대해서 분노하기도 하고, 우리 안에 시퍼렇게 남아있는 죄성에 대하여 탄식하게 됩니다. 그것은 사도 바울이 로마서 7장에서 울부짖었던 것과 같습니다. "오호라 나는 곤고한 사람이로다 이 사망의 몸에서 누가 나를 건져내랴"(롬 7:24).

그런 맥락에서 실재적/점진적 성화과정에서의 거듭되는 실패와 범죄에도 불구하고 우리는 영단번에 확정적으로 성화된 존재라는 사실을 기억하고 재확인하는 것은 너무도 중요합니다. 우리의 거듭되는 실패와 범죄에도 불구하고, 우리 죄를 영단번에 용서하시고, 우리를 완전히 성결한 자로 구별하신 하나님의 결정은 불변입니다. 그러하기에 우리는 우리의 죄악을 토설하고 회개함으로 다시 점진적인 성화의 길을 용기 있게 걸어갈 수 있음을 확인할 수 있습니다. 예수동행일기는 이 복음적 사실에 대한 재확인을 도와줄 수 있는 너무도 소중한 도구입니다. 그런 의미에서 예수 동행일기는 신분적/확정적 성화와도 밀접한 관계가 있습니다.

5. 실재적/점진적 성화와 예수동행일기

1) 개인적 성화와 예수동행일기

앞에서 지적한 것처럼 개인적/점진적/실재적 성화가 이뤄지기 위해서는 예수 그리스도와의 연합적 친교를 풍성히 누려야 합니다. 그리스도와의 생생하고, 역동적이고, 친밀한 관계가 유지되고 누려질 때에만 개인적 성화의 풍성한 열매가 맺어질 수 있습니다.[47]

(1) 점검 일지

그렇다면 예수동행일기는 개인적 성화의 방편으로서 너무나 요긴한 기능을 감당할 수 있습니다. 우선적으로 예수 동행일기는 바로 매일

매일의 삶 속에서 예수님을 바라보게 하는 최고의 훈련 방법이기 때문입니다. 다시 말하면 예수동행일기는 예수님과 동행하는 삶의 점검 일지로서의 역할을 담당할 수 있습니다. 예수동행일기는 그리스도인 개인이 매일의 삶 속에서 어떻게 주님을 바라봤는지, 얼마나 주님을 의식하고 생각하며 살았는지에 대해서 점검하며, 점검한 내용들을 생생하게 기록하는 것입니다. 매일의 삶 속에서 어떤 기도를 주님께 올려 드렸는지, 어떤 상황에서 주님의 은혜에 대한 감사를 느꼈는지, 어떤 상황에서 유혹을 느꼈고, 그 유혹에 넘어가 주님께 불순종했는지를 기억하면서 기록에 옮겨보는 것입니다. 또한 어떤 상황 속에서 영적인 도전을 받았고, 어떻게 새로운 영적 결단을 하게 되었는지를 기록하는 훈련입니다.

(2) 순종 일기

이런 훈련을 통해서 예수동행일기를 쓰는 그리스도인 개인은 날마다, 매 순간마다 주님을 바라보고, 주님과 동행하는 삶을 훈련해 가는 것입니다. 그리스도와의 생생하고 역동적인 연합적 친교를 누리는 연습을 해 가는 것입니다. 그러면서 점진적으로 예수님의 인격을 본받게 되고, 예수님의 성품을 품게 되고, 예수님의 행동과 삶을 본받게 되는 것입니다. 그런 의미에서 예수동행일기는 예수님의 마음을 품고 예수님으로 살아가는 순종 일기로서의 기능을 감당하는 것입니다.

2) 신앙공동체 성화와 예수동행일기

(1) 코이노니아 일기

예수동행일기는 또한 신앙공동체의 성화를 위해서도 매우 요긴한 역할을 감당할 수 있습니다. 그것은 이미 예수동행일기를 쓰는 그리스도인들이 실천하고 있는 '나눔방'을 통해서 구체적으로 증명되고 있습니다. 예수동행일기 나눔방은 예수동행일기를 쓰는 지체들이 소그룹을 형성하고, 그들 간에 일기를 오픈해서 나누는 공간입니다. 공동체에서 함께 나누는 코이노니아로서의 일기 나눔을 실천하는 것입니다. 이 공간에서 각자의 예수동행일기를 나누는 일이 일어나고, 서로의 일기에 댓글을 달아주는 훈련을 통해서 공동체 전체가 함께 성화되어 가는 것을 경험하고 있습니다.

댓글들은 주로 서로의 사랑과 선행을 격려하고, 고통 중에 있는 사람을 위로하며, 연약함 가운데 있는 사람을 붙들어 주는 내용으로 이루어집니다. 또한 함께 기도제목들을 나누기도 하며, 때로는 오프라인에서 만나서 서로 얼굴을 보면서 교제를 나누기도 합니다. 그러면서 주님 안에서 함께 자라남과 성화됨을 경험하고 있습니다.

예수동행일기 나눔방은 소그룹으로 모인 신앙공동체가 예수 그리스도와의 더 깊은 연합적 친교를 누리게 해 줍니다. 그렇게 함으로써 공동체 전체가 그리스도의 장성한 분량에 이르도록 자랄 뿐만 아니라, 그 공동체에 속한 그리스도인 개인 역시 예수 그리스도와의 더 깊은 연합적 친교를 누리게 됩니다.

3) 사회적 성화와 예수동행일기

예수동행일기는 개인적 성화나 신앙공동체의 성화에 선한 영향을 미칠 뿐 아니라, 사회적 성화에도 선한 영향을 미칩니다. 예수동행일기를 쓰는 그리스도인 개인이 누리는 주님과의 수직적인 관계가 더 생생하고 역동적이 될수록, 이웃과 사회와의 수평적 관계에서도 더 깊은 헌신과 실천을 지향하게 되기 때문입니다. 그런 가운데 하나님께서 미리 예비해 놓으신 선한 일들을 열심히 감당하게 됩니다. 그 결과 사회와 세상은 좀 더 거룩한 방향으로 변화되게 됩니다. 그러므로 예수동행일기를 쓰는 그리스도인들이 지나친 영적 개인주의에 빠질 위험에 노출되어 있으며, 또한 세상을 도피하는 신비주의적인 신앙 양태를 가질 가능성이 높으며, 더 나아가서 그리스도인의 공적 책임에 대해서 무관심할 수밖에 없다는 비판은 전혀 근거가 없습니다. 그리스도인의 정체성과 예수동행일기의 본질을 바르게 이해한다면 그런 비판은 허수아비 비판이라는 역비판을 받을 수밖에 없습니다.

또한 예수동행일기를 쓰면서 예수동행일기 나눔방을 통해 단체적 성화를 경험하고 있는 신앙공동체 역시 하나님과의 수직적인 관계뿐만 아니라 이웃과 사회와 세상과의 수평적인 관계에서도 놀라운 진보를 경험하게 됩니다. 그것은 필연적일 수밖에 없으며 또한 의도적으로 그러한 방향을 추구해 가야 합니다. 예를 들어, 예수동행일기 나눔방에서 일기를 나누다 보면 도움이 필요한 사람들과 단체들에 대한 이야기가 나올 수밖에 없습니다. 그런 이야기가 나올 때에 나눔방을 공유하고 있는 지체들은 함께 힘을 모으고, 재능과 은사를 모으고, 물질을 모아서 그들을 돕고 세우는 일에 함께 참여하게 됩니다. 이러한 공동체의 참여를 통해서 사회는 점점 더 거룩한 모습으로 변화되게 됩니다.

6. 제언: 예수동행운동, 예수동행일기, 기독교의 본질 회복 그리고 교회의 성숙

지난 140여 년간의 역사를 통해서 한국교회는 부흥기와 침체기를 번갈아 경험해 왔습니다. 2024년 현재 한국교회는 끝없는 침체기를 경험하고 있다고 보입니다. 교회 내외적으로 엄청난 위기 상황을 경험하고 있습니다. 교회 내적으로 볼 때 교인 수의 급감 현상이 두드러지게 나타나고 있고, 문을 닫는 교회들이 점점 늘어나고 있으며, 일부 대형교회들의 수적 증가 외에 거의 대부분 중소형 교회들은 영적 활력을 잃고 방황하고 있습니다. 그리고 신학교의 지원자 미달 현상이 계속되고 있고, 30대 이하 젊은 층의 교회 출석률이 현저하게 떨어지고 있습니다. 유초등부과 중고등부가 없는 교회들이 절반 이상이라는 통계가 나오고 있습니다. 이런 상황이 계속될 경우 교회의 미래가 없다고 해도 과언이 아닐 정도입니다.

교회 외적으로 볼 때 한국교회에 대한 사회의 시선이 매우 부정적입니다. 한국교회의 신뢰도는 다른 종교에 비해서 현저히 낮습니다. 그리고 여러 가지 이단과 사이비들이 기승을 부리면서 정통교회에 대한 이들의 공격이 점점 더 거세어져 가고 있습니다.

이런 상황에서 한국교회는 새로운 부흥과 갱신과 회복이 절실하게 필요합니다. 한국교회의 새로운 부흥과 갱신과 회복을 위해서는 무엇보다도 기독교의 본질, 신앙생활의 본질이 회복되어야 합니다. 기독교와 신앙생활의 본질은 무엇입니까? 이 질문에 대하여 여러 가지로 답변이 가능하겠지만, 그중에서도 가장 근본적인 것은 예수님을 알고 예수님과 동행하는 것입니다. 다시 말하면 한국교회 내에서는 예수님과 동행하는 기독교와 신앙생활의 본질 회복이 절실한 상황입니다.[48]

이런 상황에서 예수동행일기라는 훈련 방법을 중심으로 한 예수동행운동은 한국교회의 본질을 회복하는데 아주 결정적인 공헌을 해오고 있으며, 앞으로도 그럴 것이라고 보입니다. 예수동행일기는 예수님을 알고 예수님과 동행하는 것 즉 기독교의 본질과 신앙생활의 본질을 회복하는데 놀라운 기여를 할 것입니다. 더 나아가서 한국기독교와 교회가 유치한 수준에 더 이상 머물지 않고, 좀 더 성숙한 차원으로 나아가도록 하는데 엄청난 유익을 줄 것입니다.

이런 현실 인식에 기초해서 필자는 더 많은 교회들이 예수동행운동에 동참할 것을 제안합니다. 그리고 더 많은 교회들이 예수동행일기를 쓰는 훈련에 동참하기를 제안합니다. 물론 시간이 걸릴 것입니다. 그러나 우리가 신실하게 이 길을 믿음으로 걸어간다면 쓰러져 가는 한국교회를 다시 일으켜 세우고, 새로운 부흥과 회복의 기쁨을 누릴 날이 조만간 다가올 것이라 믿습니다.

결론

필자는 본 논문을 통해서 성화 훈련과정으로서의 예수동행일기에 대해서 논의하였습니다. 우선적으로 성화가 무엇인가를 천착하였고, 성화가 두 가지 차원이 있음을 주장했습니다. 첫째는 신분적/확정적 성화이고, 둘째는 실재적/점진적 성화임을 밝혔습니다. 이어서 성화의 세 측면이 있음을 주장하고, 그 세 가지 측면들이 바로 개인적 성화, 공동체적 성화, 그리고 사회적 성화임을 밝혔습니다. 이어서 그리스도와의 연합과 성화가 어떻게 불가분의 관계가 있는지를 탐구하였고, 예수동행일기가 바로 그리스도와의 연합을 풍성하게 누리게 하는 탁월한 방법임을 강조하였습니다. 그 결과 예수동행일기는 성도 개인의 성화를 진작시키고, 신앙공동체의 성화를 촉진하며, 더 나아가서 사회적 성화의 아름다운 열매를 맺게 하는 매우 요긴한 영적 훈련 방법임을 논구하였습니다.

이런 연구에 기초해서 앞으로 새로운 부흥과 회복과 갱신을 위하여 한국교회가 나아가야 할 방향으로 첫째, 현재 한국교회가 처해 있는 위기 상황을 바르게 인식할 것, 둘째, 예수님과의 동행이라는 기독교와 신앙생활의 본질을 회복할 것, 셋째, 예수동행일기를 각 교회가 적극적으로 도입함으로써 예수동행운동의 거대한 물결이 한국교회를 덮도록 할 것을 제안했습니다.

주님께서 한국교회를 불쌍히 여겨주시고, 수년 내에 놀라운 부흥과 회복을 우리에게 주실 것을 간구하면서 이 논문을 마무리합니다.

Ⅳ. 유기적 교회론과 예수동행일기
(조직신학 교회론)

들어가는 말

필자는 본 논문에서 조직신학 분야 중 교회론을 다루고자 합니다. 교회론 중에서도 유기적 교회론(organic ecclesiology)에 포커스를 맞추려고 합니다. 그 후 이 유기적 교회론과 예수동행운동이 어떤 관련이 있는가를 살펴보도록 하겠습니다.

1. 코로나 팬데믹과 교회론의 위기

1) 대면 예배의 위기

우리는 지난 2020년 초부터 2023년 초까지 3년 정도의 기간을 코로나 팬데믹 시대로 살아왔습니다. 코로나 팬데믹 시대를 살아가면서 전통적인 교회론은 위기를 맞았습니다. 특별히 대면 예배 즉 현장 예배가 위기를 맞았습니다. 지금 필자가 살고 있는 미국은 코로나 팬데믹이 많이 극복이 된 상태입니다. 그럼에도 불구하고 팬데믹이 왕성했을 때, 교회에서 대면 예배, 현장 예배를 드릴 수가 없었습니다. 대면 예배와 현장 예배를 드릴 수 없는 이런 상황에서, 교회가 이 어려움을 어떻게 대처할까 사실은 많은 혼란이 있었습니다. 많은 교회들이 우왕좌왕하면서 굉장히 큰 혼란을 경험했습니다.

이런 대면 예배의 위기 상황을 어떻게든 극복하기 위해서 온라인 예배를 드리기 시작했습니다. 온라인 예배라는 새로운 제도를 도입은 했지만, 그것을 신학적으로 어떻게 이해해야 하는가에 대한 논쟁들이 많았습니다. 온라인 예배를 진정한 예배로 받아들여야 하는가에 대한 여러 논쟁들이 많았습니다. 그 논쟁의 주제들은 일단 첫 번째 '온라인 예배가 진정한 예배인가'라는 질문이었습니다. 온라인 예배가 진정한 예배라면 대면 예배가 회복된 다음에도 계속 온라인 예배를 드려야 하는가? 아니면 온라인 예배는 그냥 일시적 조치에 불과한가? 대면 사역, 대면 예배가 회복되면 온라인 예배는 이제 그만두어야 하는가? 바로 그러한 여러 질문들을 가지고 학자들과 목회자들이 함께 고민하며 논쟁을 해왔습니다.

2) 대면 사역의 위기

이 팬데믹 시대에 대면 예배만이 문제가 아니었습니다. 대면 사역에도 위기가 왔습니다. 실제로 만나서 서로를 위해 기도하거나 상담을 하거나 또 목양을 하는 대면 사역을 할 수가 없게 된 것입니다. 가정을 방문할 수도 없고, 병원에 있는 환자를 방문할 수도 없었습니다. 함께 모여서 제자훈련을 하거나, 성경공부도 할 수가 없었습니다. 대면 사역에 총체적인 위기가 온 것입니다. 바로 이런 상황에서 전통적인 교회론으로는 이 팬데믹 위기의 상황을 적절하게 해석하거나 극복해 낼 수가 없었던 것입니다.

2. 전통적 교회론의 특징

1) 공적 대면 예배 중심

그래서 많은 신학자들과 목회자들은 팬데믹 시대가 교회론에 대한 총체적 재성찰(total reflection) 그리고 재정향(reorientation)이 요구되는 시대라고 입을 모았습니다. 필자도 이 팬데믹 시대를 통과하면서 교회는 전통적 교회론에 대해 다시 한번 심각하게 재고해야 된다고 생각합니다. 그렇다면 전통적 교회론의 특징은 무엇일까요? 전통적인 교회론이란 한마디로 말해서 조직적 교회론(organizational ecclesiology), 또는 제도적 교회론(institutional ecclesiology)입니다. 이것은 교회를 하나의 조직이나 제도로 먼저 파악하는 것입니다. 그래서 이 조직적, 제도적 교회론에서는 대면 예배가 중심이 됩니다. 함께 현장에 모여서 예배하는 공적인 예배가 교회론의 핵심적인 요소가 되는 것입니다. 그래서 이 조직적 교회론, 제도적 교회론에 깊이 빠진 사람들 즉 이것만이 참된 교회론이라고 믿는 사람들은 대면 예배만 참 예배라고 주장하게 된 것입니다. 이렇게 조직적, 제도적 교회론만 집착하는 사람들에게는 온라인 예배는 참 예배일 수가 없습니다.

2) 직분 중심

그다음에 조직적, 제도적 교회론의 두 번째 특징이 있습니다. 그것은 직분 중심으로 관료화된 교회입니다. 반드시 안수 받은 목사님 또는 목회자가 있어야 합니다. 또 거기에 더하여 일반적으로 장로님들이 있어야 합니다. 또 권사님들과 집사님들이 있어야 합니다. 그 외에 또 교사들이 있어야 합니다. 즉 교회가 조직 교회로, 제도 교회로 이해되기 때문에 직분이 교회를 구성하는 매우 중요한 요소가 되어 있는 것입니다. 심지어 어떤 교회에서는 목사와 장로와 집사의 교사, 이 직분들 간 계급의 차이가 대단히 강조되기도 합니다. 그래서 상당히 수직적인 계급적 구별과 차별이 존재합니다. 목사가 제일 높고, 집사가 제일 낮고 또 교사들이 더 낮고 이런 식의 계급 제도가 형성이 되어 있습니다.

3) 회의 중심

그다음에 세 번째 조직적, 제도적 교회론의 특징은 회의가 중심이 된다는 것입니다. 교회 안에 다양한 회의가 있습니다. 목회자들만 모이는 교역자회 또는 사역자회가 있습니다. 목회자와 장로들이 함께 모이는 당회가 있습니다. 집사님들이 모이는 제직회 또는 집사회가 있습니다. 그리고 모든 교인들이 함께 모이는 공동 의회나 교인 총회 등이 있습니다. 회의를 중시하는 조직적, 제도적 교회론에서는 회의의 현장이 하나님을 예배하거나 예수님과 동행하는 현장이 되기가 어렵습니다. 심각한 경우에는 이런 회의를 하다가 교인들끼리 막 싸우고, 갈등을 일으키는 교회들도 많이 있습니다. 서로 사랑해야 할 지체들이 회의라는 이름으로 모여서 싸우고 다툽니다. 사랑으로 하나 됨을 지키기보다는,

모여서 회의를 하면서 서로 다투고 싸우는 걸 즐기기도 합니다. 그것이 바로 조직적, 제도적 교회론의 세 번째 특징입니다.

4) 교회 건물의 중요성

네 번째 특징이 있습니다. 그것은 조직적, 제도적 교회론은 교회의 건물을 매우 중시한다는 것입니다. 우리 눈에 보이는 예배당과 교회 건물이 너무너무 중요한 것으로 자리 잡고 있습니다. 그래서 교회의 예산을 선교와 전도와 구제에 사용하기보다, 교회 예산의 80-90%를 예배당 임대료를 내거나, 예배당을 짓거나, 교회 건물을 치장하는 데 사용하는 교회가 굉장히 많습니다. 교회가 추구해야 할 본질보다는 사실상 비본질적인 것에 엄청난 예산을 소비하고 있는 것입니다. 이것이 바로 조직적인, 제도적인 교회론에 집중하는 교회들의 특징입니다.

3. 유기적 교회론의 특징

그렇지만 여기에서 우리가 반드시 기억해야 할 사실은 교회론의 두 번째 중심축이 있다는 것입니다. 그것은 조직적 교회론이 아니라, 유기적 교회론(organic ecclesiology)입니다.[49] 유기적 교회론은 교회를 하나의 유기체, 생명체로 보는 교회론입니다. 교회를 하나의 제도나 조직으로 보는 것이 아니라, 교회를 살아있는 공동체로 보는 것입니다. 교회를 유기적인 생명체로 보는 것입니다. 이렇게 교회를 유기적 생명체로 보는 유기적 교회론에는 몇 가지 중요한 특징들이 있습니다.

1) 은사 중심

첫째, 유기적 교회론은 직분 중심이라기보다는 은사 중심(gift/talent-oriented)의 교회입니다. 여기서 말하는 은사는 방언이나 치유나 축사 또는 예언 같은 초자연적 은사가 아닙니다. 오히려 가르침이나 섬김이나 권면이나 다스림 같은, 로마서 12장에 나오는 은사들을 의미합니다. 성령께서 성도 개인에게 주신 은사에 따른 기능 중심으로 교회를 섬기는 것이 유기적 교회의 특징입니다. "우리가 한 몸에 많은 지체를 가졌으나 모든 지체가 같은 기능을 가진 것이 아니니 이와 같이 우리 많은 사람이 그리스도 안에서 한 몸이 되어 서로 지체가 되었느니라 우리에게 주신 은혜대로 받은 은사가 각각 다르니 혹 예언이면 믿음의 분수대로, 혹 섬기는 일이면 섬기는 일로, 혹 가르치는 자면 가르치는 일로, 혹 위로하는 자면 위로하는 일로, 구제하는 자는 성실함으로, 다스리는 자는 부지런함으로, 긍휼을 베푸는 자는 즐거움으로 할 것이니라"(롬 12:4-8).

2) 관계 중심

유기적 교회론의 두 번째 특징은 관계 중심(relation-centered)의 교회입니다.[50] 교회를 구성하는 지체들 간에 아주 끈끈한 지체 의식이 중요한 요소로 강조됩니다. 서로 간에 아주 긴밀한 연결(intimate connection)을 강조합니다. 상호 연합하고 상호의존하는 것을 중요한 요소로 여깁니다. 막힘이 없는 소통을 추구합니다. 그리고 기도 제목과 염려와 아픔을 나누는 내면적 나눔을 강조합니다. 그리고 물질과 시간과 재능을 외부 사람들에게 공동체적으로 나누는 외면적인 나눔을 강조합니다. 결국 유기적 교회론은 교회 안에 모여 있는 지체들 간에 끈끈한 관계, 하나 됨, 교통, 동행, 코이노니아, 상호의존 등을 매우 중요한 것으로 강조하는 교회론입니다. "그에게서 온몸이 각 마디를 통하여 도움을 받음으로 연결되고 결합되어 각 지체의 분량대로 역사하여 그 몸을 자라게 하며 사랑 안에서 스스로 세우느니라"(엡 4:16).

3) 생명의 흐름 강조

유기적 교회론의 세 번째 특징은 생명의 흐름(life-flowing)을 강조합니다. 주님의 생명이 서로에게 관통함을 경험할 것을 강조합니다. 그래서 우리 개개인 성도들이 주님과 그리스도와 연합할 뿐 아니라, 서로가 서로에게 연합되었다는 것을 확인하기를 원합니다. 우리 각자가 주님과 연결되어 있는 것과 마찬가지로 우리 옆에 있는 우리 지체들과도 우리는 연합되어 있고 하나가 되어 있음을 확인하고자 하는 것입니다. 그것이 유기적 교회론의 특징입니다. 그리고 우리가 주님 안에 거하는 것의 중요성을 강조합니다. 주님과의 동행을 강조합니다. 주님과 우리 사이에 생명의 교통, 생명의 유통을 경험하면서 동시에 형제와 자매들 사이의 생명의 흐름을 우리는 경험하게 되는 것입니다. 그래서 요한복음 15장에 나오는 포도나무의 비유를 강조합니다. 그 비유는 바로 우리와 주님과의 연합이 있고, 또 우리 지체들 사이에 긴밀한 연합이 있다는 것을 강조해 주는 비유입니다.

4) 공동체의 성숙을 추구

유기적 교회론의 네 번째 특징은 예배당이나 교회 건물 같은 하드웨어를 강조하지 않습니다. 오히려 공동체의 성숙을 추구(maturitypursuing)합니다.[51] 외면적이고 수량적인 성장보다, 내면적인 그리고 인격적인 공동체의 성숙을 추구합니다. 우리의 성숙이 말씀에 의한 성숙, 성령에 의한 성숙임을 알기 때문에, 유기적 교회는 철저한 진리 추구의 공동체가 되는 것입니다. 그리스도의 장성한 분량에 이르기까지 자라도록 지속적인 성숙을 추구하는 생명공동체가 되는 것입니다. "우리가 다 하나님의 아들을 믿는 것과 아는 일에 하나가 되어 온전한 사람을 이루어 그리스도의 장성한 분량이 충만한 데까지 이르리니"(엡 4:13).

5) 유기적 교회론과 조직적 교회론의 관계

우린 여기서 유기적 교회론과 조직적 교회론의 관계를 다시 한번 점검해야 합니다. 교회의 유기적 측면과 조직적 측면은 어떤 비율로 존재해야 할까요? 필자가 성경을 연구하고 신학적인 탐구를 한 결과 교회의 유기적 측면이 거의 80-90%, 그리고 조직적 측면은 10%-20% 정도에 불과하다는 것을 발견하게 되었습니다. 다시 말하면 유기적 교회론 혹은 교회의 유기적 측면이 훨씬 더 중요하다는 것입니다. 그러나 그동안 안타깝게도 미국이든 한국이든 조직적 교회론이 훨씬 더 중요한 요소로 자리를 잡았습니다. 유기적 교회론은 거의 무시되어 왔습니다. 조직적이고 제도적인 교회론이 사실은 거의 지배적인 흐름을 형성했습니다. 바로 그런 이유 때문에 팬데믹이 왔을 때 조직적인 교회론에 지배를 받은 교회들은 팬데믹의 상황을 어떻게 대응해야 할지 모르는 위기에 빠졌던 것입니다.

그러나 상대적으로 교회의 유기적 측면을 강조했던 교회들은 팬데믹 상황에서 사실은 더 영적으로 성숙하고 부흥하는 모습을 보여주었습니다. 교회의 규모가 크든 작든 문제가 되지 않았습니다. 중요한 것은 교회의 유기적 측면이 성숙해 있느냐라는 문제였습니다. 교회의 유기적 측면이 성숙한 교회는 비교적 팬데믹 상황을 지혜롭게 잘 헤쳐 나왔습니다. 따라서 앞으로 우리 한국교회나 미국 교회, 더 나아가서 전 세계의 교회들은 유기적 교회론을 다시 회복하고 세워야 한다고 필자는 생각합니다. 그렇다면 유기적 교회론에 대해서 조금 더 깊이 들어가 보면 좋겠습니다. 성경에는 교회에 대한 여러 이미지들을 우리들에게 보여주고 있습니다. 그 여러 가지 이미지들 중에 유기적 교회론의 이미지들이 굉장히 많고, 또 그것을 성경은 강조해 주고 있습니다.

4. 유기적 교회론 관련 이미지들

1) 교회는 그리스도의 몸

유기적 교회론의 이미지들 중에 가장 중요한 이미지가 바로 교회는 그리스도의 몸이라는 것입니다.[52] 이것은 특별히 에베소서 1:23이 잘 말씀해 주고 있습니다. "교회는 그의 몸이니 만물 안에서 만물을 충만하게 하시는 이의 충만함이니라." 교회가 그리스도의 몸이라고 하는 것은 교회가 머리되신 그리스도와 완전하게 연합되어 있다는 의미입니다. 그리스도와 완전한 연합을 이루고 있는 것은 콘크리트나 목재로 만든 예배당 건물이 아닙니다. 그리스도와 완전한 연합을 이루고 있는 것은 그리스도인 개인과 또 그리스도의 이름으로 모인 공동체입니다. 교회가 그리스도의 몸이라는 것은 그 교회 안에 그리스도의 생명이 흐르고 있다는 것을 의미합니다. 그리고 그리스도의 몸인 교회는 머리 되신 그리스도에 대해 철저히 복종해야 됨을 말씀하고 있습니다.

몸이 머리로부터 분리되는 것, 그것은 죽음을 의미합니다. 몸이 머리와 연결은 되어 있는데, 머리에서 지시하고 명령하는 것을 몸이 따라하지 않는다면, 이 몸은 장애 상태로 퇴락한 것입니다. 결국 그리스도의 몸으로서 교회가 정상적이고, 성숙한 공동체가 되기 위해서는 머리되신 그리스도와 아주 긴밀하게 연결되어야 합니다. 긴밀하게 연결될 뿐아니라, 그리스도의 뜻과 명령에 우리는 철저히 복종해야 합니다. 그러할 때 그 교회가 그리스도의 몸 다운 몸, 그리스도의 몸으로서 적합한, 정당한 몸이 되는 것입니다.

그렇다면 교회는 어떻게 교회의 머리되신 그리스도의 뜻과 명령이 무엇인지를 알 수 있습니까? 그것은 당연히 그분의 말씀을 통해서 알 수 있습니다. 그리스도의 말씀은 신구약 성경임은 두말할 나위가 없습니다. 모든 성경은 하나님의 감동으로 기록되었습니다(딤후 3:16-17). 성경 기자들의 안과 배후에서 성령님이 역사하셨다는 의미입니다. 예수님은 모든 성경이 자신에 대한 증언이요, 증거라고 주장하셨습니다(요 5:39). 예수님은 또한 모든 성경이 하나님의 말씀이라고 규정하셨습니다(마 4:4). 예수님은 또한 "내가 아버지의 계명을 지켜 그의 사랑 안에 거하는 것 같이 너희도 내 계명을 지키면 내 사랑 안에 거하리라"(요 15:10)고 말씀하셨습니다. 이 모든 말씀을 종합해 보면 결국 교회가 머리되신 그리스도의 뜻과 명령을 알게 되는 유일한 방법은 하나님의 말씀인 성경을 통해서입니다.

또한 교회가 그리스도의 몸이라는 것은 교회가 바로 그리스도의 손과 발이라는 뜻입니다. 교회는 그리스도의 손과 발이 되어 우리의 존재와 삶을 통해서 그리스도를 드러내어야 할 것입니다. 그렇게 교회가 잃어버린 자를 사랑할 때, 교회는 예수님의 사랑을 드러냅니다. 교회가 연약한 자를 위로할 때, 교회는 예수님의 위로를 드러냅니다. 교회가 낙심에 처한 자를 격려할 때, 교회는 예수님의 격려를 드러냅니다. 교회가 가난한 자들에게 물질을 나눠줄 때, 교회는 예수님의 관대함과 나눔을 드러냅니다. 요컨대 교회의 행위가 곧 그리스도의 행위가 되는 것입니다. 세상이 그리스도를 만나게 하는 일은 바로 교회가 어떻게 하느냐에 달려 있다는 말입니다.

2) 교회는 그리스도의 신부

유기적 교회론과 관련된 이미지들 중에 두 번째 이미지가 있습니다. 그것은 교회가 그리스도의 신부라는 이미지입니다.[53] 고린도후서 11:1-2에서 사도 바울은 자신이 교회를 그리스도의 정결한 신부로, 정결한 처녀로 중매한다고 말씀하고 있습니다. 에베소서 5장에서 사도 바울은 계속해서 남편과 아내의 관계를 그리스도와 교회의 관계로 그려주고 있습니다. 교회는 그리스도의 신부로서 그리스도의 생명을 나누고 있는 유기적 공동체입니다. 교회는 신랑이신 그리스도와 완전한 연합을 이룬 유기적 공동체입니다. 그래서 그리스도의 신부로서 교회는 신랑의 영광을 함께 누리고 있습니다. 그리스도의 신부인 교회는 그리스도가 갖고 있는 모든 특권과 영광을 또한 함께 누릴 수 있게 되었습니다.

신부에게 영광과 특권이 있음과 동시에, 신부는 거룩한 책임을 갖고 있습니다. 신부의 거룩한 책임은 바로 신랑 앞에서, 남편 앞에서 순결과 거룩을 지켜야 한다는 것입니다. 여기서 교회를 신부라고 할 때 이 신부라는 말은 신랑과 신부의 연합의 관계, 생명의 관계, 친밀한 관계를 묘사하고 있는 것입니다. 신랑이신 그리스도의 신부인 교회는 절대로 물리적 건물이 아닙니다. 예수 그리스도를 주님과 구주로 믿고 고백하는 믿음의 공동체입니다. 그러므로 유기적 교회론을 추구하는 교회들은 교회가 그리스도의 신부임을 매일, 그리고 매주 강조해야 합니다.

3) 교회는 하나님의 가족

유기적 교회론의 세 번째 이미지가 있습니다. 그것은 교회가 하나님의 가족이라는 것입니다.[54] 이 진리에 대해서는 에베소서 2:19이 우리에게 말씀해 주고 있습니다. "그러므로 이제부터 너희는 외인도 아니요 나그네도 아니요 오직 성도들과 동일한 시민이요 하나님의 권속이라." 교회는 하나님의 가족입니다. 영적인 가족입니다. 영원한 가족입니다. 우리는 하나님의 가족이기 때문에 하나님을 아빠 아버지라고 부릅니다. 교회의 모든 구성원들은 동일하게 하나님을 아버지라고 부릅니다. 그러므로 교회를 구성하는 지체들은, 서로의 형제들과 자매들입니다. 이 형제들과 자매들은 끈끈하게 상호 연결되어야 합니다. 내적인 나눔을 실천하고, 외적인 나눔을 실천해야 합니다. 우리가 서로 가족이고 식구이기 때문에 서로를 위하여 눈물을 흘려야 할 때도 있습니다. 서로를 위하여 기꺼이 희생하게 됩니다. 서로를 위해 기도하고, 서로를 격려하며, 용서하는 참된 공동체가 되는 것입니다. 교회를 구성하고 있는 그들의 출신과 배경이 어떠하든지, 인종이 무엇이든지 간에 우리 모두는 하나님을 아버지라고 부르는 형제들과 자매들인 것입니다. 그래서 유기적 교회론은 교회가 하나님의 가족, 하나님의 식구임을 강조하고. 가족 간의 서로 사랑을, 서로 희생을 강조하는 교회론입니다.

여기서 유기적 교회론을 에베소서 4:11-16과 관련해서 다시 한번 살펴보려고 합니다. 11절과 12절을 보면 "그가 어떤 사람은 사도로 어떤 사람은 선지자로 어떤 사람은 복음 전하는 자로 어떤 사람은 목사와 교사로 삼으셨으니 이는 성도를 온전하게 하여 봉사 일을 하게 하며 그리스도의 몸을 세우려 하심이라"라고 말씀하고 있습니다. 그래서 12절에서는 교회가 그리스도의 몸이라는 것 그리고 교회를 성장시킨다는 것은 수량적인 차원이 아닌 좀 더 내면적인 성숙을 이루어 가는 것이라고 말씀하고 있습니다. 13, 14절을 보면 "우리가 다 하나님의 아들을 믿는 것과 아는 일에 하나가 되어 온전한 사람을 이루어 그리스도의 장성한 분량이 충만한 데까지 이르리니 이는 우리가 이제부터 어린아이가 되지 아니하여 사람의 속임수와 간사한 유혹에 빠져 온갖 교훈의 풍조에 밀려 요동하지 않게 하려 함이라"라고 말씀하고 있습니다. 교회가 바로 유기적인 생명체이기 때문에 그리스도의 장성한 분량이 충만한 데까지 자라야 한다는 것입니다.

이어서 15절을 보면 자라기 위해서는 사랑과 진리가 필요하다고 말씀합니다. "오직 사랑 안에서 참된 것을 하여 범사에 그에게까지 자랄지라 그는 머리니 곧 그리스도라" 여기서 사랑 안에서 참된 것을 하라는 것은 사랑으로 진리를 말하라는 것입니다. 그리고 16절은 유기적인 교회로서의 공동체의 모습이 어떠해야 함을 보여주고 있습니다. "그에게서 온몸이 각 마디를 통하여 도움을 받음으로 연결되고 결합되어 각 지체의 분량대로 역사하여 그 몸을 자라게 하며 사랑 안에서 스스로 세우느니라" 이것이 바로 유기적 생명체로서의 교회의 참된 모습입니다.

5. 유기적 교회론의 실천

그러면 유기적 교회론을 실천해 가기 위해서 우리는 어떻게 해야 할까요? 유기적 교회론의 실천을 위해서 필자는 이 글을 통하여 두 가지를 강조하고자 합니다.

1) 비대면 예배와 사역의 정당성 확립

그것은 첫째 비대면 예배와 사역의 정당성을 확립해야 된다는 것입니다. 만일 어떤 사람이 조직적인 교회론에만 사로잡혀 있다면 비대면 혹은 온라인 예배를 예배로 받아들이지 않을 것입니다. 그러나 교회의 본질이 유기적인 생명의 흐름이라는 것을 안다면, 비대면 예배 역시 정당한 예배임을 인정할 수밖에 없습니다. 그것은 비대면 예배, 온라인 예배와 사역을 통해서도 신비하게도 그리스도의 생명의 흐름을 우리는 경험할 수 있기 때문입니다. 그것은 성령의 신비한 역사와 사역을 통해서 이루어집니다. 물론 대면 예배와 대면 사역이 가능할 때에는 당연히 대면 예배와 대면 사역을 감당해야 합니다. 함께 모여서 서로의 얼굴을 보면서 함께 하나님을 예배하고 또 함께 기도하며 교제하는 것 그것은 너무나 아름다운 것입니다. 그러나 어떤 환경의 문제와 또 상황의 문제 때문에 비대면 예배로, 비대면 사역으로 교회가 사역을 진행한다고 해서 그것이 부당하다고 여기는 것은 지나치게 조직적 교회론에 사로잡힌 생각입니다.

2) 예수동행일기

유기적 교회론의 실천을 위해서 두 번째로 필자가 강조하고 싶은 것이 바로 예수동행일기입니다. 예수동행일기는 예수님과의 교제와 동행을 경험하면서 그것을 기록에 옮기는 것입니다. 그것은 바로 예수님과의 유기적 관계, 생명적 관계를 심화하고자 하는 노력입니다. 주님께서 우리를 구원하신 목적이 바로 우리가 주님과 함께 사는 것입니다. 우리가 주님과 함께 생명을 누리라는 것입니다. 우리가 주님과 함께 살고, 주님과 동행하고, 주님과 함께 생명을 누리는 것 바로 그것을 더 깊게 누리기 위해서 우리는 예수동행일기를 실천하고 있는 것입니다.

사실 일기는 매우 개인적인 것이고 사적인 것입니다. 그래서 매일 예수동행일기를 씀으로써 무엇보다 먼저 주님과의 수직적인 생명의 관계를 심화하려고 하는 것입니다. 또한 그것을 우리 나눔방에서 지체들과 나눕니다. 결국 주님과 내가 누렸던 생명적인 관계를 사랑하는 우리 지체들과 함께 나눔으로써 생명적, 유기적 공동체를 이루어가려고 하는 것입니다. 바로 그것이 유기적 교회론을 실천하는 아주 놀라운 방법이 되는 것입니다.

유기적인 교회론을 이루어 가기 위해서는 좀 더 깊이 들어가야 할 영역이 있습니다. 이렇게 질문하는 분들이 있습니다. 유기적 교회론을 실천하려면 교회의 규모가 작아야 하는가? 작은 교회만 유기적 교회론을 실천할 수 있는가? 물론 필자는 교회의 규모, 교회의 숫자가 적을 때 유기적 교회론을 실천하기가 상대적으로 쉬울 것이라고 생각합니다. 그러나 교회의 구성원이 수천 명이 되고 수만 명이 되는 대형교회라 할지라도 유기적 교회론을 실천할 수 있습니다. 그것은 유기적인 소그룹 사역을 강화하면 됩니다. 수천 명 혹은 수만 명이 모이는 교회라도 그 교회를 여러 소그룹으로 만들어서, 그 소그룹 안에서 유기적인 생명의 교통이 일어나게 한다면 얼마든지 교회를 그리스도의 몸으로 성숙하게 만들어 갈 수 있습니다.[55]

가장 중요한 문제는 교회의 지도자들이 유기적 교회론으로 무장되어 있느냐는 것입니다. 생명의 흐름과 유통을 강조하는 유기적 교회론으로 무장이 되어 있다면, 교회를 이끌어가는 지도자들은 그 교회를 여러 소그룹으로 나누어서 소그룹 사역을 진행해야 합니다. 바로 그 소그룹 사역을 강화하는 방법 중에 가장 좋은 방법이 바로 그 소그룹을 예수동행일기 나눔을 하는 나눔방으로 만들어주는 것이라고 믿습니다. 그렇게 될 때 소그룹을 이끌어가는 사람들은 안수 받은 목회자일 필요가 없습니다. 결국 소그룹을 이끌어가는 지도자들은 일반 성도들이 되어야 합니다. 그래서 그 소그룹을 예수동행일기 나눔방으로 만들면 바로 그 안에서 소그룹을 이끌어가는 지도자들의 영적 지도력도 강화될 수가 있습니다.

그래서 그 소그룹에 속한 성도들이 주님과의 1:1의 만남의 경험들을 나눌 수 있게 됩니다. 그뿐만 아니라 또 수평적으로 소그룹 내의 다른 지체들과도 서로를 깊이 알아가는, 또 서로를 깊이 이해하고, 또 서로를 깊이 사랑하는 그런 유기적인, 생명적인 공동체, 작은 공동체를 이루어 갈 수가 있는 것입니다. 오늘날 필자가 한국 교회나 미국 교회를 바라볼 때 소그룹 모임의 역동이 굉장히 약화되어 있음을 발견합니다, 많은 교회들의 소그룹이 일반적으로 그냥 사교모임이 되어버렸습니다. 소그룹 모임이 타락하게 되면 어떤 식으로 변하게 됩니까? 너무나 세상적인 이야기들, 너무나 인간적인 이야기들만 나누는 유치하고 피상적인 사교모임이 되어버립니다.

그러나 유기적 교회론에 기초한 소그룹은 영적으로 깊은 나눔이 이루어져야 하고, 이뤄질 수 있습니다. 서로에게 영적인 도전과 자극을 주는 공동체가 되어야 합니다. 서로를 말씀으로 격려하는 공동체가 되어야 합니다. 서로에 대해서 깊이 아는 공동체가 되어야 합니다. 결국 각자 예수동행일기를 쓰고 서로 나눔으로써 서로에 대해 깊이 알 수 있게 되는 것입니다. 서로를 위한 기도가 더 깊어지게 되는 것입니다. 서로를 위한 섬김과 희생이 있는 소그룹이 되는 것입니다.

교회 안에서 소그룹으로 모여서 서로를 섬기고, 서로를 위해서 희생하다 보면 우리는 교회 밖에 있는 주님을 알지 못하는 사람들을 위해서도 섬기고 희생할 수 있게 되는 것입니다. 소그룹 안에서의 섬김과 희생은 결국은 밖으로 대외적으로 선교적인 섬김, 선교적인 희생으로 확대될 수가 있는 것입니다. 바로 그렇게 될 때 교회 안에 소그룹 사역 혹은 소그룹의 모임이 본래 추구해야 할 목적이 바르게 성취될 수 있는 것입니다.

나가는 말

이제 필자가 지금까지 논의한 내용을 다시 한번 요약해 보고자 합니다. 성경은 조직적 교회론보다, 유기적 교회론을 강조해 주고 있습니다. 그러나 안타깝게도 오늘날 미국 교회나 한국 교회, 혹은 세계 여러 교회들의 교회론은 조직적이고 제도적인 교회론이 지배하고 있습니다. 조직적이고 제도적인 교회론으로는 특별히 지난 3년 반 동안 진행된 팬데믹의 상황을 잘 다스리고 극복할 수가 없었습니다. 우리는 이제 다시 성경의 교회론, 즉 유기적 교회론으로 돌아가야 합니다. 유기적 교회론은 바로 우리가 예수님과 연합된 생명의 공동체임을 확인하는 것입니다. 교회가 그리스도의 몸임을 확인하고 강조하는 것입니다. 교회가 그리스도의 신부임을 확인하고 강조하는 것입니다. 교회가 하나님을 아버지라고 부르는 영적인 가족임을 확인하고 강조하는 것입니다.

유기적 교회론을 실천하기 위해서는 비대면 예배와 사역의 정당성을 인정해 주어야 합니다. 그리고 더 나아가서 예수님과 동행하는 교회가 되어야 합니다. 예수님과 동행하는 교회가 되기 위해서 우리는 예수동행일기를 실천해야 합니다. 그리고 예수동행일기를 나누는 나눔 방을 교회의 소그룹으로 만들어야 합니다. 그렇게 될 때 정말 그리스도의 생명이 흐르고, 유통되는 생명의 공동체가 될 것입니다. 그렇게 될 때 교회가 제도적으로, 조직적으로, 수량적으로 성장하는 게 아니라, 유기적으로, 생명적으로 성숙하는 교회가 될 것입니다. 그래서 교회가 그리스도의 장성한 분량에 이르기까지 자라게 될 것입니다. 다시 한번 여러분들에게 부탁을 드립니다. 유기적 교회론을 회복하십시오. 정말 생명으로 충만한 참된 그리스도의 몸을 세워가십시오. 그리고 그리스도의 신부로서의 거룩함과 정결함을 지키는 교회가 되십시오. 하나님의 가족으로서, 하나님의 식구로서 서로를 사랑하는 공동체를 만들어 가십시오. 그렇게 될 때 미국과 한국과 세계의 모든 교회들이 주님 오시기 전에 더 성숙한 교회로 자라게 될 것입니다.

V. 밝고 행복한 종말론과 예수동행일기
(조직신학 종말론)

들어가는 말

코로나 팬데믹은 여러 가지 차원에서 교회에 도전이 되었습니다.[56] 그 중에서도 코로나 팬데믹은 교회들과 성도들을 영적인 잠에서 깨어나게 했습니다. 왜냐하면 전 지구적인 팬데믹은 예수님 재림의 분명한 징조들 중 하나였기 때문입니다. 이것은 예수님 자신이 친히 말씀하신 바입니다. "곳곳에 큰 지진과 기근과 전염병이 있겠고 또 무서운 일과 하늘로부터 큰 징조들이 있으리라"(눅 21:11). 여기서 '전염병'이라는 말은 팬데믹이라는 말을 뜻합니다. 인류 역사상 다양한 전염병들이 창궐해 왔습니다. 그러나 코로나 팬데믹이야말로 진정한 의미에서 전염병이 전 지구적으로 확산된 최초의 실례가 되었습니다. 그런 의미에서 코로나 팬데믹은 예수님의 재림과 역사의 종말에 대해서 잠든 교회들을 각성시키기에 충분했습니다.

  문제는 교회들 가운데 종말론에 대한 교육과 훈련이 피상적이었다는 것입니다. 그러다 보니 종말론에 대한 무지와 혼돈이 심각한 수준입니다. 현대신학자 위르겐 몰트만(Jürgen Moltmann, 1926-)은 그의 주저 〈희망의 신학〉에서 종말론은 신학의 일부가 아니라, 신학의 전체라고 주장했습니다.[57] 필자는 몰트만의 신학이 가진 비성경적, 비복음적 요소에 동의하지 않습니다. 특별히 그의 만유 구원론은 영원한 불못에 대한 성경의 가르침과 정면으로 충돌합니다.[58] 그러나 그가 종말론의 중요성에 대해서 말한 부분에 대해서는 동의합니다. 기독교 신학 전체는 종말론의 빛 아래서 전개되어야 합니다. 그것은 〈창조-타락-구속-완성〉이라는 계시 역사 전체가 종말을 향하여 나아가고 있기 때문입니다. 필자는 본 논문을 통해서 성경이 말하는 건강하고 균형 잡힌 종말론은 밝고 행복한 종말론임을 주장하고자 합니다. 동시에 올바른 종말론적 신앙을 유지하고 강화함에 있어서 예수동행일기가 어떤 유익과 도움을 제공할 수 있을지에 대해서 논의하고자 합니다. 우선 종말론이란 무엇인지 살펴보도록 하겠습니다.

1. 종말론의 두 차원

조직신학의 세부 분야 중 하나가 종말론, 혹은 내세론입니다. 종말론이란 말 그대로 종말에 대한 교리를 뜻합니다. 여기서 말하는 종말이란 개인과 역사의 마지막을 의미합니다. 따라서 종말론이란 개인과 역사의 마지막에 대한 성경의 가르침을 체계적으로 정리한 것이라고 정의 내릴 수 있습니다.[59]

1) 개인적 종말론

종말론에는 크게 두 차원이 있습니다. 첫째, 영어로 'Personal Eschatology'라고 해서 개인적 종말론입니다. 개인적 종말론은 주로 개인의 마지막 즉 죽음에 대해서 다룹니다. 성경은 개인의 죽음에 대해서 세 가지를 말씀하고 있습니다. 첫째는 우리가 일반적으로 경험하는 육체적인 죽음(physical death), 혹은 생물학적 죽음(biological death)입니다. 육체적 죽음, 생물학적 죽음은 인간이 생명력을 잃고 영혼과 몸이 분리되는 사건입니다.

둘째, 아담과 하와가 범죄함으로 경험하게 되었던 영적 죽음(spiritual death)입니다. 아담과 하와가 범죄했을 때 그들은 바로 육체적, 생물학적 죽음을 경험하지 않았습니다. 그러나 그들의 영혼이 죽어버렸고, 하나님과의 영적인 관계가 깨져버렸습니다. 그 결과 하나님과 그들 사이에 영적 분리가 일어났습니다.

그리고 셋째, 영원한 죽음(eternal death)입니다. 영원한 죽음은 예수님을 믿지 않는 자들이 부활한 후에 영원한 불못에 던져져 영원히 하나님과 분리되어 사는 것을 뜻합니다. 영원한 불못에서 영원한 고통을 당하면서 살아 존재하는 것을 성경은 영원한 죽음, '둘째 사망'이라고 부릅니다. 이렇게 세 가지 종류의 죽음을 성경은 가르치고 있습니다. 여기서 기억해야 할 중요한 포인트가 있습니다. 그것은 세 종류의 죽음 모두 그 본질은 '분리'에 있다는 것입니다. 생물학적인 죽음은 영혼과 몸의 분리, 영적인 죽음은 하나님과 인간의 영적 분리, 그리고 영원한 죽음은 부활된 죄인과 하나님의 영원한 존재론적 분리를 뜻합니다.

개인적 종말론의 두 번째 주제는 죽음 이후의 중간상태에 대한 것입니다. 다시 말하면 육체적, 생물학적 죽음 이후부터 장차 부활하기까지 그 중간에 우리가 어떤 상태에서 어디에 머무는가 하는 것과 관련됩니다. 성경은 우리들 특별히 예수님을 믿는 사람들은 죽음 이후에 낙원(paradise)으로 간다고 말씀하고 있습니다. 우리 주님께서 십자가상에 달렸을 때 주님의 옆에 있던 강도에게 "오늘 네가 나와 함께 낙원에 있으리라"라고 말씀하셨습니다. 평생을 악인으로 살았던 이 강도는 생물학적인 죽음 직전에 예수님을 믿음으로 구원을 받아 낙원에 들어가게 되었습니다. 놀라운 은혜가 아닐 수 없습니다.

성도들은 영혼으로 낙원에 들어가게 됩니다. 낙원에서 성도들은 그들의 주님을 영혼의 눈으로 직접 보게 될 것입니다. 더 나아가서 예수님과의 완전한 교제를 누리게 될 것입니다. 예수님과의 완전한 교제를 통해서 극치의 기쁨과 행복을 향유하게 될 것입니다. 그러면서도 그들의 몸의 부활을 기쁨으로 고대하게 될 것입니다.

한편 예수님을 믿지 않는 자들은 그들의 육체적, 생물학적 죽음의 순간에 음부(hades)로 간다고 성경은 말씀하고 있습니다. 그들은 음부에서 하나님의 저주와 심판을 맛보게 될 것입니다. 아직 부활하여 불못에 던져진 상태는 물론 아닙니다. 그럼에도 불구하고 불신자들은 음부에서 영원한 지옥의 고통을 미리 맛보게 될 것입니다. 이 세상을 떠나는 순간 그들에게 구원을 위한 두 번째 기회는 주어지지 않습니다. 천국 문은 닫히게 되며, 그들은 음부에 떨어지게 됩니다. 음부에서 자신들의 부활을 기다리다가 마침내 부활 시에 백보좌 심판을 받고 영원한 불못으로 던져지게 됩니다.

중간 상태에 대한 로마 가톨릭의 입장이 있습니다. 그들은 연옥

(purgatory)설을 주장합니다.[60] 연옥이란 훈련의 장소이며, 씻음의 장소입니다. 가톨릭 교리에 의하면 연옥은 낙원과 음부의 중간지대입니다. 대부분의 가톨릭 신자들은 육체적, 생물학적 죽음 이후 연옥에 들어간다고 믿고 있습니다. 가톨릭 신자들은 연옥에서 지상에 살 때 해결하지 못한 죄에 대한 값을 지불합니다. 죄에 대한 형벌도 받습니다. 불특정한 형벌과 씻음의 기간이 지난 후에야, 그들은 연옥에서 해방될 수 있습니다. 문제는 그 기간이 얼마나 걸릴지 알 수 없다는 것입니다. 더 심각한 문제는 연옥이란 말과 개념이 신구약 성경 66권에 나오지 않는다는 점입니다. 가톨릭의 연옥설은 개신교 입장에서 외경으로 인정하는 마카비서에 기초해 있습니다. 그러므로 우리는 가톨릭의 연옥설을 받아들일 수 없습니다.

육체적, 생물학적 죽음 이후에 중간상태를 지나고 우리는 부활하게 됩니다. 우리의 부활은 예수님이 재림할 때 이뤄지게 됩니다. 부활의 사건, 부활체의 상태 그리고 부활 후의 삶과 같은 다른 세부 주제들도 개인적 종말론에서 다뤄집니다.

2) 역사적/우주적 종말론

종말론의 다른 차원이 있습니다. 개인적인 종말론과 대비되는 개념으로 역사적 혹은 우주적인 종말론입니다. 그래서 이걸 영어로는 'historical' 혹은 'cosmic' 혹은 'general eschatology'로 표현하고 있습니다. 역사적/우주적 종말론은 역사와 우주의 마지막을 다룹니다. 역사적/우주적 종말론에 대한 성경의 관점은 '이미(already)와 아직 아님(not yet)'의 긴장으로 표현됩니다.[61] 예수님의 초림으로 이미 역사와 우주의 종말은 시작되었으나, 아직 완료되지 않았다는 의미입니다. 다시 말하면 예수님의 초림으로 이미 하나님의 나라가 도래하였지만, 아직 완성되지는 않았다는 뜻입니다. 중요한 것은 예수님 초림 이후 종말이 시작되었다는 사실입니다. 그럼에도 불구하고 성경은 언제나 역사와 우주의 마지막 날을 예수님의 재림과 연결합니다. 따라서 역사적, 우주적 종말론의 핵심 주제는 예수 그리스도의 재림입니다.

역사적, 우주적 종말론에서는 무엇보다 재림의 징조를 먼저 다룹니다. 지난 3년 반 동안 코로나 팬데믹이 지구를 휩쓸었습니다. 바로 이 코로나 팬데믹이 예수님의 재림의 징조들 중에 하나인 것은 너무도 분명합니다. 누가복음 21장에 보면 예수님께서 팬데믹 혹은 전염병 같은 것들이 예수님 재림의 징조라고 말씀하셨습니다. "곳곳에 큰 지진과 기근과 전염병이 있겠고 또 무서운 일과 하늘로부터 큰 징조들이 있으리라"(눅 21:11).

마태복음 24장 역시 예수님의 재림 징조에 대해서 아주 자세히 말씀해 주고 있습니다. 전쟁, 기근, 지진, 거짓 선지자의 출현, 거짓 그리스도의 출현, 불법이 성함, 사랑이 식음, 그리스도인에 대한 핍박 등이 예수님 재림의 징조들입니다. 이 징조들 중에서 최후의 징조 즉 예수님 재림에 대한 마지막 징조는 바로 세계선교의 완성입니다. "이 천국 복음이 모든 민족에게 증언되기 위하여 온 세상에 전파되리니 그제야 끝이 오리라"(마 24:14). 하나님 나라의 복음이 모든 민족에게 증언되면 끝이 온다는 말씀입니다. 즉 예수님이 재림하신다는 말씀입니다. 여기서 '민족'이란 말은 헬라어로 '에뜨노스', 즉 종족이란 말입니다. 천국 복음이 모든 종족들에게 증언되기 위하여 온 세상 즉 온 지구에 전파되는 일이 완료되면 예수님이 재림하신다는 말씀입니다. 다시 말해서 세계선교가 완성되면 주님이 다시 오신다는 말씀입니다.

역사적, 우주적 종말론에서는 재림의 징조를 다룬 후 대환란(대재앙)의 시기와 적그리스도의 출현에 대해서 다룹니다. 그리고 예수님의 재림의 모습을 다루고, 예수님 재림 이후 이 땅에 세워질 천년왕국의 문제를 다룹니다. 이어서 최후의 백보좌 심판과 영원한 새 하늘과 새 땅에 대해서 다룹니다. 이것들이 바로 일반적인 혹은 우주적인 종말론이 다루는 주제들입니다.

2. 어둡고 두려운 종말론

그러면 현재 미국이나 한국, 그리고 전 세계에서 많은 사람들이 배우고 있는 종말론의 모습에 대해서 살펴보고자 합니다. 오늘날 종말론은 필자가 볼 때 어둡고 두려운 종말론이 지배적입니다. 그것은 미국이든, 한국이든 별반 다르지 않습니다. 전 세계를 통틀어 보아도 상황은 마찬가지입니다. 어둡고 두려운 종말론이라는 것은 예수님의 재림에 대해서 생각할 때마다 어두운 분위기, 공포의 분위기가 지배하는 종말론을 의미합니다. 어둡고 두려운 종말론으로 인해서 오늘날 이 시대는 혼돈과 혼란 속에 빠져있습니다. 그리고 세계 교회가 종말론의 트라우마 현상을 경험하고 있습니다. 종말론의 트라우마 현상은 전 세계적으로 공통적인 현상이라고 보입니다.

특별히 최근에 한국에서 시한부 종말론이 큰 문제를 일으켰습니다.[62] 벌써 한 30년 전의 일이지만 다미선교회라는 단체가 등장해서 1992년 10월에 예수님이 재림하신다고 주장했습니다. 이 다미선교회에서 '다미'라는 말은 '다가올 미래'라는 뜻입니다. 그래서 92년도 10월 28일에 예수님이 오신다고 했는데, 그 예언을 듣고 많은 사람들이 이 단체에 미혹되었습니다. 그러나 결국 예수님은 오시지 않았고, 많은 사람들은 혼란에 빠졌습니다. 이 단체에 빠졌던 사람들 중에 자살하는 사람들이 나오기도 했습니다.

중요한 것은 이렇게 재림의 날짜를 정하는 것이 한국에서만 있는 일은 아니라는 것입니다. 미국에서도 지난 2013년에 예수님의 재림의 날짜를 정한 사람이 있었습니다. 그는 해롤드 캠핑(Harold Camping)이라는 사람입니다. 이 사람은 2013년 5월에 예수님이 재림한다고 주장을 했습니다. 그런데 5월에 예수님이 오시지 않았습니다. 그러자 이 해롤드 캠핑은 자기의 계산이 잘못됐다고 하면서, 10월에 예수님이 올 거라고 다시 예언을 했습니다. 그런데 2013년 10월에도 예수님은 오시지 않았습니다. 미국에서 해롤드 캠핑의 라디오 방송을 수백만 명이 듣고 있었기 때문에 수많은 사람들 역시 혼란에 빠졌습니다. 이렇게 예수님의 재림 날짜를 정하는 것 역시 어둡고 두려운 종말론의 모습입니다.

또 다른 어둡고 두려운 종말론의 모습은 극단주의적인 세대주의적 종말론(dispensational eschatology)에서도 나타납니다.[63] 필자는 많은 세대주의자들이 여전히 참된 그리스도인이라고 믿고 있습니다. 세대주의적인 종말론을 고집하더라도, 예수 그리스도를 주와 구주로 믿는다면 그들의 구원은 확실합니다. 그럼에도 불구하고 세대주의적인 성경해석은 문제가 많습니다. 극단적 세대주의에 빠진 사람들은 교회의 환란 전 휴거와 적그리스도에 집중된 종말론을 주장합니다. 역사의 마지막에 올 대환난 이전에 교회가 공중으로 휴거된다는 것을 절대적 진리로 주장합니다. 교회가 휴거된 후 남겨진(left behind) 사람들을 짐승 적그리스도가 지배한다고 주장합니다. 그리고 계시록 13장에 나오는 짐승의 표 666에 대해서 지나친 관심을 갖습니다.[64] 최근에 극단적인 세대주의자들 중에 일부는 베리칩[65]과 코로나 백신을 666이라고 주장했습니다. 이것은 결코 받아들일 수 없는 잘못된 해석입니다.

더 나아가서 오늘날 요한계시록을 무조건 덮어두려는 무책임한 태도를 보이는 사람들이 많습니다. 왜냐하면 계시록은 두렵고 또 어려운 책이라고 생각하기 때문입니다. 그리고 많은 이단들과 사이비 단체들이 계시록을 또 마음대로 잘못 해석하고 있습니다.[66] 필자는 부족하지만 계시록과 종말론을 오랫동안 연구해 왔습니다. 놀랍게도 요한계시록은 그렇게 어려운 책이 아니었습니다. 요한계시록을 사도 요한이 기록한 목적을 따라서 잘 읽어가면 요한계시록은 상당히 이해하기가 쉬운 책이라는 것을 발견하게 되었습니다.

3. 밝고 행복한 종말론

이렇게 어둡고 두려운 종말론이 지배적인 시대를 거슬러 필자는 밝고 행복한 종말론을 주장하고자 합니다. 이 밝고 행복한 종말론은 '신부의 종말론'입니다. 이것은 특별히 디도서 2:13과 연결됩니다. "복스러운 소망과 우리의 크신 하나님 구주 예수 그리스도의 영광이 나타나심을 기다리게 하셨으니" 여기서 '복스럽다'는 말을 현대어로 옮긴다면 바로 '행복하다'는 뜻이 됩니다.[67] 우리에게 있는 궁극적인 소망은 바로 예수님의 재림인데, 그 재림은 '행복한 소망'입니다. 또한 '소망'은 바로 우리의 마음을 들뜨게 하고, 기대하게 하며, 대망하게 합니다. 그래서 예수님의 재림, 역사의 종말은 우리에게 행복한 소망이지, 결코 두려운 것이나 어두운 것이 아닙니다.

디도서 2:13의 뒷부분을 보면 "하나님 구주 예수 그리스도의 영광이 나타나심"이라고 말씀하고 있습니다. 예수님의 영광이 밝을까요, 어두울까요? 예수님의 영광은 밝은 것입니다. 그러므로 예수 그리스도의 영광이 나타나는 그날은 밝은 날일 수밖에 없습니다. 따라서 디도서 2:13에 나오는 복스러운 소망 그리고 영광이 나타난다는 것을 종합해 보면 우리가 기다리는 역사의 종말과 주님의 재림은 밝고 행복한 소망일 수밖에 없습니다.

기억해야 할 다른 중요한 사실은 바로 밝고 행복한 종말론이 신부의 종말론이라는 것입니다. 필자가 반복적으로 강조하여 말씀을 드렸던 것처럼, 교회는 예수 그리스도의 신부입니다. 그래서 요한계시록 19장을 보면, 예수님의 재림의 날을 혼인잔치하는 날로 묘사하고 있습니다. 신랑이신 우리 주 예수 그리스도께서 당신의 신부인 교회를 맞아 혼인잔치를 벌이는 날이 바로 예수님의 재림의 날입니다. 만일 우리가 예수님의 참된 신부라면 우리는 신랑이 오시는 날을 기다릴 수밖에 없습니다. 신랑이 오셔야 우리가 진정한 의미에서 신랑과 함께 혼인잔치를 벌이게 되기 때문입니다. 그리고 그다음에야 영원한 결혼 생활을 시작할 수 있기 때문입니다.

이스라엘의 결혼 풍속에 의하면 먼저 신랑과 신부가 정혼을 하게 됩니다. 정혼을 한 다음에 어떤 특정한 기간을 기다립니다. 그랬다가 그 다음에 혼인잔치를 벌이게 됩니다. 비유한다면 예수님의 초림은 교회와의 정혼이었습니다. 예수님의 재림은 바로 신랑이신 예수님과 교회의 혼인잔치를 하는 날입니다. 이것을 개인적인 구원론에 적용을 하면 우리가 예수님을 처음 믿을 때, 우리는 예수님과 정혼을 하게 됩니다. 그래서 예수님을 처음 믿을 때, 즉 우리가 예수님과 정혼을 할 때, 예수님은 우리 안에 들어오시는 것입니다. 이것은 성령을 통하여 이뤄지는 영적인 사건입니다. 그다음에 일정한 기간을 살다가 주님이 재림하시게 되면 그때 우리는 신랑이신 주님과 혼인 잔치를 벌이게 되는 것입니다. 이것은 영혼과 몸을 포함하는 전인적 사건입니다. 그러므로 우리가 진정한 의미의 예수님의 신부라면, 우리는 신랑이신 주님과 혼인 잔치할 날을 기다려야 하고 또 기다릴 수밖에 없습니다.

그리고 요한계시록 19장에서 혼인잔치하는 날은 기쁘고 즐거운 날이라고 묘사하고 있습니다. 기쁨과 즐거움과 행복으로 가득 찰 혼인 잔치하는 날을 기다리는 종말론, 이것이 바로 신부의 종말론입니다. 신부의 종말론은 그런 의미에서 밝은 종말론이고, 행복한 종말론일 수밖에 없습니다.

4. 밝고 행복한 종말론의 실천

그렇다면 이 밝고 행복한 종말론을 어떻게 실천해 가야 할까요? 이것은 데살로니가전서 5:6-11을 보면 자세히 알 수가 있습니다. 데살로니가전서 5:6을 보면 "그러므로 우리는 다른 이들과 같이 자지 말고 오직 깨어 정신을 차릴지라"라고 말씀합니다. 밝고 행복한 종말론의 실천을 위해서 우리는 영적으로 깨어나야 합니다. 그리고 정신을 차려야 합니다. 사실 오늘날 많은 교회와 그리스도인들은 영적으로 잠들어 있습니다. 이들은 예수님과의 일상에서의 동행도 잘 실천하지 못하고 있습니다. 또 주님이 재림하시는 것에 대해서도 전혀 관심이 없습니다. 그러나 참된 신부인 교회는 깨어서 정신을 차리고, 신랑이신 주님을 기대하고, 기다려야 합니다.

데살로니가전서 5:7을 보면 "자는 자들은 밤에 자고 취하는 자들은 밤에 취하되 우리는 낮에 속하였다"라고 말씀하고 있습니다. 여기서 말하는 밤과 낮이 물론 물리적인 해가 떠 있는 낮이나, 해가 진 이후의 밤을 의미하는 것은 아닙니다. 바로 영적인 밤, 영적인 암흑에 빠져 있다는 것을 의미합니다. 그리스도의 신부인 우리는 낮에 속한 자들입니다. 그것은 바로 영적인 의미에서 밝은 날, 영적인 밝음이 충만한 그날에 우리가 속해있다는 뜻입니다. 그러므로 우리의 종말론은 당연히 밝은 종말론일 수밖에 없습니다.

8절은 "정신을 차리고 믿음과 사랑의 호심경을 붙이고 구원의 소망의 수고를 쓰자"라고 말씀하고 있습니다. 여기서 지금 "믿음과 사랑의 호심경을 붙이고 구원의 소망의 투구를 쓰자"라는 구절은 에베소서 6장에 나오는 하나님의 전신 갑주와 유사한 표현을 담고 있습니다. 그러므로 우리는 주님을 기다리는 참된 신부로서 무엇보다도 영적으로 하나님의 전신 갑주를 입어야 합니다. 참된 신부는 참된 군사라는 의미입니다. 9절에 보면 "하나님이 우리를 세우심은 노하심에 이르게 하심이 아니요 우리 주 예수 그리스도로 말미암아 구원을 받게 하심이라"라고 말씀하고 있습니다. 그것은 결국 교회가 앞으로 장차 대환란을 통과하지만, 그럼에도 불구하고 하나님께서 대환란 가운데서 우리를 보호하실 것을 말씀하고 있는 것입니다.

그다음에 10절이 대단히 중요합니다. "예수님께서 우리를 위하여 죽으사 우리로 하여금 깨어있든지 자든지 자기와 함께 살게 하려 하셨느니라." 바로 이것이 예수님이 우리를 구원하신 목적입니다. 예수님께서 우리를 위하여 죽으셨다는 것은 우리의 구원을 위해서 십자가를 지셨다는 말씀입니다. 예수님께서 우리를 위하여 십자가에서 죽으시고 그래서 우리를 위하여 보혈을 흘리심으로 우리의 모든 죄를 사하시고 또 우리로 하여금 새로운 사람이 되게 하신 목적은 무엇입니까? 답은 바로 10절 후반부에 나옵니다. "우리로 하여금 깨어 있든지 자든지 자기와 함께 살게 하려 하셨느니라." 이 말씀은 무슨 뜻입니까? 우리가 '깨어 있든지 자든지'라는 표현은 굉장히 놀라운 표현입니다. 다시 말하면 '우리의 삶의 모든 시간 동안에'라는 뜻입니다. 하루 24시간 전체의 시간을 말씀하고 있는 것입니다. 24시간 하루 동안 깨어 있든지, 자든지 자기와 함께 살게 하려 하셨다는 말씀입니다. 다시 말하면 우리를 구원하신 목적은 우리로 하여금 예수님과 함께 살게 하려고 하셨다는 것입니다. 예수님과 함께 사는 것, 그것이 바로 예수님과의 동행입니다. 다시 말하면 예수님께서 우리를 구원하신 목적은 우리로 하여금 예수님과 동행하는 삶을 살게 하시려는 것이었습니다.

사람들은 묻습니다. "예수님은 죽으시고 부활하셔서 하나님의 보좌 우편에 앉으셨는데 어떻게 우리가 예수님과 함께 살 수 있습니까?"

이것은 신학적으로 매우 중요한 이슈입니다. 예수님은 부활하시고 승천하셔서 하나님 보좌 우편에 지금 앉아 계십니다. 특별히 예수님의 인성은 부활의 상태로 하나님 보좌 우편에 앉아 계십니다. 그러나 예수님은 우리에게 성령님을 보내어 주셨습니다. 성령님은 우리가 예수님을 믿을 때, 우리를 인치시고, 우리 안으로 들어오셨습니다. 우리가 예수님을 믿을 때 성령님은 우리를 당신의 소유로 인치시고, 우리 가운데에 내주하시게 된 것입니다. 바로 성령님께서 우리를 인치시고, 우리 가운데 내주하시게 된 그 사건을 '성령세례'라고 부릅니다. 바로 그때, 성령님이 우리 안에 들어오실 때, 바로 예수님도 성령님 안에서 우리 안에 들어와 내주하시는 것입니다.

그러므로 사도 바울은 자신의 서신서에서 계속하여 "그리스도 안에서"(in Christ)라는 표현을 사용하고 있습니다. 성령님을 통하여 우리는 그리스도 안으로 들어가고, 그리스도는 우리 안으로 들어오신다는 것입니다. 그러므로 다시 말해, 성령님이 우리 안에 내주하신다는 말은 예수님이 우리 안에 계신다는 말과 똑같은 말이 됩니다. 그럼으로 예수님이 우리 안에 계시기 때문에, 우리는 깨어 있든지 자든지 예수님과 함께 살 수 있게 되었습니다. 그럼 예수님과 함께 산다는 것은 무엇을 의미할까요? 그것은 예수님을 인식하는 것입니다. 예수님이 내 안에 계시다는 것을 인식하고, 인정하는 것입니다. 그리고 내 안에 계신 예수님이 나의 신랑이시고, 나의 주님이심을 인정하는 것입니다. 그래서 내 안에 계신 예수님을 하루 24시간 모든 시간 동안 바라보고, 예수님을 의식하고, 예수님을 생각하며 살아갈 수 있게 되었다는 것입니다. 우리가 24시간 하루 동안, 매 순간 예수님을 의식하고, 예수님을 바라볼 때 바로 그것은 우리의 구원의 목적을 이루어내는 것입니다.

5. 밝고 행복한 종말론과 예수동행일기

오늘날 그리스도인들은 크게 세 가지 종류로 나눌 수 있습니다. 첫 번째는 예수님이 자기들 안에 계심에 대하여 전혀 모르는 사람들입니다. 그냥 형식적인 종교생활에 빠져 있는 사람들입니다. 두 번째는 예수님이 자기들 안에 계심을 알지만, 그 예수님을 바라보거나 인식하지 않음으로써 예수님과 함께 살지 않는 그리스도인들입니다. 특별한 예배 시간이나 혹은 말씀을 듣는 시간 혹은 기도의 시간에는 예수님과 동행하는 것 같지만, 평소의 삶 속에서는 예수님과 동행하지 않는 그리스도인들입니다. 세 번째 그리스도인은 예수님이 우리 안에 있음을 알고 매 순간마다 그 예수님을 바라보고 예수님을 인식하는 그리스도인입니다. 그렇다면 어떤 종류의 사람들이 진정한 의미의 그리스도의 신부일까요?

　신랑과 신부가 함께 살 때 참된 신부는 신랑을 늘 바라보고 의식하며 살아갑니다. 참된 신부라면 신랑을 잊지 않게 되고, 늘 기억하며, 가까이 거하며, 그 신랑을 늘 바라보며 살아갑니다. 본인이 참된 신부가 아닐 경우에는, 신랑을 무시하거나 신랑과 무관하게 자기의 생각을 따라 살아갈 것입니다. 그러므로 예수동행일기를 매일 쓴다는 것은 무엇을 의미할까요? 그것은 예수님의 신부로서 자신을 인식함을 의미합니다. 내가 예수님의 신부이기 때문에 신랑이신 예수님을 매 순간 바라보겠다는 결단을 뜻합니다. 내가 예수님의 신부이기 때문에 나의 신랑이신 예수님을 날마다 바라보고, 그분과 동행하기를 결단하는 것입니다.

　그러므로 예수동행일기를 쓴다는 것은 매일 하루의 삶을 돌아보고, 그 하루 동안 내가 얼마나 나의 신랑이신 예수님을 바라보고 그분과 동행했는지를 살펴보는 것입니다. 그래서 예수님과 동행하는, 그 동행했던 내용들을 기록해 보면서 우리는 어떤 부분에서 예수님과 동행하지 못했는지 또 어떤 부분에서 우리가 예수님을 잊어버리고 살았는지를 발견하게 되는 것입니다. 따라서 비유로 말하자면 예수동행일기는 신부의 일기입니다. 참 신랑을 만난 신부가 신랑과의 동행, 신랑과의 동거, 신랑과 함께 사는 삶을 돌아보면서 적는 일기가 바로 예수동행일기입니다. 물론 예수동행일기를 쓰는 것 자체가 목적은 아닙니다. 예수동행일기를 쓰는 것은 목적을 위한 방법입니다. 목적은 예수님과 동행하는 것입니다. 예수님과 함께 실제로 동행하기 위해서 우리는 예수동행일기를 씁니다. 예수동행일기를 쓰면서 우리의 삶을 되돌아봅니다. 우리의 삶 속에서 주님께서 우리와 함께하심에 대해서 감사합니다. 또 우리의 죄악에 대해서 회개합니다. 또 주님께서 우리에게 주셨던 은혜들을 기억하고 감사하는 복된 시간을 갖게 됩니다.

　필자는 개인적으로 예수동행일기를 쓰면서 예수님과 동행했던 부분들을 점검합니다. 그리고 때로는 예수님을 잊어버렸던 시간들도 점검합니다. 예수님 안에서 누렸던 은혜에 대해서 감사하는 기록을 남깁니다. 또한 주님 앞에 잘못된 삶을 살았던 죄악들에 대해서 회개의 기록을 남깁니다. 더 나아가서 주님 앞에 올려 드리는 간절한 기도의 제목들을 기록합니다. 그렇게 계속해서 예수동행일기를 쓰다 보면 정말 나 자신이 주님을 매일매일 바라봄에 있어서 점진적인 성장을 경험하게 됩니다. 바로 주님께서 나를 구원하신 목적을 이루어가는 것입니다. 그것은 깨어 있든지 자든지 주님과 함께 사는 것입니다.

그렇게 주님과 동행하다 보면 우리의 삶 속에서 많은 열매들이 열리게 되어 있습니다. 무엇보다 성령의 열매가 맺어집니다. 갈라디아서 5:23에 나오는 '사랑으로부터 절제에 이르는 아름다운 열매'들이 우리의 인격 속에 열리게 됩니다. 그리고 우리는 예수님의 신부다운 신부가 되어서 예수님을 우리의 삶을 통해 드러내게 됩니다. 또한 우리는 더욱더 우리가 만나는 사람들에게 예수님을 증거하는 증언자의 삶을 살아갈 수 있게 됩니다. 그리고 예수님과 깊이 동행함으로 우리는 우리의 문화와 사회 영역에까지 선한 영향력을 미칠 수가 있게 됩니다. 그런 의미에서 예수동행일기의 유익은 엄청나게 큽니다. 필자는 독자들이 예수동행일기가 신부의 일기라는 것을 꼭 기억하기 바랍니다.

그다음에 이어지는 11절이 또 중요합니다. "그러므로 피차 권면하고 서로 덕을 세우기를 너희가 하는 것 같이 하라"라고 말씀하고 있습니다. 예수동행일기를 통해서 우리는 예수님과의 수직적인 관계를 강화하게 됩니다. 더 나아가서 예수동행일기 나눔방을 통해서 우리는 형제와 자매들과의 수평적 관계를 강화하게 됩니다. 11절을 보면, "피차 권면하라"라고 말씀 하십니다. 어떤 점에서 피차 권면하라는 것일까요? 그것은 오직 깨어 정신을 차리도록 권면하라는 것입니다. 그것은 하나님의 전신 갑주를 입는 일을 위해 피차 권면하라는 것입니다. 그것은 24시간 매 순간마다 주님과 동행하는 것을 권면하라는 것입니다. 이렇게 피차 권면하는 일을 예수동행일기 나눔방을 통해서 우리는 실천할 수 있습니다.

피차 권면할 뿐 아니라 서로 덕을 세우라고 말씀합니다. 여기서 서로 덕을 세운다는 말은 서로를 세워준다는 말입니다. 서로에게 영적 유익을 나누어 주라는 것입니다. 우리는 예수동행일기 나눔방을 통해서 서로 서로에게 영적인 유익을 나누어 줄 수가 있습니다. 너무나 놀랍게도 이 데살로니가전서 5:10, 11은 우리로 하여금 예수님과 동행하는 삶을 살기 위해서 예수동행일기를 쓰는 것의 유익을 적확하게 알려주고 있습니다. 그리고 그 일기를 나눔방에서 서로 나누는 것이 얼마나 서로에게 유익하고 또 서로를 세울 수 있는지를 보여주고 있습니다.

사실 데살로니가전서 5:6-11은 바로 우리 그리스도인들의 종말론적인 삶을 교훈하는 구절입니다. 그래서 예수님의 재림을 기다리는 신부들이 어떻게 살아가야 하는지를 보여주고 있습니다. 필자가 계속해서 강조했던 것처럼 예수님의 신부들은 결코 어두운 종말론이나 두려운 종말론에 빠져서는 안 됩니다. 예수님의 참된 신부들은 예수님의 재림의 날을 기쁨으로 기다려야 합니다. 예수님이 재림하시는 그날이 우리에게 밝고 행복한 날, 영광스러운 날이 되기 때문입니다.

참된 신부에게 있어서 신랑이 오시는 날, 바로 그날이 최고로 행복한 날입니다. 참된 신부에게 있어서 신랑이 오셔서 신부와 함께 혼인잔치를 벌이는 그날이 그 신부에게는 최고로 행복한 날이 되는 것입니다. 그러므로 우리 각자는 스스로에게 물어보아야 합니다. "나는 그리스도의 참된 신부인가?" 지난 몇 십 년 동안 한국교회나 미국교회 또 세계교회도 아마 제자도에 대해서 많은 연구와 훈련이 있었을 것입니다. 제자훈련과 제자도, 너무나 중요합니다. 아무리 강조해도 지나치지 않습니다. 그러나 필자가 볼 때 그동안 제자도나 제자훈련은 종말론적인 의미가 약화되었습니다. 예수님을 스승으로 모시고, 예수님을 배우고, 예수님을 따라가겠다는 것은 좋은 정신입니다. 그러나 우리는 예수님을 단순히 우리의 스승으로만 보아서는 안 됩니다. 예수님은 우리의 영적인 신랑이십니다.

우리 한국에서 촌수라는 게 있습니다. 촌수를 따집니다. 부모와 자식 간의 관계는 1촌이라고 합니다. 형제와 자매 관계를 2촌이라고 합니다. 그러나 신랑과 신부의 관계는 촌수가 없습니다. 무촌입니다. 이것은 무슨 말인가요? 그것은 신랑과 신부 사이에는 어떠한 거리감도 없으며 없어야 한다는 것입니다. 신랑과 신부 사이에는 절대적 친밀감이 있어야 한다는 뜻입니다. 필자는 제자도와 제자훈련이 여전히 중요하다고 믿습니다. 그러나 앞으로 우리가 종말론적으로 주님을 기다리기 위해서는 신부의 도가 회복되어야 합니다. 우리가 제자도를 'discipleship' 이라고 영어로 표현한다면, 신부의 도는 'brideship'입니다. 그래서 이제 정말 예수님의 재림을 기다리는 교회는 단순히 제자로서의 교회가 아니라, 신부로서의 교회가 되어야 한다는 것입니다. 왜냐하면 예수님의 재림의 날은 스승과 제자가 만나는 날이라기보다는, 신랑과 신부가 만나서 혼인잔치를 벌이는 날이기 때문입니다.

나가는 말

우리는 개인적으로 모두 예수님의 거룩한 영적인 신부입니다. 또한 우리 믿음의 공동체인 교회는 거룩한 예수님의 단체적인 신부입니다. 신부에게 남겨져 있는 가장 중요한 일은 무엇일까요? 그것은 신랑을 간절히 기다리는 것입니다. 신랑을 기다리면서 거룩한 신부로, 정결한 신부로 자신을 단장하고, 준비하는 것입니다. 놀라운 것은 장차 다시 오실 그 신랑이 이미 영적으로 우리 안에 와 계시다는 것입니다. 육신적으로 우리는 예수님의 다시 오심을 기다려야 합니다. 그러나 영적으로는 이미 예수님은 우리 마음에, 우리 심령에 와 계십니다. 그러므로 그리스도의 신부로서의 우리는 깨어 있든지 자든지 날마다 주님과 함께 살아가야 합니다. 우리 안에 계신 주님과 동행하면서, 다시 오실 주님을 기다리는 삶, 그것이 우리 신부들의 삶입니다. 그리스도의 영적인 신부인 교회로서의 정체성을 다시 한번 회복하는 우리 한국 교회, 미국 교회, 세계 교회가 되기를 간절히 바랍니다.

영적인 신부인 교회가 신랑이신 주님과 친밀하게 동행하도록 돕는 최고의 방법이 바로 예수동행일기를 쓰는 것입니다. 일기를 위한 일기가 아니라, 동행을 위한 일기입니다. 여전히 일기는 방법론이자, 도구입니다. 동행이 목적입니다. 신랑이신 주님과의 친밀한, 행복한 동행을 목적으로 예수동행일기 쓰기에 헌신하는 개인과 교회가 계속하여 많이 나오게 되기를 간절히 기도합니다.

2부

예수동행일기를 통한 영성 형성의 신학적 근거

유기성·유재경·이강학·이은재

Ⅰ. 예수님과 친밀한 동행과 예수동행일기

유기성 목사

1. 예수님과의 24시간 친밀한 동행

예수님을 영접한 사람은 누구나 예수님과 동행한다고 해야 옳을 것입니다. 그렇지만 예수님이 우리를 따라다녀야 하는 동행은 동행이 아닙니다. 지난 한 주간, 어제 하루, 주님이 앞장섰습니까, 아니면 내가 앞장섰습니까? 우리를 따라오셔야 하는 주님의 심정을 생각해 보셨습니까? 너무나 불행하고 안타깝고 두려운 일입니다. 성령의 근심입니다.

우리가 예수님을 따라가야 진정한 동행입니다. 에녹이 하나님과 동행했습니다(창 5:24). 이 말은 하나님이 에녹을 따라다녔다는 것이 아닙니다. 에녹이 철저히 하나님의 뜻에 맞추어 살았다는 것입니다.

암 3:3 두 사람이 뜻이 같지 않은데 어찌 동행하겠으며

그래서 주님의 뜻에 내 뜻을 맞추는 훈련이 필요한 것입니다. 예수

님과 동행하는 삶이란 내 뜻을 버리고 주님의 뜻을 따라 사는 것입니다.

고후 5:15 그가 모든 사람을 대신하여 죽으심은 살아 있는 자들로 하여금 다시는 그들 자신을 위하여 살지 않고 오직 그들을 대신하여 죽었다가 다시 살아나신 이를 위하여 살게 하려 함이라

많은 목회자들이 '어떻게 하면 목회를 잘할 수 있을까?', '교회를 부흥시킬 수 있을까?' 고민합니다.

「교회 개척한 지 23년 차인데, 지금 교회 월세와 아이들 학비 등을 벌기 위해 오십 대 후반의 나이임에도 하루 10시간 이상 육체적인 일을 한다. 교회 부흥을 위해 신유의 은사를 달라고 하나님께 기도하고, 여럿 목사님들과 성경공부도 하면서 어떻게 하면 한 영혼을 전도할까 안 해본 게 없다. 같이 공부하며 집회와 세미나를 다녔던 목사님들도 본인이 보기에는 정말 열심히 전도하였는데, 교회가 성장이 안 된다. 교회가 성장하는 것은 하나님의 은혜이지 노력한다고 해서 되는 거 아닌 것 같다. 지금 이 시대는 목사가 무슨 일이든 돈 벌어가면서 복음을 전하는 게 맞다.」

그런데 사실 이런 고민 자체가 문제의 원인입니다. 목표가 잘못된 것입니다. 목사의 목표는 목회나 교회 성장이 아니라 예수님이어야 합니다. 그렇지 않으면 큰일이 생깁니다. 교회가 성장하든 교회가 성장하지 못하든 다 고민에 빠져 있습니다. 너무나 힘들어합니다. 목회나 교회 성장이 목표가 되면 목사는 항상 더 좋은 환경의 목회를 갈망하게 됩니

다. 이것은 종의 마음과 태도가 아닌 것입니다.

　뉴질랜드의 한 목사님이 교민 목회자 모임 설교에서 왜 우리 교민 교회가 부흥이 안 되는지를 깨달았답니다. 교인들이 다 행복한 곳을 찾아 이곳으로 왔기 때문이라는 것입니다. 목사도 다 행복한 교회, 목회를 꿈꾸며 이곳에 왔다는 것입니다. 그러니 자기가 좋아서 온 곳에 와서 주님께서 역사해 달라고 하니 응답하실 리가 있느냐는 것입니다.

　목사에게 있어서 행복과 성공을 꿈꾸는 것은 우상 숭배입니다. 그러면 목회가 어려우면 실족하고, 목회가 잘 되어도 무너집니다. 그것은 더 큰 기쁨에 눈이 뜨이지 않았기 때문입니다. 예수님입니다. 사도 바울은 자기에게 유익하던 것을 배설물처럼 버렸다고 했습니다.

　빌 3:7 그러나 무엇이든지 내게 유익하던 것을 내가 그리스도를 위하여 다 해로 여길뿐더러 8 … 내가 그를 위하여 모든 것을 잃어버리고 배설물로 여김은 그리스도를 얻고

　아니 사도 바울도 사람일 텐데 어떻게 자기에게 유익하던 것을 다 배설물처럼 버릴 수 있었을까요? 더 좋은 것을 찾았기 때문입니다. 주 예수님입니다. 목사는 이제부터 삶의 목표를 목회에서 예수님으로 바꾸어야 합니다.

　○○ 목사님께서 젊었을 때, 10년 동안 폐결핵으로 고생하셨었는데, 한참 교회가 부흥되던 어느 날 재발이 되어 1년 동안 요양을 하셔야 했었습니다. 폐병이니 아무도 곁에 오게 하지 않게 했습니다. 교인도 장로님도 아내조차, 그러나 정말 아무도 오지 않으니 버림받은 것 같고,

아무 소용없는 사람이 된 것 같아 너무나 두렵더랍니다, 하루는 밤 2시에 깨어났는데 아무리 둘러봐도 아내도 없고 아무도 없는데, 순간 깨달아지더랍니다, '내가 버티고 일어설 수 있는 분은 하나님 한 분이구나!' 아내도 아니고 장로님도 아니고 교회도 아니고 마지막 순간에 버티고 일어설 수 있는 버팀목은 하나님 한 분밖에 없다는 것이 너무나 분명히 깨달아지더랍니다,

그래서 병원 침상에서 무릎을 꿇었답니다, "하나님, 저는 주의 일 못하고 이렇게 누워있으니 어떻게 합니까?" 그랬더니 마음에 주님의 음성이 들려오더랍니다, "너는 나의 일하지 마라. 내 일은 내가 한다. 아버지께서 일하시니 나도 일한다. 내 일은 내가 하니 너는 자신은 나로만 가득 채워라." 그날 주님의 말씀을 듣고 마음 정리를 했답니다, 두렵고 걱정되고 섭섭한 마음, 예수님께 다 맡기고, 1년 동안 성경 읽고 말씀묵상하고 신앙서적을 읽으며 주님만 바라보며 지냈답니다, 설교도 안 했습니다. 오직 주님의 말씀으로만 마음을 가득 채웠다고 했습니다. 그 후부터 그것이 목회의 좌우명이 되었답니다.

"너는 일하지 말고 일은 내가 한다. 너는 예수로 가득 채워라."

성령께서 지금 우리에게 물으십니다. "네 안에 사는 이가 누구냐?"

요15:4 내 안에 거하라 나도 너희 안에 거하리라 가지가 포도나무에 붙어 있지 아니하면 스스로 열매를 맺을 수 없음 같이 너희도 내 안에 있지 아니하면 그러하리라 6 ... 사람이 내 안에 거하지 아니하면 가지처럼 밖에

버려져 마르나니 사람들이 그것을 모아다가 불에 던져 사르느니라

우리는 예수 그리스도가 우리 안에 거하신다고 말하지만, 예수님을 생각하지도 않고 삽니다. 주의 종인 목사들이 모였을 때, 예수님이 대하여 말하는 것이 매우 드문 일입니다. 우리의 문제는 "예수 그리스도께서 우리 안에 계시다"라는 복음을 알고만 있지 임마누엘이신 예수님을 인격적으로 알지 못하는 것입니다.

「대만 신학생들의 마음에는 온통 수업과 과제물, 그리고 실습하는 교회 적응에 대한 생각들이다. 모든 것을 잘 해내고 싶은 마음이 너무 앞서서 일 것이다. 그런데 이러한 것들에 강박관념을 가지다 보면 오히려 주님을 바라보는 일에는 더욱 소홀할 수밖에 없음을 생각한다. 성경은 우리가 주님의 얼굴을 구하라고 하는데... 주님! 우리는 어느 순간 주님의 손만 동원하는 사역자들이 되어버렸습니다. 너무나도 많은 일들을 머리로 생각하고, 성급한 교회 성장과 효과에만 골몰할 때 우리는 자연스럽게 주님의 손을 동원하는 삯꾼이 되어 버립니다. 주님! 우리는 사역을 늘 내가 한다고 생각합니다. 늘 더 잘해야겠다고 하다가 오히려 주님을 놓치는 경우가 많습니다. 그래서 큰 소리로 많이 기도합니다. 주의 손이 움직여지도록 말입니다. 그런데 주님은 말씀하십니다. 나는 참 포도나무요 너희는 가지이니 내 안에 거하는 이에게 나도 거하고 풍성한 열매도 맺게 되리라고. 사실 주님의 얼굴을 구하면 포도나무에 붙어 있으면 된다는 간단한 진리를 깨닫게 됩니다.」   − ○○○선교사

목회하면서 진정 두려운 것은 교회가 성장하지 못한 것도 아니고, 설교 못하는 것도 아닙니다. 기도 안 하고도 성결하지 않으면서도, 얼마든지 설교도, 심방도, 상담도 할 수 있다는 것이 두려운 일입니다. 죄짓고도 얼마든지 은혜롭게 보일 수 있는 기술만 늘어난 것이 두려운 일입니다. 목사 자신도 그렇지만 교인들에게도 예수님을 바라보고 주님과 동행하는 훈련을 해야 합니다. 그렇지 못하니 목사나 교회, 교인들을 바라보다가 방황하는 것입니다.

목사에게 관심해야 할 영역은 설교, 예배, 전도, 제자훈련, 선교, 다음 세대 교육, 신학적인 훈련, 상담, 교회 행정, 경건 서적 읽기 등, 수도 없이 많습니다. 모든 것이 다 귀합니다. 어떤 일이든 오래 하다 보면 실력이 늘어나 그 분야의 전문가가 됩니다. 그러나 그것이 목표가 되면 큰일입니다. 30대 젊은 목회자에게는 그 목표들이 하나같이 귀할 것입니다. 그러나 70세 은퇴할 때는 어떻게 합니까? 평생 목표로 삼았던 설교, 전도, 제자훈련 다 내려놓아야 할 때, 그 허탈감은 어떻게 할 것입니까? 그러므로 목표를 붙잡아도 진짜를 붙잡아야 합니다. 30대, 40대, 50대, 70대, 90대에도 변함없는 목표여야 진짜가 아니겠습니까?

로렌스 형제는 17세기 프랑스 사람으로 행복할 조건이 전혀 없는 사람이었습니다. 그런데 전쟁에서 당한 부상으로 장애를 얻어 38세에 수도원에 들어간 그는 남의 눈에 띄지 않는 주방에서 30년 동안 요리사로 봉사하며 냄비와 그릇을 닦는 것 말고는 사람들의 주목을 받는 일을 거의 하지 않았었습니다.

그러나 로렌스 형제는 항상 행복했습니다. 하나님의 임재 안에서 평생을 살았기 때문입니다. 그는 접시를 닦는 것이 수많은 군중 앞에서 설교하는 것과 마찬가지의 일이라 생각했습니다. 로렌스는 하나님의 사랑에 감격하여 종일 노래했고 기도하는 심정으로 살아갔습니다. 감사와 기쁨이 넘쳤습니다. 지금도 '주님의 임재' 안에 살 수 있다는 사실 하나가 우리에게 엄청난 희망이 됩니다.

　　로렌스 형제는 책 한 권 쓰지 않았지만, 많은 사람들이 찾아와서 '어떻게 하나님의 임재하심에 그렇게 민감할 수 있는지'를 물었습니다. 어느 날 국왕 루이 12세가 까르멜 수도원을 방문하여 그를 만나서 "당신의 행복의 비결이 무엇이냐?"라고 물었을 정도입니다. 로렌스 형제는 어떻게 이처럼 주님을 바라보며 행복할 수 있었을까요? 그 이유는 늘 주님을 생각하였기 때문이었습니다. 로렌스 수사는 [하나님의 임재 연습]에서 이렇게 고백합니다.

　　"어떤 사람과 친해진 뒤에야 그 사람을 사랑할 수 있습니다. 그리고 어떤 사람과 친해지려면 그 사람을 자주 생각해야 합니다. 마찬가지입니다. 하나님을 사랑하려면 먼저 하나님을 자주 생각해야 합니다. 그리고 그렇게 하나님을 사랑하게 되었을 때 우리는 하나님을 더욱 자주 생각하게 될 것입니다. 우리가 귀히 여기는 곳에 우리의 마음도 있는 법이기 때문입니다. 하나님을 계속 생각하십시오."

　　우리가 매일 일기를 쓰는 이유는 항상 주님을 생각하기 위해서입니다. 목회 현장에서 부딪히는 온갖 문제와 시험 거리를 감당하려면 그 모든 것을 능히 감당케 하는 기쁨과 은혜를 얻어야 합니다. 그러기 위해 목표는 오직 예수님이어야 합니다. 주 예수님과 친밀히 동행해야 합니다. 그러면 목회 현장이 어떠하든지 요동함 없는 내적인 기쁨과 평안을 얻을 수 있습니다.

○○○ 목사가 "여러분은 그리스도인입니까?"라고 질문한 뒤, "가정에서도 그리스도인입니까?"라고 질문하였습니다. 자신은 선한목자교회에 부임한 후 한 번도 누구와 다투거나 화를 낸 적이 없었답니다. 그런데 집에서 아내와는 여러 번 싸웠고 큰 소리를 낸 적이 있었다는 것입니다. 자신은 교회에서, 교인들에게는 목사였지만 아내에게, 아이들에게 목사는 아니었다고 했습니다. 그런데 목사가 더 큰가, 그리스도인이 된 것이 더 큰가? 생각해 보았답니다. 교인들 중에는 '어떻게 집에 와서도 그리스도인이어야 하는가? 집에서는 좀 편해야 하지 않겠는가?' 할 사람이 있을 것입니다. 자신도 어떻게 집에 와서도 목사여야 하는가 하는 생각을 했다고 합니다. 그러나 이 말은 예수님을 믿는 것이 힘든 일이라고 고백하는 것과 같다는 것을 깨달았다는 것입니다.

예수님은 생명이 되시고 기쁨과 평안의 이유요, 진정 구원자이신데, 주님과 동행하는 삶이 가장 복된 일인데, 왜 집에서 그리스도인이 되는 것이 부담이 되고 힘든 일이고 집에서 목사가 되는 것은 끔찍하다고 하는 것일까요? 예수님을 믿지만 예수님을 실제로 알지는 못하기 때문입니다. 여러분은 가정에서 그리스도인이고 가정에서 목사입니까?

예수 동행 일기의 실제적인 초점은 일기가 아니라 예수님과의 친밀한 동행에 있습니다.

히12:2 믿음의 주요 또 온전하게 하시는 이인 예수를 바라보자

NIV 성경에서는 예수를 바라보자를 "Let us fix our eyes on Jesus"라고 번역하였습니다. 그래서 24시간 예수님을 바라보자고 한 것입니다.

저는 때때로 '너무 지나치다'라는 평가를 받기도 합니다. 어느 목사님이 제게 말씀하셨습니다. "목사님, 사람들 부담스럽게 하지 마세요! 유기성 목사님이니까 매일 일기도 쓰며 주님과 친밀하려는 거지 누구나 그럴 수는 없어요" 참 안타까운 마음으로 그 목사님께 물었습니다. "목사님과 저와 다른 것이 무엇인가요? 저는 주님께서 십자가에서 피 흘려 주셔서 영생을 주셨고 주님이 제 안에 거하시는 은혜를 받았습니다. 주님께서 제 안에 거하시니 저도 항상 주님을 바라보며 살려는 것입니다. 저만 그런 은혜받았고 목사님은 아닙니까? 그런데 왜 저만 주님과 친밀할 수 있다고 하시는 것입니까?"

2. 예수동행일기

하나님께서는 제게 구체적인 믿음의 목표를 주셨습니다. 보이지 않는 예수님을 보이는 분처럼 바라보며 사는 것입니다

> 히11:27 믿음으로 애굽을 떠나 왕의 노함을 무서워하지 아니하고 곧 보이지 아니하는 자를 보는 것 같이 하여 참았으며

예수동행일기란 잠자리에서 일어날 때부터 잠잘 때까지 예수님을 생각했는지 기록하는 것입니다. 예수님을 잊고 있는 시간이 언제인지, 예수님을 생각했던 시간은 언제인지를 기록하는 것입니다. 예수님께서 말씀을 주시고 역사하신 것이 있으면 기록하는 것입니다. 그리고 그것

을 5-7명의 소그룹을 만들어 나누고 격려하는 것입니다.

예수동행일기는 교인들이 예수님과 동행하는 살게 하는 목회적 방법입니다. 우리 안에 거하시는 주님을 '지속적으로 의식하게' 해주기 때문입니다. 매일 주님과 동행하였는지 점검하면서 24시간 주님을 바라보는 것입니다.

코로나 팬데믹으로 예수동행일기가 너무나 효과적인 영성훈련인 것이 드러났습니다. 저는 오랫동안 제자훈련 목회를 했습니다. 그러나 진리를 아는 것이 곧 믿음과 삶으로 연결되는 것이 아니었습니다. 제자훈련을 하면서 경험하는 좌절감은, 그만큼 배웠으면 전도자, 화해자, 사명자가 되어야 할 텐데 계속하여 다음 과정만 기다리는 것이었습니다. 오히려 변화가 없을 뿐 아니라 영적 교만이 가득한 사람이 되는 것을 보는 것이 괴로웠습니다. 성령운동도 했습니다. 그러나 점점 성령의 능력과 은사와 부흥만 바라보지, 주님을 바라보지 못하였습니다. 은사 운동은 강력했지만 후유증이 많았습니다.

그리스도인의 삶은 구원의 확신이나, 성령 체험이나, 주일 설교로 바뀌지 않습니다. 매일 무엇을 보고 듣느냐에 결정적인 영향을 받습니다. 성경은 롯이 날마다 보고 듣는 것으로 인하여 심령이 상했다고 했습니다.

벧후 2:8 이는 이 의인이 그들 중에 거하여 날마다 저 불법한 행실을 보고 들음으로 그 의로운 심령이 상함이라

TV와 휴대폰, 인터넷이 우리 안에 육신의 정욕과 안목의 정욕과

이생의 자랑을 끊임없이 부추김으로 성령께서 부어주시는 기쁨과 평강의 은혜를 빼앗아갑니다. 태초부터 오늘날까지 이런 시대는 없었습니다. 아무 생각 없이 눈을 즐겁게 하는 영상을 10분 정도만 바라보면 우리 안에서 육신의 생각과 감정이 성령의 역사를 잠잠하게 만듭니다. 다시 성령의 역사를 경험하려면 몇 배로 주님을 바라보고 말씀을 묵상하고 기도하는 시간을 가져야 겨우 회복됩니다. 이런 식으로 매일 살면 결국 두 마음을 품은 자가 되고 위선자로 살게 되고 성령의 역사는 소멸하게 되고 영혼은 죽음의 잠을 자게 됩니다. 그래서 히브리서의 기자가 "예수를 바라보자"라고 말한 것입니다. "Let us fix our eyes on Jesus."(히 12:2, NIV) 삶의 모든 순간에 주님을 바라보라는 것입니다.

'십자가 복음', '성경 지식'은 앎과 모름이 분명하지만, 주님과 동행하는 삶은 설교로 외칠 뿐, 실천하도록 도와주고 검증하고 훈련시킬 방법이 없었습니다. 그런데 예수동행일기를 통하여 예수님과 친밀히 동행하는 삶을 실천할 수 있도록 도울 수 있게 되었습니다. 함께 살지 않아도 점검과 훈련을 할 수 있게 되었고, 설교자 자신이 모범이 될 수 있었습니다. 예수동행일기를 쓰면서 실제로 주님과의 친밀함에 놀라운 변화가 일어나는 것을 보게 되었습니다.

2009년 7월 안식월 동안 예수님만 묵상하고 지내는 정말 유익한 시간을 보냈습니다. 안식월이 끝났을 때 제게 일어난 변화는 주님께서 제 안에 계시다는 것이 믿어진 것입니다. 믿어야 한다는 것과 믿어지는 것은 완전히 다른 것이었습니다.

2010년, 남자 성도들 모임에서 24시간 예수님을 바라보는 일기를 쓰는 믿음의 실험을 시작하였습니다. 12주간 첫 모임이 끝나고 몇몇 남자 성도들의 놀라운 변화가 있었습니다. 예수님을 계속 생각만 했는데도 도무지 이길 수 없다고 여겼던 일들을 이기게 된다는 것입니다.

한 성도님은 비자금을 정리했답니다. 죄지을 일이 없어졌기에 비자금 가질 이유가 없더랍니다. 아내 속일 일도 없고 괜히 들키면 어떻게 하나 고민할 것도 없어 너무 편안하다고 했습니다. 은밀한 죄, 음란 동영상 보는 일이 그쳤다고 하는 분도 계셨습니다. 믿어지지 않는 일이라 했습니다. 짜증과 분노, 혈기가 사라지고 자신을 비판하는 사람이 품어진다는 분도 계셨습니다.

예수동행일기를 쓰면서 교회 안에도 뚜렷한 변화가 일어났습니다.

장로님들과 회의를 할 때, 조그만 나무 십자가와 종을 준비했습니다. 나무 십자가는 회의가 시작되면 장로님들이 돌아가면서 손에 쥐고 기도하게 하였고 그래도 서로 목소리가 커지고 다투면 누구나 종을 치게 하였습니다. 그러면 회의를 중단하고 1분 동안 기도하였습니다. 그리고 교회가 완전히 달라졌습니다.

담임목사와 부목사 사이가 전에는 서로 속마음이 어떤지 몰라서 답답했습니다. 그런데 예수님과 동행일기를 나누면서 마음으로 교제하게 되었습니다. 목사와 장로들의 관계도 마찬가지로 한 마음이 되었습니다.

교회 안의 소그룹 공동체의 교제에서도 패러다임 전환을 가져왔습니다. 매일 예수님과 동행일기를 통해 마음까지 서로 나누며 교제하다가 일주일에 한번 만나 교제하게 되면, 예전과는 비교할 수 없이 깊고 가까운 성도의 교제가 이루어지는 것을 봅니다. 성령의 교통함을 경험하게 됩니다.

선한목자교회가 여러분의 교회보다 나은 것이 무엇이 있겠습니까? 교회 안에 예수님과 동행하자는 말이 자연스러워졌다는 것입니다. 이런 공동체가 세워졌다는 것은 개인의 경건한 노력과 체험으로는 해결할 수 없는 엄청난 도움을 줍니다.

코로나 팬데믹으로 인해 찾아 온 비대면 시대, 온라인을 능숙하게 다룬다 해도 진짜 문제는 그 안에 접속해서 찾아 들어올 내용이 있느냐는 것입니다. 예수동행운동이 그 답이 되어 주었습니다. 초점이 예수님이 되니 공동체가 이루어졌습니다. 코로나 팬더믹 때 비대면 시대가 왔다고 호들갑이지만 성경에도 비대면 시대가 있었습니다. 이스라엘 민족의 바벨론 포로 시기가 그렇습니다. 성전 중심의 신앙이 회당 중심으로 전환되었습니다. 또, 초대 교회 때에도 비대면 시대를 겪었습니다. 신앙의 자유는 극히 제한된 지역에서만 누릴 수 있었습니다.그렇다면, 비대면 시대의 영성은 무엇입니까? 역사 속 비대면 상황에서 교회와 성도들은 어떻게 신앙을 지킬 수 있었는지를 살펴보면 됩니다. 그것은 바로 예수님과 연합한 사람이라는 확신을 가지는 것입니다.

요15:5 나는 포도나무요 너희는 가지라 그가 내 안에, 내가 그 안에 거하면 사람이 열매를 많이 맺나니 나를 떠나서는 너희가 아무 것도 할 수 없음이라

비대면 상황에서 사람들과의 교제는 어려워졌지만 오히려 주님과의 관계는 더 깊어졌습니다. 그래서 자유로웠던 시대에도 영적으로 침체되거나 영적 갈급함이 생기면 수도원에 들어가 비대면 상황을 일부러 만들지 않았습니까? 바로 사막의 수도자들이 그러했습니다. 비대면 시대는 주님과의 관계를 더 깊이 할 수 있는 기회인 것입니다.

지금 우리에게 필요한 것은 온라인 기술만이 아닙니다.
보이지 않는 주님을 보이는 분처럼 바라보는 것입니다.
이제라도 주님과의 친밀한 동행의 삶을 시작해야 합니다.
자기 안에 거하여 계시는 주님을 바라보는 눈이 열려야 합니다.

"24 시간 예수님을 바라보라! Walking with JESUS!
마음에 예수님을 왕으로 모시라! Keeping JESUS in mind!"

Ⅱ. 기독교 영성형성의 관점에서 본 예수동행일기(영성신학)

유재경 교수

들어가는 말

한국교회가 위기에 처해 있다는 진단은 반세기 전의 일이다. 하지만 아직도 한국교회는 여전히 위기를 이야기하고 있다. 한국교회 위기의 원인을 백가쟁명으로 나열하지만 뚜렷한 처방책은 나오지 않고 있다. 오래전부터 많은 사람들은 한국교회의 위기를 '경건의 위기' 즉 '영성'의 위기라고 외쳤다. 그러나 지금까지 기독교 영성에 대한 탐구와 훈련은 신학대학에 머물고 있다. 교회는 아직도 영성에 대한 진지한 학습은커녕 제대로 된 영성훈련을 실시하지 못하고 있다. 단지 기존의 신앙훈련을 답습하고 있을 뿐이다.

영성훈련에 대한 척박한 환경에도 불구하고 유기성 목사는 '예수동행일기'를 통해 한국교회의 위기를 극복하고 있다. 그런데 '예수동행일기'가 영성훈련의 한 방법임에도 불구하고 많은 사람들에게 생소하다. 기독교 영성훈련에 대한 필요성이 대두되고 있음에도 한국교회는 영성훈련에 대한 효과적인 대안을 제시하고 못하고 있다. 유기성 목사가 인도하는 예수동행일기 쓰기 운동이 한국교회에 새로운 물결이 되고 있음에도, 예수동행일기에 대한 학문적 연구는 일천하다. 국내외에 치료적 글쓰기에 대한 연구는 활발하게 진행되고 있지만 예수동행일기 쓰기에 대한 신학적 연구는 몇 편의 논문과 몇 권의 번역본 밖에 없다. 예수동행일기에 대한 신학적 작업은 이루어지지 않고 있다.

이러한 상황 속에서 필자는 기독교 영성형성의 관점에서 예수동행일기를 탐구하고자 한다. 예수동행일기는 기독교 영성훈련의 한 방법이다. 본 연구는 영성훈련의 한 방법으로 예수동행일기가 기독교인의 영적 성장에 어떤 역할을 하는지를 논구할 것이다. 그리스도의 형상을 본받는 과정이 기독교 영성형성이다. 이와 같은 기독교 영성이 형성되는 과정에서 예수동행일기가 어떤 역할을 하는지 그 관계를 밝히는 것이다. 본 연구에서 필자는 예수동행일기의 기능과 효과의 분석을 통해 한국교회에서 수행되고 있는 예수동행일기 쓰기의 의미를 진단하고, 한국교회 영성훈련의 방향을 찾고자 한다.

1. 기독교 영성형성이란 무엇인가

1) 영성형성과 담론 형성 과정

영성형성은 프로테스탄트 교회들에게 중요한 용어로 자리 잡았다. 영성형성은 영적 존재인 인간이 선하게 또는 다른 모습으로 되어가는 모든 과정에 대한 이야기다. 사람이 교육을 통하여 교양인이 되고, 사회적 존재가 되는 것처럼 영성형성을 통해 사람은 자신의 본래적 존재가 되어간다. 그래서 영성형성은 더 나은 삶, 깊은 신앙 그리고 영적 성장을 추구하는 사람들이 사용하는 '기획', '수단', '교육', '훈련'을 언급하는 일반적인 용어로 이해되기도 한다. 하지만 영성형성은 하나님과 친밀함, 영성지도, 그리고 교육적 노력까지 포함하는 광의의 개념이다.[68]

이러한 영성형성에 대한 논의는 '교육', '훈련', '제자도'란 용어와 유사한 의미로 20세기 기독교 복음주의 운동과 함께 성장해 왔다. 초기 복음주의 운동은 영성형성이란 용어를 직접적으로 사용하지는 않았지만 영성형성의 의미를 내포한 내용들을 언급했고, 1977년에 나온 미국 성경학교 연합(American Association of Bible College) 자료집에는 기독교적 삶과 경험의 양육(to cultivate)란 말을 사용했다.[69] 학문적 분야에서는 팔레이(Farley)가 신학교육의 변화를 촉구하면서 영성을 강조했고, 무엇보다 '마음의 습관'(habits of the heart)이란 언어를 통해 인간의 내적 형성을 유추하게 했다.[70] 1970년 초 미국 신학대학 연합은 신학대학 교육의 핵심 요소로 '영성형성'을 다루어야 함을 언급했다.[71]

영성형성에 대한 학문적인 출발점과 다양한 방법론에 대한 논의는 포스터(Richard Foster)의 「영적훈련과 성장」(1978)과 나우웬(Henri Nouwen)의 「Reaching out」(1975)의 출판이 촉매가 되었다. 그리고 러블레이스(Richard Lovelace)의 「Dynamics of spiritual life」(1979), 팔머(Parker Palmer)의 「To know as we are known」(1983), 휴스턴(James Houston)의 「The love of God and spiritual friendship」(1983), 「The transforming friendship」(1989), 멀홀랜드(Robert Mulholland)의 「Shaped by the word」(1985), 「Invitation to a journey」(1993), 윌라드(Dallas Willard)의 「The spirit of the disciplines」(1988), 「The divine conspiracy」(1998)등이 20세기 후반의 영성형성 담론을 형성하는데 중요한 역할을 했다.

21세기의 영성형성에 대한 담론은 신학교와 학자들의 세계를 넘어 평신도들과 일반인들에게까지 확대되었다. 기독교 영성학의 전통적인 주제인 '영성지도' 또는 '영적 돌봄'의 내용이 더욱 확장되는 데로 발전했다. 또한 성경 읽기, 기도, 영성성장 등이 사회적 정의의 관점에서 더 깊어지고 넓어진 경향이 있다. 21세기 영성형성은 'Journal of Spiritual Formation and Soul Care' 같은 복음주의 저널들이 많은 기여를 했다. 뿐만 아니라 와이즈만(Kees Waaijman)의 「Spirituality」(2002), 하워드(Evan Howard)의 「The Brazos introduction to Christian spirituality」, 챈들러(Diane Chandler)의 「Christian Spiritual Formation」(2014)등의 작가와 저술들이 영성형성의 대중화에 많은 기여를 했다.

2) 기독교 영성형성의 정의

그러면 영성형성이란 무엇인가. 콘(Joann Wolski Conn)은 영성 형성을 탐구하면서 형성(formation)을 훈련(training)과 비교해서 설명했다. 훈련은 어떤 사람을 육상이나 테니스를 가르치기 위한 기본적인 방법을 수행하는 것이지만 형성은 영성지도를 통해 사람을 바꾸거나 만드는 일, 또는 인간의식의 변화를 추구하는 과정으로 설명하고 있다. 또한 이러한 영성형성의 과정에는 교회 공동체에 참여함으로 영적 성장, 기독교 제자로서 영적 도움을 얻고, 신앙의 삶을 토론함으로 영적 지혜를 얻는 것도 포함되어 있다고 했다.[72] 콘은 영성 형성을 단순한 훈련이 아니라 전통적인 기독교 영성지도 가운데 일어나는 영적인 변화로서의 형성으로 분석했다.

레아(Rob Rhea)는 넓은 의미로 영성형성을 영적 성장의 관점에서 설명하고 있다. 레아는 누가복음 9:23, '아무든지 나를 따라 오려거든 자기를 부인하고 날마다 제 십자가를 지고 나를 따를 것이니라'란 말씀에 기초하여 영성형성은 '제자도'와 '성화'의 동의어로 이해했다.[73] 그는 영성형성을 기독교인의 영적 성장의 관점에 따라 예수님을 따르는 제자의 삶에서 그 원형을 찾았다.

그리고 브레머(Paul Bramer)는 영성형성은 네 가지 다른 영역이 관련되어 있다고 했다. 첫째, 영성형성은 하나님의 은혜와 직접적인 하나님 경험을 창출하는 기회라는 것이다. 둘째, 영성형성은 배우고 맛보기 위해서 자기반성을 이행하는 훈련과 관련되어 있다. 셋째, 영성형성은 영성형성을 용이하게 수행하기를 바라는 사람들의 역량을 개발하는 것이다. 그리고 마지막으로 영성형성은 영성을 개발하는 것과 관련되어 있다는 것이다.[74] 그는 영성형성이 단지 성격의 형성에 국한된 것이 아니라 신앙인의 영적 전 여정과 관련된 것임을 보여주고 있다.

나아가 윌라드(Dallas Willard)는 영성형성을 세 가지 다른 의미에서 구분해서 설명했다. 첫째, 영성형성을 영적 사역 또는 경험으로서의 특정한 활동으로 구분했다. 이것은 특별한 영적인 활동 안에 있는 훈련으로 보는 견해다. 이와 같은 이해는 최근 복음주의 영성 이해의 한 단면이다. 둘째, 영성형성은 인간의 내적 삶, 영 또는 영적인 측면을 형성(shaping)하는 것이다. 이러한 영적 측면에는 지성과 감성이 포함될 뿐 아니라 마음 또는 의지의 형성도 중요한 요소이다. 여기서 우리는 영성형성이 인간의 인격의 형성과 관련되어 있음을 발견할 수 있다. 셋째,

영성형성은 특별히 하나님의 말씀, 하나님의 나라와 관련된 영적 영역에 의해 형성되는 것이다. 이것이 소위 영적으로 인성이 형성되는 것이다.[75]

이와 같은 영성형성에 대한 탐구는 기독교 신학교와 복음주의 신학자들에 의해 오랫동안 연구되어 온 주제다. 따라서 영성형성에 기독교란 말을 넣지 않아도 영성형성 곧 기독교 영성형성을 지칭하는 것으로 이해해 왔다. 이러한 견해는 멀홀랜드의 「Invitation To A Journey」에서 찾을 수 있다. 그는 영성형성을 '다른 사람을 위해 그리스도의 형상을 본받는 과정'으로 정의했다.[76] 멀홀랜드는 영성 형성은 곧 그리스도의 형상으로 자기 자신을 형성하는 것으로 이해했다. 페티(Paul Pettit) 역시 「Foundations of Spiritual Formation」에서 영성형성이 곧 기독교 영성형성임을 밝히고 있다.

그는 영성형성을 '성경적 공동체의 환경 안에서 성령의 사역을 통하여 예수 그리스도의 삶과 성품을 따라 형성되는 삼위일체 하나님의 지속적인 역사'로 정의했다.[77] 그린만(Jeffrey P. Greenman)도 영성형성을 신앙인의 영적 성장을 위해 지속적으로 진행되는 과정으로 이해했다. 그러면서 그는 영성형성을 '신앙의 공동체 안에서 성령의 사역을 통해 우리를 그리스도의 형상으로 만들어가는 하나님의 은혜의 실재에 대한 지속적인 반응'으로 정의했다.[78] 그러나 윌라드는 영성형성이 꼭 기독교 영성형성을 의미하는 것이 아니라고 했다.[79] 이런 의미에서 윌라드가 「Renovation of The Heart」에서 영성형성을 논하면서 '기독교 영성형성'이란 표현을 사용했다.[80] 또한 영성형성을 정의하면서 '기독교인을 위한 영성형성'이란 표현을 사용했다. 기독교인을 위한 영성형성을 '예수 그리스도의 내적 존재와 같이 되는 그런 방법에서 인간 자아의 내적 세계를 형성하기 위해서 성령의 인도하심을 따르는 과정'으로 정의 했다.[81] 나아가 그는 그리스도 안에 영성형성을 '이상적 목적을 이끄는 과정인데, 그 결과가 우리의 마음과 영혼과 정신과 온 힘을 다해 하나님을 사랑하고 이웃을 사랑하는 것'[82]이라고 했다.

챈들러는 최근 작품을 통해 '영성형성'이란 용어가 아니라 '기독교 영성형성'이란 표현을 썼다. 뿐만 아니라 기독교 형성(Christian Formation)이란 표현까지 사용했다.[83] 무엇보다 영성형성을 정의하면서 기독교인을 위한(for Christian)이나 기독교 안에서(in the Christian)란 표현이 아니라 명백하게 기독교 영성형성(Christian Spiritual Formation)이란 용어를 도입했다. 그가 영성형성을 분석하면서 기독교(Christian)란 표현을 사용한 것은 모든 개인의 인격 형성이 성령의 능력에 의한 그리스도 안에 있는 하나님의 인격에서 나온다는 것을 보여주기 위함이었다. 영성(spiritual)은 단지 하나님 안에서 살아가는 삶의 비물질적 신비적 요소가 아니라 성령의 역사 안에 있는 삶의 모든 차원과 관련되어 있다. 그리고 형성(form)은 무엇이 어떻게 형성되는지와 연관되어 있다. 이와 같은 기독교 영성형성의 기본적 이해를 바탕으로 그는 '성령의 사역의 다양한 측면 안에서 예수 그리스도를 통한 하나님의 형상 안에 회복되는 과정'으로 기독교 영성형성을 정의했다. 하지만 챈들러가 정의한 기독교 영성형성이 '영성형성'이란 용어를 사용하는 기존의 기독교 학자들의 정의와 구분되는 것은 아니다.

위에서 발견할 수 있듯이 학자에 따라 '영성형성' 또는 '기독교 영성형성'이라는 용어를 사용하고 있지만 그 용어는 서로 유사하게 정의

하고 있다.[84] 따라서 '영성형성은 성령의 역사를 경험하면서 예수 그리스도를 본 받아 하나님의 형상으로 인간 존재가 변화되어 가는 과정'으로 정의할 수 있다. 따라서 기독교 영성형성은 성령의 절대 은총 속에서 예수 그리스도를 통해 하나님의 형상으로 변화되는 과정인 것이다.

2. 기독교 영성형성의 본질과 역할

1) 기독교 영성형성의 본질

기독교 영성형성은 신앙인이 '예수 그리스도를 본받아 하나님의 형상으로 변화되는 과정'이고, 그 목적은 하나님의 영광을 위해서 예수 그리스도와 같이 되는 것이다. 그러면 이러한 기독교 영성형성의 본질은 무엇인가. 기독교 영성형성의 본질은 정의의 분석에서 실마리를 찾을 수 있을 것이다. 위의 정의를 통해 우리는 기독교 영성형성의 핵심 개념 또는 본질을 '계속적인 변화과정'과 '그리스도를 통한 하나님의 형상의 닮음'임을 발견할 수 있다. 챈들러 역시 기독교 영성형성을 분석하면서 기독교 영성형성의 본질은 끊임없는 변화의 과정(process)과 하나님의 형상(imago Dei)의 닮음에 있음을 보여주었다.[85] 멀홀랜드는 기독교 영성형성의 두 가지 핵심 본질을 확장하여 보다 구체적으로 네 차원을 제시하고 있다. 그는 과정(a process), 본받는 것(of being conformed), 그리스도의 형상(to the image of Christ), 그리고 다른 사람을 위해서(for the sake of others)라는 네 가지로 기독교 영성형성의 본질을 분석하고 있다.[86] 멀홀랜드에 따라 기독교 영성형성의 본질을 분석하면 다음과 같다.

첫째, 기독교 영성형성의 본질은 과정(the process)이다. 기독교 영성형성에서 과정은 기독교인의 삶의 전체 과정이다. 이것은 육체적 성장의 본성과 같이 영적 성장의 전 역사다. 즉 하나님과 함께 교제하는 가운데 일어나는 모든 경험이 포함되어 있다. 참된 영적 성장은 지속적인 과정이고 종종 어렵고 힘든 과정이다. 이 과정은 우리가 생각하고 느끼고 경험하는 모든 것을 통해 예수 그리스도의 형상을 닮아가고, 때론 어려운 삶의 경험을 통해 변화되는 것을 말한다.[87] 이 과정이 성령의 역사와 예수 그리스도를 통해 이루어지지만 무엇보다 중요한 것은 우리의 영(spirit)이 형성되는 과정이고 이 과정을 통해 우리의 인성이 만들어지는 것이다. 이 길이 바로 예수 그리스도를 따른 우리 영의 변화다. 물론 영성형성은 성령의 역사와 깊은 관련이 있지만, 그 핵심은 우리의 영의 변화 과정이다. 이 과정에서 개인의 내적 차원 즉 마음(heart), 의지(will) 또는 영(spirit)이 예수 그리스도의 성품을 지속적으로 닮아가는 것이다.[88]

둘째, 기독교 영성형성의 본질은 본받는 것(being conformed)이다. 기독교 영성형성에서 본받는다는 것은 하나님의 형상을 따르는 과정이다. 본받는다는 것의 의미가 무엇일까? 기독교 영성형성에서 본받는다는 것의 대상과 본받는 과정의 태도가 무엇보다 중요하다. 영성형성에서 본받는 대상은 예수 그리스도 안에 나타난 하나님의 형상이다. 그리고 본받는 과정의 주체는 우리 자신이 아니라 하나님이다. 우리 존재를 하나님의 형상 안에 전인격적으로 변화시키는 주체는 내가 아니라 하나님이다. 이 때 우리의 역할은 하나님이 우리를 변화시키는 은혜의 사역을 할 수 있도록 우리 자신을 하나님께 내어 드리는데 있다. 그리고 본받는 과정은 자신을 형성해온 내적 성향에 전적으로 저항하는 것이다. 본받는다는 것은 다른 모든 것에 의해 자신의 삶이 통제되었던 모든 것을 하나님의 현존, 목적, 그리고 능력에 온전히 내어주는 것이다. 따라서 기독교 영성형성에서 영적 여정의 과정으로 본받음의 의미는 우리 자신을 하나님께 내어 드리고 하나님이 우리 자신을 새롭게 만들어 가는 것이다.[89]

셋째, 기독교 영성형성의 본질은 그리스도의 형상(the image of Christ)에 있다. 기독교 영성형성에서 본받는다는 것은 그리스도의 형상을 본받는 것이다. 성경은 하나님의 형상에 따라 인간을 만들었다고 했다(창1:26-27). 베스트만(Claus Westermann)은 인간 창조는 우연이나 무계획적으로 된 것이 아니라 하나님의 인간 창조는 하나님의 엄중한 결정의 산물이라고 했다.[90] 하나님의 인간 창조는 그 속에 영적인 능력, 감정의 능력, 관계의 능력, 그리고 생각하고 결정할 수 있는 능력을 부여한 창조였다. 그래서 인간은 생각할 수 있고, 인간 상호간에 관계할 수 있고, 그리고 하나님의 신성한 목적을 성취할 수 있게 만드셨다.[91] 그런데 이러한 모든 능력은 아담과 하와의 타락으로 상실되고 말았다. 이렇게 타락한 인간이 회복되는 길은 예수 그리스도를 본받는데 있다. 그리스도의 형상을 본받음으로 우리의 이성이 제자리를 찾고, 감성이 원래의 모습을 회복하고, 관계의 정상화와 올바른 판단의 길이 열리는 것이다. 그리스도의 형상을 따를 때 불완전한 삶과 상처받은 영혼이 회복되고 치유되는 것이다.[92]

넷째, 기독교 영성형성의 본질은 다른 사람들을 위하는(for the sake of others) 것에 있다. 하나님은 인간에게 관계의 능력을 주셨다. 이것은 하나님이 인간을 창조할 때 하나님과 다른 이웃 사람들과 관계하도록 창조했다.[93] 바울은 로마서에서 "네 이웃을 네 몸과 같이 사랑하라"는 이 말씀 가운데 모든 율법이 다 들어있다고 했다(롬13:9). 영성형성에서 이웃은 단지 사람에게만 제한되지 않는다. 창세기는 "하늘의 새와 땅에 움직이는 모든 생물을 다스리라"(창 1:28)라고 했다. 그러므로 기독교 영성형성은 우주와 생태계의 모든 것과 관련되어 있다. 기독교 영성에서 영성형성은 인간의 회복은 물론이고 생태계의 회복까지 포함하고 있다.

2) 기독교 영성형성의 핵심 요소와 역할

기독교 영성형성의 본질은 기독교인이 어떤 과정을 거쳐 예수 그리스도에게 구체화된 하나님의 형상을 본받는 전 과정이라 할 수 있다. 이것은 기독교 영성학에서 영적 성장의 과정을 논하는 것과 유사하다. 초기교회부터 현대 교회에 이르기까지 기독교 영성 성장의 단계는 다양하게 이해되어 왔지만 5세기 말 위-디오니시우스가 「Mystical Theology」에서 언급한 정화(purification)·조명(illumination)·일치(union)의 3단계[94]를 전통적인 영성 성장 이론으로 받아들이고 있다. 멀홀랜드는 영성훈련을 분석하면서 이와 같은 전통적인 기독교 영적 여정을 깨달음(awakening), 정화(purgation), 조명(illumination), 일치(union)로 설명했다.[95] 그런데 문제는 이러한 영적 성장을 이루어 내는 데 필요한 요소들이 있는가 하는 것이다. 이것은 영적 성장을 이루는데 핵심 요소인 동시에 성장을 추동하는 기능이다. 이러한 영적 성장을 위한 훈련의 요소를 포스터(Richard Foster)는 내적, 외적 그리고 단체 훈련의 요소 및 기능으로 분류하고 있다. 내적 훈련은 묵상, 기도, 금식, 학습이고, 외적 훈련은 단순성, 독거, 복종, 섬김의 훈련이고, 단체 훈련은 고백, 예배, 인도받기,

기뻐하기 훈련이다.[96]

기독교 영적 성장의 이론에서처럼 기독교 영성형성에도 영성형성의 본질을 구현하는 요소와 기능을 찾을 수 있을 것이다. 그것은 성령의 역사 안에서 예수 그리스도를 통해 하나님의 형상을 완전히 회복하게 하는 요소와 기능을 발견하는 것이다. 영적 성장의 경우에는 묵상과 금식, 기도 등의 요소들이 있다. 이러한 요소들은 각자 영적 성장의 독특한 기능을 수행한다. 묵상은 하나님의 뜻을 이해하게 하고, 금식은 모든 욕망으로부터의 자유를 통해 하나님과 자유로운 교제를 가능하게 한다. 그리고 기도는 기도자의 소망이 하나님의 뜻에 융합되어 하나님의 뜻을 이 땅에 구현되게 한다.

그러면 기독교 영성형성에는 어떤 핵심적인 요소가 있고, 그것들은 어떤 기능을 하는 것인가. 기독교 영성형성을 연구한 학자들은 각자 독특한 방식으로 영성형성의 요소들을 탐구하고 있다. 멀홀랜드는 기독교 영성형성의 본질을 논구한 후, 그 본질을 구현하는 영성훈련의 요소를 전통적 훈련과 내적 훈련으로 구분하여 설명하고 있다. 전통적인 훈련의 요소를 그는 기도(prayer), 영적 독서(spiritual reading), 렉시오 디비나(lectio divina), 그리고 전례(liturgy)로 분류하고, 내적 훈련 요소를 침묵(silence), 독거(solitude), 그리고 기도(prayer)로 나누었다.[97] 나아가 그는 통전적 영성형성의 요소와 기능을 외향성(extraversion), 내향성(introversion), 감지력(sensing), 직관(intuition), 생각(thinking), 느낌(feeling), 판단(judgment), 지각(perception)의 관점에서 분석하고 있다.[98]

그리고 윌라드는 인간 존재가 가진 최소 단위의 요소 또는 양상을 통해 기독교 영성형성의 요소와 기능을 분석하고 있다. 그는 인간을 자세히 분석하면 개별적 존재로서의 삶에 기본적인 6가지 기본적 요소가 있다는 것이다. 그것을 그는 생각(thought), 감성(feeling), 선택(choice), 육체(body), 사회적 환경(social context), 영혼(soul)이라고 했다. 여기서 생각(thought)은 개념을 만들고, 판단하고, 추론하는 능력이다. 감성(feeling)은 느낌과 감정의 작용으로서 생각이 우리 마음에 오기 전에 우리의 어떤 경향성이 된다. 선택(choice)은 의지로서 결정하는 능력이다. 우리를 선과 악을 선택하여 행동하게 하는 것이다. 육체(body)는 행동하고 물리적 세계와 관련하게 한다. 사회적 환경(social context)은 사람들이 가지는 구조적 환경이다. 다른 사람들 속에 근거해 있는 인간의 존재론적 자기 탐구의 기능을 한다. 마지막으로 영혼(soul)은 영성형성을 위한 다른 모든 요소들을 통합하는 작용을 한다.[99] 모든 인간 존재는 생각하고, 느끼고, 선택하고, 육체와 사회적 환경 속에서 상호작용을 한다. 그리고 삶의 부분들을 지속적으로 통합해 나간다. 이것은 인간 존재의 본질적 요소들이다. 결국 기독교 영성형성은 이러한 요소들이 하나님의 능력 안에서 효과적으로 조직하고, 회복하고 유지하는 것이다.[100]

챈들러는 기독교 영성형성의 요소들을 성경에 근거해서 탐구하면서 7가지 요소 및 기능을 제시하고 있다. 그는 기독교 영성형성의 과정을 아담과 하와의 타락으로 파괴된 인간의 형상을 회복하는 과정으로 이해했다. 이러한 인간의 회복 과정에서 인간 존재의 핵심적 요소들이 어떤 기능을 회복함으로 예수 그리스도 안에서 하나님의 형상을 닮은 인간이 되는지를 밝히고 있다. 그는 하나님의 영광을 위하여 예수 그리스도의 형상을 본받는 회복의 과정에는 영(spirit), 감성(emotions), 관계(relationships), 지성(intellect), 소명(vocation), 육체적 건강(physical health and wellness), 자원관리 책임(resource stewardship)의 요소가 있다고 했다.[101]

기독교 영성형성에서 영의 형성은 은혜에 기초한 신앙의 여정과 관련되어 있다. 이것은 신앙 공동체 안에서 성령과 성부에 의한, 그리고 예수 그리스도의 형상에 따른 인간 영의 성숙의 과정이다. 다른 모든 영성형성의 요소들은 영적 요소에 근거를 두고 있다. 감성의 형성은 감성에 있어 그리스도의 형상을 반영하기 위한 과정에서 자신의 감정과 열정과 욕망을 이해하고 표현하고 반성하는 과정이다. 관계의 형성은 교회 안의 삶과 사회적 상호작용의 과정에서 계속적으로 예수 그리스도의 형상을 따르는 것과 관련되어 있다. 지성의 형성은 성숙한 신앙인이 되기 위해서 하나님의 말씀과 더불어 참된 진리를 분별하고 생각하는 마음을 개발하는 것이다. 소명은 하나님의 영광을 위해서 우리의 은사, 능력, 기술의 개발을 통해 우리의 소명 안에서 예수 그리스도의 형상을 따르는 것과 관련되어 있다. 육체적 건강의 형성은 우리 삶의 목적을 성취하기 위해서 성령의 전인 육체를 잘 돌보는 것이다. 자원의 관리책임의 형성은 하나님의 영광을 확대하기 위해서 땅과 재정, 물질적 소유, 그리고 시간을 현명한 청지기가 되어 잘 관리하는 것이다.[102]

기독교 영성형성의 요소들과 그 역할은 윌라드와 챈들러의 연구를 통해 보다 분명하게 이해할 수 있다. 윌라드의 분석은 인간 존재의 육체적 정신적 기능의 분석을 통해 영성형성의 요소들과 그 요소들의 역할을 찾고 있다. 하지만 챈들러는 인간의 육체와 정신의 기본적 기능을 고려하면서 성경적 인간관의 관점 즉 하나님과 인간의 관계의 측면을 깊이 고려한 점이 있다. 상기의 두 사람이 분석한 기독교 영성형성의 요소들은 한두 가지 정도 차이가 있지만 본질적으로 비슷한 면이 있다. 특히 챈들러는 성경에 근거한 분석과 하나님과의 관계 그리고 창조의 질서의 관점에서 탐구했기 때문에 기독교 영성형성의 요소들과 그 역할을 이해하는데 장점이 있다.

이러한 기독교 영성학자들의 기독교 영성형성의 구성요소들을 통하여 기독교 영성형성의 요소들을 다음과 같이 7가지로 분석, 정리할 수 있을 것이다. 영성 능력의 형성, 자기 통합 능력의 형성, 감성 이해 능력의 형성, 공동체적 삶을 위한 관계의 형성, 올바른 판단과 결정 능력의 형성(분별력), 소명의 형성, 육체 이해와 건강한 육체의 형성이다.

첫째, 영적 능력의 형성은 하나님을 체험하며 사는 영적인 사람이 되는 길이다. 영의 형성은 은혜에 기초한 신앙의 여정과 관련되어 있다. 이것은 신앙 공동체 안에서 성령과 성부에 의한 그리고 예수 그리스도의 형상에 따른 인간 영의 성숙의 과정이다. 다른 모든 영성형성의 요소들은 영적 요소에 근거를 두고 있다.

둘째, 자기 통합 능력의 형성은 바른 인격을 위한 기독교적 덕을 통합시키고 내면화시키는 과정이다. 이것은 자아와 관련된 인격의 특징인 책임, 자제, 용기, 자아 존중, 타자와 관련된 인격특성으로 정직, 존중, 친절, 감정이입, 사회와 관련된 인격 특성으로 공정성, 정의, 시민의 덕을 추구하는 능력을 함양하는 과정이다.[103]

셋째, 감성 이해 능력의 형성은 그리스도인으로 올바른 자기감정을 이해하여 그리스도의 삶을 닮아가는 과정이다. 자기의 감정과 열정 그리고 욕망을 이해하고 바르게 표현하는 능력을 함양하는 과정이다. 자신이 가진 기본 7가지 감정으로 바르게 이해하고 다스리고 표현하는 능력을 배운다.

넷째, 공동체적 삶을 위한 관계의 형성은 삼위일체 하나님과 관계를 통해 나와 타자, 세상, 그리고 자연과 우주와의 올바른 관계를 형성하는 과정이다. 먼저 나와 자기 자신, 타자, 자연, 지구, 우주에 이르기까지 생물과 무생물 모두를 포함하여 모든 것과 관련되어 있고, 서로 연결되어 있음을 통찰하는 과정이다. 또한 이들과의 바른 관계를 이해하고 행동함으로 참된 영적인 사람이 되는 것이다. 이것은 결국 우주에서 올바른 시민교육과도 연결되어 있다.

다섯째, 올바른 판단과 결정 능력 형성은 하나님 안에서 바른 의지를 사용하여 하나님의 말씀과 더불어 참된 진리를 분별하고 생각하는 마음의 능력을 개발하는 것이다. 이것은 말씀에 근거한 지성을 사용해 바르게 추론하고 판단하고 결정하는 능력을 길러주는 과정이다.

여섯째, 소명의 형성은 하나님의 영광을 위해서 우리의 은사, 능력, 기술의 개발을 통해 우리의 소명 안에서 예수 그리스도의 형상을 따르는 것과 관련되어 있다.

일곱째, 육체의 이해와 건강한 육체 형성은 하나님의 주신 육체의 바른 이해를 통해 이 땅에서 올바른 기독교인으로 살아가는 것을 배우는 과정이다. 육체는 영성생활에도 중요하다. 육체는 곧 성령의 전인 것이다. 따라서 하나님의 주신 신성한 육체를 이해한다. 나아가 육체의 한계와 유한함을 바르게 이해하여 기독교적 삶과 죽음을 올바르게 이해하고 배운다.

3. 예수동행일기의 본질과 역할

1) 예수동행일기의 정의와 본질

영성일기(spiritual journal)와 일기(diary)를 같은 의미로 사용하는 학자들도 있다.[104] 하지만 영성일기를 선호하는 학자들은 영성일기를 일기와 구분한다. 일기는 자신의 삶에서 발생하는 일상적인 사건들의 평면적인 기록이다. 하지만 영성일기는 자신의 삶에서 일어난 사건들을 반성적으로 기록한다.[105] 영성일기를 쓸 때 우리 자신이 그 사건들에 어떤 영향을 받았는지를 파악하기 위해 내면을 살피면서 글을 쓴다. 영성일기는 일어난 일에 대해서 자신의 감정, 사고, 태도, 신념 등을 숙고하면서 쓰는 행위이다. 이 때 글 쓰는 주체는 반성적 자아인 것이다. 반성적 자아는 글을 쓰면서 자신의 내면에 무엇이 일어나는지를 알아차린다. 영성일기는 자기 내면에서 자기와의 친밀한 대화가 진행되고 그 진행되는 대화를 의식하며 글을 쓰는 자기 수행이다.

예수동행일기(영성일기)는 자신의 내면을 기록하는 내적 여행기라고 할 수 있다. 이것을 예수동행일기를 쓰는 자가 자신의 자아를 탐구하고, 그것을 넘어 하나님의 형상을 찾아가는 영적 여정의 과정이다. 이러한 예수동행일기는 자아 발견의 도구, 영혼의 거울 역할을 한다. 나아가 그것은 생각을 집중하고, 발전시킬 뿐 아니라 감정을 순화하여 좋은 성품을 형성하는 여정이다. 이러한 예수동행일기는 우리 삶에서 일어나는 사건과 관계들 속에서 일어나는 반응이고, 그것에 대해 느끼는 감정이다. 이것을 통해 우리는 내가 누구인지, 나의 삶의 의미가 무엇인지를 발견한다. 따라서 예수동행일기는 우리의 일상에서 만나는 사건과 관계들 속에서 경험한 것들을 – 하나님의 임재를 의식하고, 더욱 친밀함을 향하여 – 자기 관찰자의 입장에서 기록하는 것이다.

이러한 예수동행일기의 기록은 하나님과의 더욱 친밀함 또는 하나님의 임재 속에 살아가는 것이다. 초기교회 영성가의 표현을 빌리면 관상적 삶을 사는 것이다. 이것은 또한 하나님의 은혜 가운데 영적인 성숙을 이루어 내는 것과 다르지 않다. 최근 한국교회 속에서 예수동행일기를 대중화시킨 유기성은 예수동행일기를 '예수님과의 동행' 관점에서 분석하고 있다.[106] 이것은 곧 영적인 성숙으로 나아가는 것이다. 영적인 성숙은 하나님께서 그의 형상에 따라 우리의 삶을 변화시키고 우리의 전인격을 새롭게 형성하는 과정이다. 그런데 영적인 성장에서 빠뜨릴 수 없는 핵심적인 요소가 영성훈련이다. 금식, 기도, 성경읽기, 묵상, 양심성찰, 독거 등이 일반적으로 영성훈련의 방법이다.

그러면 영성훈련의 가장 적절한 방법이 무엇일까? 그것은 우리를 믿음에 굳건히 서게 하고, 지속적인 성화를 이루어 내는 것이다. 무엇보다 훈련은 우리를 향한 하나님의 기쁨에 있고, 우리가 하나님의 자비 가운데 머무르는데 있다.[107] 포스터는 영성훈련은 영적인 거장들에게만 해당되는 것이 아니라 오히려 일상의 삶을 사는 사람들의 매일의 훈련이라고 했다. 영성훈련은 곧 아내와 남편, 자녀와 부모의 관계처럼 일상에서 하나님과 교제하는 것이다.[108] 나우웬은 영적인 삶에서 가장 필요한 것은 하나님과 홀로 함께 할 수 있는 시간과 장소를 마련하는 것이라고 했다.[109] 일상 속에서 하나님과 홀로 교제하는 시간이 곧 영성훈련의 핵심임을 말하고 있다.

예수동행일기가 곧 훈련이고 훈련의 방법이라는 것은 글쓰기에서도 발견할 수 있다. 동양의 관점에서 수양(훈련)은 인간의 결핍에서 나온다. 그런데 글쓰기는 자신을 드러내는 방식을 통해 결핍을 채우고, 자기를 낮추는 기술이다. 그런 의미에서 글쓰기는 쓰기의 과정을 통해 자기를 수용하고, 받아들이는 수양 또는 훈련이다.[110] 여기서 우리는 예수동행일기는 영성훈련의 가장 적절한 방법 중의 하나임을 알 수 있고, 이 훈련이 곧 예수동행일기의 본질이라고 할 수 있다.

2) 예수동행일기의 역할

예수동행일기는 가장 효과적인 영성훈련이다. 그러면 예수동행일기는 어떤 역할을 하는가. 최근 미국을 중심으로 글쓰기의 치료적 효과에 대한 연구와 한국의 대학생들의 글쓰기의 효능에 대한 많은 연구 논문들이 나왔다. 일부에서는 인성의 관점에서 글쓰기의 역할을 분석하기도 했다. 그러면 예수동행일기는 인간 존재에게 어떤 영향을 미치고 있는가. 최근 「박노권의 영성일기 작성의 효과에 대한 연구」에서 영성일기의 효과를 다음과 같이 분석했다. 그는 영성일기의 효과를 마음의 상처 치유, 신체적 건강의 회복, 긍정적 자아 개념의 형성과 자존감 증진이라는 세 부분으로 설명하고 있다. 마음의 상처 치유에서 그는 상처의 경험과 관련된 생각과 감정에 치중하여 치유를 이야기하고 있다. 영성성장의 관점에서 부정적인 생각과 감정의 치유가 중요한 역할이라는 것이다. 그리고 신체적 건강회복은 글쓰기를 통해 질병이 완화되는 관점에서 논하고 있다. 마지막으로 긍정적 자아의 개념 형성은 자존감의 회복의 관점에서 분석하고 있다.[111] 영성일기 작성의 효과에 대한 그의 분석은 주로 치유적 측면에 집중되었다.

유기성은 「영성일기(예수동행일기)」의 첫 장에서 예수동행일기를 기록할 때 일어나는 가장 큰 변화를 '예수님을 사랑하는 것'이라고 했다. 하나님의 은총을 깨닫고 그분을 사랑하는 마음이 예수동행일기에서 일어난다는 것이다.[112] 그는 2장에서 '예수님을 바라봄'과 '동행'은 예수동행일기를 쓰는 가운데 생기는 핵심적 현상으로 표현하고 있다.[113] 3장에서 그는 마음의 상태와 마음을 지키는 것에 대해서 언급한다. 예수동행일기는 이런 마음의 상태를 알고, 예수님의 빛이 마음에 비추는 것을 안다고 한다. 예수동행일기는 인간의 중심인 마음의 형성과 관련됨을 발견할 수 있다.[114] 4장에서 그는 예수님과 일치됨이 예수동행일기를 쓰는 가운데 이루어짐을 말하고 있다.[115] 영성형성의 목적이 삼위일체 하나님과 일치되는데 있음을 교부들의 영성성장 이론에서 발견할 수 있는데, 이러한 결과가 예수동행일기를 쓰는 가운데 일어난다는 것이다. 5장에서는 기록한 예수동행일기를 다른 성도들과 함께 나누는 것을 언급하고 있다.[116] 6장에서는 예수동행일기를 기록하는 가운데 삶이 변화되고 성령의 열매가 맺힌다는 것을 지적했다.[117]

볼드윈(Christina Baldwin)은 「Life's Companion」에서 영성일기의 작성은 첫째, 자아(self)의 개발에 기여한다고 한다. 영성일기를 쓰면서 자아는 반성적 대화를 통해 자기를 확인하고 더 나은 상태로 발전한다는 것이다.[118] 둘째, 영성일기를 쓰는 가운데 장애 요소들이 수용되고 비정상의 것들을 받아들이게 된다.[119] 셋째, 영성 일기를 통해 영적 성숙의 과정에서 육체를 받아들이고 육체가 곧 성전임을 깨닫게 된다는 것이다.[120] 넷째, 영성일기를 쓰는 과정에서 '직관'의 능력이 발달된다는 것이다. 영성일기를 작성하는 가운데 직관적 기술이 훈련되는 방법을 발견한다.[121] 다섯째, 홀로 조용한 시간에 영성일기를 작성하는 가운데 전례 또는 의식의 세계로 들어간다. 전례는 인간을 거룩한 하나님의 세계로 인도하는 것이다.[122] 전례를 통해 인간은 자신의 시간과 공간을 거룩하게 변화시킨다. 마지막으로 영성일기 가운데 사랑, 용서, 신뢰, 수용의 마음이 생긴다는 것이다.[123]

글루그(Ron Klug)는 「How to Keep a Spiritual Journal: A Guide to Journal Keeping for Inner Growth and Personal Discovery」에서 영성일기를 지속적으로 기록할 때 일어나는 영적 유익을 다음과 같이 언급하고 있다. 자기 이해의 성장, 자신의 영혼을 잘 돌봄, 하나님의 인도하심과 분별력, 삶의 질서와 상식, 감정의 순화와 미래에 대한 전망 획득, 일상생활 가운데 깨어 있음, 자기표현, 창의력, 신앙의 명확성, 시간관리, 문제해결 능력 등이다.[124]

세페로(Helen Cepero)는 「Journaling as a Spiritual Practice」에서 영성일기가 영성훈련임을 밝히면서 영성일기의 역할을 다양하게 언급하고 있다. 그는 영성일기를 쓰는 가운데 인간의 영적 갈망을 채워주고, 인간의 내면을 밝혀주고, 자기와 화해하게 하고, 죄를 고백하게 하고, 그리고 내면의 상처들을 치유한다는 것이다. 또한 영성일기를 기록하는 동안 우리는 육체를 수용하고 육체와 더불어 기도하게 하고, 자기 삶을 조정할 수 있는 능력이 생기고, 하나님과 대화하게 한다고 했다.[125]

위에서 영적 성장에서 영성일기(예수동행일기)의 역할을 논한 박노권, 유기성, 볼드윈(Christina Baldwin), 글루그(Ron Klug), 그리고 세페로(Helen Cepero)의 분석을 살펴보았다. 이들이 저술을 통해 직간접적으로 밝힌 영적 성장의 역할, 또는 기능으로서의 예수동행일기의 요소들을 아래와 같이 종합할 수 있을 것이다.

첫째, 예수동행일기를 작성하는 동안 인간 내면의 통합하는 능력이 생긴다. 이러한 능력은 유기성이 그의 책 3장에서 '마음의 상태와 마음의 지침'의 표현과 세페로의 '삶을 조정할 수 있는 능력'에서 발견할 수 있다. 둘째, 감정의 순화 능력이다. 감정의 이해와 치유에 대해서는 위에 언급한 다섯 명의 예수동행일기의 저자들이 모두 언급하고 있다. 셋째, 지성적 판단의 능력이다. 박노권은 마음의 상처 치유에서 이성의 회복을 언급했고, 글루그는 자기표현의 능력과 문제해결 능력, 볼드윈은 직관의 능력을 언급하고 있다.

넷째, 자신의 발견과 소명을 이해하는 능력이다. 자신의 발견은 거의 모든 저자들에게 나타나고 소명에 대한 이해가 명확해지는 것은 유기성의 예수님의 빛에 비추어 자신을 보는 것은 어떤 의미에서 자신의 소명을 새롭게 발견하는 과정일 것이다. 그리고 글루그의 신앙이 명확해지는 과정은 소명에 대한 확신이 생기는 과정으로 이해할 수 있을 것이다.

다섯째, 육체를 받아들이고 새롭게 수용하는 과정이다. 육체의 치유와 수용에 대한 부분은 대부분의 저자들이 언급하고 있다. 여섯째, 다른 사람과의 관계의 증진이다. 예수동행일기 기록의 특징 중의 하나는 사적인 것이다. 따라서 예수동행일기의 수행과정에 용서하고 서로 화해하는 기능은 볼드윈의 경우에 볼 수 있다. 그런데 독특하게도 유기성은 예수동행일기를 쓰면서 그 내용을 다른 사람과 나누는 것을 이야기하고 있다. 예수동행일기 자체도 사적인 작업이 아니라 교회 공동체 안에서 행하고 있음을 발견할 수 있다.

일곱째, 예수동행일기를 쓰는 가운데 영적인 성숙을 발견한다는 것이다. 박노권은 긍정적 자아개념의 형성이란 표현을 통해, 유기성은 마음의 형성이란 용어를 통해, 그리고 글루그는 자기 이해의 성장을 통해 예수동행일기를 쓰는 동안 영적 성장이 이루어짐을 표현하고 있다.

마지막으로 예수동행일기를 쓰는 행위는 전례가 된다는 것이다. 이것은 특히 볼드윈의 분석에서 발견할 수 있다. 예수동행일기는 그 쓰는 행위를 통해 자신의 시간과 공간 그리고 일상을 거룩하게 하는 작업이라는 것이다.

4. 영성형성의 관점에서 본 예수동행일기

영적 성장의 관점에서 보면 예수동행일기는 영성훈련의 도구다. 기독교 전통은 수많은 영성훈련의 방법을 제시하고 있다. 학자들은 영성훈련의 방법들을 내적, 외적 훈련 또는 긍정과 부정의 훈련, 성격 유형을 통한 훈련 등으로 구분한다. 일반적으로 영적 독서, 기도, 침묵, 묵상, 독거, 금식, 예배, 헌신 등 다양하게 분류할 수 있다. 그런데 영성훈련을 다양한 형태로 분류하는 것은 각각의 영성훈련 방법들은 그들이 가진 고유한 역할들이 있다는 것이다. 그러면 영성 일기 쓰기는 기독교 영성형성에서 어떤 역할을 하는 것인가.

앞에서 우리는 기독교 영성형성을 성령의 역사 안에서 예수 그리스도를 통해 하나님의 형상을 회복하는 과정이라고 했다. 이러한 형성의 과정에 중요한 역할을 하는 요소들이 있다. 기독교 영성형성의 차원 또는 범주들은 앞에서 언급했듯이 영성형성을 연구하는 학자들마다 다양하다. 이들 학자들의 분석을 토대로 필자는 7가지 영성형성의 핵심적인 요소들을 분석했다. 기독교인은 영성 능력의 형성, 자기 통합 능력의 형성, 감성 이해 능력의 형성, 공동체적 삶을 위한 관계의 형성, 올바른 판단과 결정 능력의 형성(분별력), 소명의 형성, 육체 이해와 건강한 육체의 형성을 통해 참된 기독교인으로 거듭나는 것이다. 이러한 요소들의 회복과 강화 그리고 형성을 통해 기독교인은 예수 그리스도를 닮아간다.

그러면 앞에서 언급한 예수동행일기는 기독교 영성형성과 어떤 관계에 있는가. 앞에서 기독교 영성형성의 본질을 '과정', '본받는 것', '그리스도의 형상', '다른 사람들을 위한 삶'으로 분석했다. 여기서 기독교 영성형성의 본질은 곧 기독교인의 영적 성장과 다르지 않다. 영적 성장의 전통적 과정이 예수 그리스도의 은총을 받은 사람이 '정화', '조명', '일치'의 길을 걷는 것이다. 이 길은 예수 그리스도를 본받는 길이고, 하나님의 형상을 회복하는 길이다. 그런데 예수동행일기의 본질 역시 영적 성장에 있음을 앞에서 밝혔다. 따라서 기독교 영성형성과 예수동행일기는 그 본질은 물론이고, 지향하는 가치와 목적이 동일하다고 할 수 있다.

그리고 기독교 영성형성 과정에 촉매가 되는 요소, 즉 영성형성에 중요한 역할을 하는 기능들과 예수동행일기의 기능 또한 유사한 면이 있다. 예수동행일기를 쓰는 가운데 인간 내면의 통합 능력, 감정의 순화 능력, 지성적 판단의 능력, 자신의 발견과 소명 확인 능력, 육체의 인정과 유지 능력, 타자와의 관계의 증진 능력, 영적인 성숙의 능력 등을 발견할 수 있다. 따라서 기독교 영성형성의 요소와 역할은 영성일기를 쓰는 가운데 개발되는 영적 능력의 역할과 요소들과 유사한 점이 많다. 한두 가지 요소를 제외하면 대다수의 경우 각자의 요소와 역할이 겹치고 있다.

예수동행일기는 영성훈련의 방법 중 하나다. 하지만 예수동행일기의 기록 가운데 다양한 영성형성의 능력과 요소들이 개발되는 것을 알 수 있다. 예수동행일기는 영성훈련의 한 방법이지만 그것의 수행 가운데 풍부한 영성형성의 능력과 요소들이 개발된다. 따라서 기독교 영성형성의 관점에서 볼 때 예수동행일기는 단일한 영성훈련이지만 가장 효과적이고 능력 있는 영성훈련의 방법이다.

나가는 말

기독교 영성형성은 기독교 영성학의 핵심적 주제다. 기독교 영성 형성은 성령 안에서 그리스도를 통해 하나님의 형상을 닮아가는 과정이다. 이러한 기독교 영성형성의 본질은 지속적인 진행 과정, 본받는 것, 그리스도의 형상, 그리고 다른 사람을 위한 삶이다. 영성형성은 기독교인의 영적 성장의 과정과 다르지 않다. 그런데 영성일기는 영적 성장의 촉매가 되는 영성훈련의 한 방법이다. 영성훈련의 방법으로서의 예수동행일기 쓰기의 본질은 그리스도의 분량에 까지 자라 그리스도와 하나 되는데 있다. 따라서 기독교 영성형성과 영성 일기는 서로 추구하는 방향과 목적이 같다.

기독교 영성형성의 핵심 역량은 영의 형성, 감정의 형성, 관계의 형성, 지성의 형성, 소명의 형성, 육체적 건강의 형성, 그리고 자원을 효과적으로 관리하는 능력에 있다. 이러한 7가지 핵심 역량을 통해 인간은 예수 그리스도를 본받고, 급기야 하나님의 형상을 회복한다. 그러면 예수동행일기 쓰기를 통해 개발되는 핵심 역량에는 어떤 것이 있는가? 예수동행일기를 쓰는 가운데 내면의 통합 능력, 감정의 순화 능력, 지성적 판단의 능력, 자신의 발견 능력, 소명확인의 능력, 육체의 건강 유지 능력, 타자와의 관계의 증진 능력, 영적인 성숙의 능력 등이 함양된다. 우리는 여기서 기독교 영성형성의 핵심 역량과 예수동행일기를 쓰는 가운데 개발되는 핵심 역량이 유사함을 발견할 수 있다.

그러므로 예수동행일기가 영성훈련의 방법 중에 하나이지만 영성일기를 쓰는 가운데 다양한 영성형성의 능력과 요소들이 함양됨을 알 수 있다. 이렇게 함양된 예수동행일기의 핵심 역량은 영성형성의 핵심 역량과 유사한 면이 많다. 따라서 기독교 영성형성의 관점에서 볼 때 예수동행일기는 단일한 영성훈련이지만 가장 효과적이고 능력 있는 영성훈련임을 알 수 있다. 여기서 작금에 일어나고 있는 한국 교회의 예수동행일기에 대한 물결의 의미를 찾을 수 있을 것이다. 또한 영성일기가 기독교 영성형성에서 차지하는 위치를 발견할 수 있다. 따라서 영성 일기는 한국교회를 새롭게 하고 영성을 회복하는데 중요한 도구일 뿐 아니라 영성형성의 중요한 역할을 담당하고 있음을 알 수 있다.

III. 영성형성과 영성지도:
이그나티우스 로욜라와 에반 하워드를 중심으로(영성신학)

이강학 교수

1. 서론: 영성 운동으로서의 예수동행일기

영성은 운동을 일으킨다. 영성은 하나님과의 만남 사건으로 촉발되며, 하나님을 만난 한 사람 주변에 제자 공동체가 형성됨으로써 운동으로 발전한다. 기독교 영성은 이천 년 전 팔레스타인 땅에서 일군의 젊은 사람들이 예수라는 한 나사렛 사람을 만나면서 시작되었고, 그가 하나님의 아들인 그리스도라는 사실을 고백하고 그의 제자가 되어 목숨을 걸고 따름으로써 영성 운동으로 발전했다. 그 후로 성경, 성례전, 교리, 제도, 목회자 등이 갖춰지면서 기독교라는 종교가 되었다. 기독교 안에서 다양한 시대와 문화 안에서 성령의 활동의 결과로 다양한 영성 운동들이 지속적으로 지금까지 일어나고 있다.

영성 운동이 교회에 긍정적으로 기여하기 위해 필요한 것들은 무엇인가? 이에 대한 답변으로 필자는 우선 영성형성 과정에 대한 올바른 이해가 필요하고 다음으로 영성형성에 대한 이해를 바탕으로 적절한 영성지도를 해야 한다고 생각한다. "누구든 영적인 삶을 진지하게 대하며 하나님과의 더 깊은 만남으로 들어가기를 원하는 사람은 [영성형성] 및 [영성지도]의 필요성을 즉시 깨닫는다."[126]

예수동행일기는 21세기에 한국교회에서 일어난 영성 운동들 중 하나라고 할 수 있다. 이 논문은 예수동행일기가 긍정적인 영성 운동으로 자리 잡는 데 있어서 필요한 요소들을 영성형성 과정과 영성지도 사역 안에서 살펴보는 것을 목적으로 한다. 먼저 영성형성에 대한 개괄적인 설명을 한 후에, 전통적인 예로 로욜라의 이그나티우스(Ignatius of Loyola, 1491-1556)의 영성형성과 영성지도에 대한 이해를 살펴보고, 현대적인 예로 에반 하워드(Evan Howard)의 영성형성과 영성지도에 대한 이해를 살펴보려고 한다.

이 논문에서 필자가 사용하는 용어들은 모두 기독교를 배경으로 한다. 영성은 기독교 영성을, 영성형성은 기독교영성형성을, 그리고 영성지도는 기독교 영성지도를 말한다.

2. 영성형성(spiritual formation)이란 무엇인가?[127]

영성형성은 원래 수도원과 신학교에서 사용되던 표현이다. 수도원은 수도 성소에 잘 맞는 수도자를 '양성'하기 위해 교육하고 지도한다. 신학교는 예수 그리스도를 닮은 좋은 목회자를 '양성'하기 위해 교육하고 지도한다.

또한, 영성형성은 제자도(discipleship)와 동의어이다. 교회는 모든 기독교인이 예수 그리스도의 제자라는 정체성을 지니고 살며 예수 그리스도의 제자로서 성장하며 일할 수 있도록 공동체 안에서 다양한 관계와 프로그램을 통해 지원한다.

1) 영성형성의 성경적 이해

영성형성은 성경에서 변화(transformation), 일치(conformation), 그리고 성장(growth)이라는 의미를 내포한다. 성경에는 영성형성의 근거가 되는 많은 구절들이 있다. 그중 몇 구절만 참고하면 다음과 같다.

① "하나님이 미리 아신 자들을 또한 그 아들의 형상을 본받게 하기 위하여 미리 정하셨으니 이는 그로 많은 형제 중에서 맏아들이 되게 하려 하심이니라"(For those who God foreknew he also predestined to be conformed to the likeness of his Son, that he might be the firstborn among many brothers. 로마서 8:29).[128] 이 구절에는 영성형성의 궁극적인 목표를 하나님의 아들이신 예수 그리스도를 본받는 것 다시 말해서 닮아가는 것(conformed)이라고 한다. 여기에서 사용된 영어 단어 conformation은 일치를 의미한다.

② "나의 자녀들아 너희 속에 그리스도의 형상을 이루기까지 다시 너희를 위하여 해산하는 수고를 하노니"(My dear children, for whom I am again in the pains of childbirth until Christ is formed in you, 갈라디아서 4:19). 이 구절에 따르면 영성형성이란 그리스도께서 우리 안에 형성되는(formed) 것이다. 영성형성의 궁극적인 목표가 그리스도라는 점을 명확히 하고 있고, 영성형성이 기독교인의 변화에 초점을 맞춘다는 것을 확인할 수 있다.

③ "너희는 이 세대를 본받지 말고 오직 마음을 새롭게 함으로 변화를 받아 하나님의 선하시고 기뻐하시고 온전하신 뜻이 무엇인지 분별하도록 하라"(Do not conform any longer to the pattern of this world, but be transformed by the renewing of your mind. Then you will be able to test and approve what God's will is—his good, pleasing and perfect will, 로마서 12:2). 이 구절에 따르면 영성형성은 '변형'(transformation)를 경험하는 과정이다. 변형은 큰 변화를 말한다. 기독교인이 기대하는 변화는 죄인이 의인으로 바뀌는 엄청난 변형이다.

④ "오직 사랑 안에서 참된 것을 하여 범사에 그에게까지 자랄지라 그는 머리니 곧 그리스도라"(Instead, speaking the truth in love, we will in all things grow up into him who is the Head, that is, Christ, 에베소서 4:15). 마지막으로 이 구절은 영성형성이 '자라는' 과정 즉 성장의 과정이라는 점을 보여준다.

2) 영성형성의 신학적 이해

영성형성 과정은 신학에서 구원의 서정(ordo salutis)을 의미한다. 종교개혁 이전에는 영성형성 과정을 대체로 세 단계로 나누었다: 정화(purification), 조명(illumination), 그리고 연합(union with God/Christ). 종교개혁 이후에 개신교는 영성형성 과정을 다른 신학적 용어로 표현했다: 각성(awakening), 중생(born-again)/칭의(justification), 성화(sanctification), 그리고 영화(glorification). 필자는 영성형성이라는 표현을 사용할 때 다양한 전통과 신학에서 사용해온 기독교인의 삶에 대한 용어들을 종합적으로 아우를 수 있다고 생각한다.

3) 영성형성과 영성훈련

영성훈련이란 영성형성에 도움이 되는 모든 내적이고 외적인 방법들을 가리킨다. 기독교인은 영성형성을 위해 다양한 영성훈련들을 사용한다. 우선 영성훈련을 의미하는 용어는 다양하다. 영어로는 spiritual disciplines(직역하면, 영성훈련), spiritual practices(영성실습), spiritual exercises(영성수련), means of grace(은총의 수단), godly traning(경건훈련), 그리고 discipleship training(제자훈련) 등의 표현이 흔히 사용된다. 이 용어들은 다양한 배경을 지니고 있지만 필자는 이 글에서 영성훈련이라는 용어에 이 모든 다양성을 담아 사용하려고 한다. 종교개혁가들의 은혜 신학에 의하면 근본적으로 영성형성은 성령의 능력(power)에 의한 것으로서 인간의 방법과 노력에 의해 발생하는 것이 아니다. 이런 측면에서 영성훈련은 성령의 임재(presence)와 활동(work)으로 말미암아 주어지는 하나님의 은혜를 인식하고 적절하게 반응하기 위해 기독교인이 수행하는 모든 내적이고 외적인 노력이라고 말할 수 있다.

넓은 의미로 볼 때 기독교인이 개인적으로 또는 공동체적으로 그리고 내적으로 또는 외적으로 하는 모든 활동과 비활동은 영성훈련이다. 모든 기독교인에게 익숙한 영성훈련은 성경 묵상, 기도, 예배, 안식, 금식, 순종, 봉사, 환대, 그리고 영성지도 등이다. 이 중에서 성경 묵상, 기도, 예배의 성만찬, 영성지도 등은 교단과 공동체에 따라 그리고 시대와 문화에 따라 다양한 방법들이 생겨났다. 고독, 침묵, 성찰, 그리고 영성일기 등의 영성훈련은 공동체적인 필요에 따라 더 강조되거나 덜 강조되었다.

4) 영성형성과 영성지도

마지막으로 영성훈련들 중 하나인 영성지도(spiritual direction)는 영성형성 과정에서 큰 도움이 된다. 영성지도는 한 기독교인의 영성형성 과정을 개인적 또는 공동체적 대화를 통해 동반해 주는 사역이다. 영성지도를 해주는 사람인 영성지도자(spiritual director)는 기독교 영성사에서 목자(shepherd), 스승(master/teacher), 영적 부모(abba, amma), 영적 동반자(spiritual companion), 영혼의 친구(soul friend), 영적 친구(spiritual friend), 영성 안내자(spiritual guidance), 영적 멘토(spiritual mentor), 영적 코치(spiritual coach), 영성 상담가(spiritual counselor) 등 다양한 이름으로 불리었다. 이 중에서 가장 많이 사용된 표현은 영성지도자이다.

현대의 영성지도자들은 몇 가지 중요한 사항에 대체로 동의한다. 첫째, 진정한 영성지도자는 성령이시다. 둘째, 영성지도자는 비지시적인 방식으로 돕는다. 셋째, 영성지도의 목표는 피 지도자(directee)가 하나님과 더 친밀한 관계를 경험하는 것이다. 넷째, 영성지도자는 현존, 경청, 공감, 분별, 반응을 통해 피지도자가 하나님을 바라볼 수 있도록 돕는다. 다섯째, 영성지도자는 피지도자에게 적절한 영성훈련을 소개해 준다.

필자는 예수동행일기라는 영성훈련에 참가하는 기독교인들이 영성지도를 받을 수 있다면 그들의 영성형성에 큰 도움이 될 것이라고 생각한다. 참가자들을 안내하는 소그룹 지도자들이 영성형성 과정을 이해하고 영성형성 과정에서 도움이 되는 영성훈련들을 경험적으로 이해하며, 영성지도를 배우고 익히면 참가자들을 돕는 데 실질적으로 유익할 것이다. 그럼 이제 구체적으로 영성형성과 영성지도를 이해하기 위해 전통과 현대의 예들을 살펴보자.

3. 영성형성 단계와 영성훈련에 대한 전통적 이해:
로욜라의 이그나티우스(Ignatius of Loyola)의 경우

1) 왜 로욜라의 이그나티우스인가?

기독교 영성사를 살펴보면, 영성형성 단계에 대한 다양한 설명과 각 단계에 따른 영성지도에 대한 다양한 제안들을 발견할 수 있다. 그중에서 로욜라의 이그나티우스에게서 영성형성 단계 및 영성지도에 대한 가장 명료하고 종합적인 이해와 실천을 볼 수 있다.

이그나티우스는 아빌라의 데레사(Teresa of Avila) 및 십자가의 요한 (John of the Cross)과 함께 16세기 스페인 영성을 대표하는 인물이다. 그는 원래 기사가 되기를 꿈꾸는 청년이었다. 그러나 전쟁 중 다리를 다쳐 치료하고 회복되는 도중에 영성훈련을 안내하는 책을 읽다가 회심에 이르게 되었다. 그 책은 작센의 루돌프가 쓴 〈그리스도의 생애〉(Vita Christi)였는데, 복음서에 나타난 예수 그리스도의 삶을 시간 흐름에 따라 상상력을 이용하여 묵상하도록 안내하였다. 이그나티우스는 회심한 후에 예수 그리스도의 기사가 되겠다고 결심하였는데, 자신의 깊은 묵상 경험을 바탕으로 〈영신수련〉(Spiritual Exercises)이라는 영성수련 매뉴얼을 만들어서 주위 사람들에게 영성훈련을 안내하고 영성지도를 해주는 데 사용하였다. 이그나티우스로부터 〈영신수련〉을 통한 영성지도를 받은 친구들 역시 회심하여 그리스도를 위해 자신들의 삶을 헌신하였고 그 결과 예수회(the Society of Jesus)라는 새로운 수도회가 탄생했다.

〈영신수련〉은 16세기 영성훈련과 영성지도에 대해 전통적으로 내려오는 내용들에 이그나티우스가 자신의 영적 체험을 분별한 결과를 통합한 영성훈련 및 영성지도의 백과사전과 같은 책이다. 기독교 영성사에서 영성형성, 영성훈련, 그리고 영성지도에 대한 전통적인 설명을 이 책보다 더 명확하게 알 수 있는 영성 고전을 발견하기란 쉽지 않다. 〈영신수련〉의 내용은 크게 ① 일러두기, ② 첫째 주간 묵상, ③ 둘째 주간 묵상, ④ 셋째 주간 묵상, ⑤ 넷째 주간 묵상, 그리고 ⑥ 규칙들로 이루어져 있다. 여기에서 주간(Week)은 단순히 7일이라는 기간을 의미한다기보다는 묵상 주제를 구분하고 순서를 표시하기 위한 것이다.

2) 영성형성의 목표

이그나티우스가 제시한 영성형성의 궁극적인 목표는 ① 영신수련 수식 문구와 ② 원리와 기초 항목의 글에 잘 나타나 있다. 먼저, 이그나티우스는 영신수련을 이렇게 수식하고 있다:

[21] 무질서한 어떤 애착에 따라 스스로 결정하지 않고 자기 자신을 극복하고 자신의 삶을 정돈하기 위한 영신수련[129]

영성형성은 무질서한 애착에 휘둘리지 않는 삶을 지향한다. 무질서한 애착에 사로잡힌 기독교인은 하나님을 위한 선택과 결정을 할 수 없다. 그러므로 영성훈련을 통해 무질서한 애착을 극복하고 자유로워지는 상태에 이르러야 한다. 영성형성은 기독교인이 평생에 걸쳐 내리는 무수한 선택과 결정의 열매이다.

다음으로 '[23] 원리와 기초'에는 영성형성의 목표가 다음과 같이 담겨 있다:

> 사람은 우리 주 [하나님]을 찬미하고, 흠숭하고, 섬기도록 그리고 이렇게 함으로써 자기 영혼을 구하도록 창조되었다. 또한 지상에 있는 다른 사물들은 사람을 위해서 그리고 사람이 창조된 목적을 이루는데 사람을 돕도록 창조되었다. 따라서, 사람은 그것이 그의 목적을 위해 그에게 도움이 되는 만큼 그것을 사용하며, 그것이 그에게 방해되는 한 그것을 제거해야 한다. 이런 까닭에, 우리 자유의지의 자유에 허락되어 있고, 이것에 금지되지 않은 모든 것에서, 우리 자신을 모든 피조물에 치우치지 않게 할 필요가 있다. 따라서 우리로서는 병보다 건강을, 가난보다 부를, 불명예보다 명예를, 단명보다 장수를 원하지 않으며 그리고 그 밖의 모든 것에서도 그렇게 하고, 우리가 창조된 목적으로 더 우리를 이끄는 것만을 바라고 선택해야 한다.

'원리와 기초'는 앞의 영신수련 수식어들을 좀 더 명확하게 부연 설명하고 있다. 이에 따르면 영성형성의 궁극적인 목표는 인간이 창조된 목적에 맞는 삶을 살게 되는 것이다. 인간은 창조주인 하나님을 찬양하고, 흠숭하고, 섬기는 삶을 살도록 창조되었다. 인간의 구원은 곧 창조된 목적대로 살게 되는 것을 의미한다. 창조된 목적대로 사는 삶은 다른 피조물을 어떻게 사용하고 선택하는가에 달려있다. 인간에게는 그것을 선택할 수 있는 자유의지가 있으며 그렇기 때문에 선택의 결과에 대한 책임을 져야 한다. 그런데 인간의 현실은 피조물 사용 선택 시에 치우쳐져 있음을 보여준다. 병보다 건강을 원하고, 가난보다 부를 원하고, 불명예보다 명예를 원하고, 단명보다 장수를 원하는 경향이 있다. 이 치우친 욕망은 그릇된 선택을 초래하여 창조된 목적대로 사는 것을 방해한다. 〈영신수련〉은 수련자가 이 치우친 욕망을 극복하고 영적 자유를 얻어 바른 선택을 함으로써 하나님 안에서 질서 있는 삶을 회복하고 창조된 목적대로 살 수 있도록 돕는 것을 그 목적으로 삼는다.

3) 영성형성의 과정

이그나티우스는 〈영신수련〉의 네 주간에 전통적인 영성형성 삼 단계 즉 정화, 조명, 연합을 반영했다. 이그나티우스가 제시하는 영성형성의 과정은 각 주간의 묵상 준비에 들어가는 청원 기도 제시문들에서도 엿볼 수 있다. 〈영신수련〉 네 단계 주제는 각각 수련자의 내면에서 마땅히 체험되어야 할 은총을 염두에 두고 있다. 그래서 묵상을 시작하기 전에 하나님의 은총을 체험하게 해달라는 청원기도를 드리도록 안내한다. 먼저, 죄를 묵상하는 첫째 주간에 나오는 청원 기도 제시문들은 다음과 같다.

[48] 둘째 준비는 내가 원하고 바라는 것을 우리 주 [하나님]께 청한다. 이 청원은 주제내용에 따라야 한다. 말하자면, 만일 관상이 부활에 대한 것이면, 기뻐하시는 그리스도와 함께 기쁨을 청한다. 만일 수난에 대한 것이면, 고통 받으시는 그리스도와 함께, 아픔과 눈물과 고통을 청한다.

여기서는 단 하나의 대죄 때문에 얼마나 많은 사람이 영원한 벌을 받았는지, 그리고 나는 그렇게 많은 죄 때문에 늘 얼마나 벌을 받았어야 마땅했는지 보고, 나 자신에 대해 부끄러움과 착잡함을 청한다.

[55] 둘째 수련은 죄에 대한 묵상이다. … 둘째는 내가 원하는 것을 청한다. 여기서는 내 죄로 말미암아 크고 강한 통회와 눈물을 청한다.

청원기도문에 잘 나타나듯이 첫째 주간에 수련자가 체험하기 원하는 은총은 자신의 죄를 인정하고 그 심각성을 인식한 데서 나오는 통회와 눈물이다. 이 은총을 체험하면 수련자의 마음은 정화된다. 동시에 감사한 마음으로 구원을 베푸신 그리스도를 대할 수 있게 된다. 이와 같이 첫째 주간의 묵상 주제는 영성형성의 전통적 단계 중 정화 단계에 해당된다.

다음은 그리스도의 공생애를 묵상하는 둘째 주간의 청원기도 제시문 중 하나이다.

[104] 셋째. 내가 원하는 것을 청한다. 여기서는 나를 위해 사람이 되신 주님을 내적으로 알기를 청한다. 이는 주님을 더 사랑하고 따를 수 있기 위해서이다.

둘째 주간의 주제는 수련자가 예수 그리스도를 더 잘 알게 되는 것이다. 이 은총을 체험하게 해달라고 기도하며 시작한다. 예수 그리스도에 대한 내적 인식은 사랑하는 마음과 따르려고 하는 마음을 자연스럽게 불러일으킨다. 예수 그리스도와 인격적으로 깊은 친밀한 관계가 형성되는 것이다. 〈영신수련〉에 따르면 제자도란 계명에 대한 순종과 활동에서 시작되는 것이 아니라 예수님과의 인격적 사랑의 관계에서 시작된다. 이 체험은 전통적인 영성형성 과정의 두 번째 단계인 조명 단계에서 기대되는 것이다. 이 단계에서 예수 그리스도에 대한 내적 인식과 더불어 그분의 인격과 덕이 수련자의 내면에 형성된다.

이제, 그리스도의 수난과 죽음을 묵상하는 셋째 주간 청원기도 제시문을 보자.

[203] 셋째는 내가 원하는 것을 청한다. 이 수난에서는 아파하시는 그리스도와 함께 아파하며, 고뇌 속에 계신 그리스도와 함께 고뇌하고, 그리스도께서 나를 위해 받으신 그토록 큰 고통으로 말미암아 눈물과 내적 고통을 청한다.

셋째 주간의 주제는 그리스도의 고난의 자리에 그리스도와 함께 머무는 것이다. 예수님이 경험하신 아픔과 고뇌를 함께 체험해보는 것이 바로 은총이다. 이 체험은 수련자에게 예수 그리스도의 십자가의 길을 걸어갈 용기와 사랑을 줄 것이다. 예수님의 제자는 예수님의 고난에 함께 참여할 수 있는 사람이다. 이 체험은 전통적인 영성형성 과정의 세 번째 단계인 연합 단계에서 기대되는 것이다. 이 단계에서 수련자는 고난당하신 예수님과의 연합을 체험한다.

마지막으로 그리스도의 부활을 묵상하는 넷째 주간 청원기도 제시문이다.

[221] 넷째. 내가 원하는 것을 청한다. 여기서는 우리 주 그리스도의 이

렇듯 큰 영광과 기쁨으로 말미암아 나도 크게 기뻐하고 환희의 은총을 청한다.

넷째 주간의 주제는 그리스도의 부활의 기쁨을 맛보는 것이다. 사도 바울은 기독교인은 그리스도의 죽음과 연합할 뿐만 아니라 그리스도의 부활과도 연합한 사람이라고 강조했다: "만일 우리가 그의 죽으심과 같은 모양으로 연합한 자가 되었으면 또한 그의 부활과 같은 모양으로 연합한 자도 되리라"(로마서 6:5). 그리스도의 부활 본문들을 묵상하면서 수련자는 하나님의 은총으로 부활의 기쁨을 맛볼 수 있게 된다. 동시에 그 기쁨은 성육신하신 그리스도처럼 하나님의 사랑을 품고 세상의 구원을 위해 세상 속으로 들어갈 수 있는 용기와 사랑으로 이어진다. 이 체험 역시 전통적인 영성형성 과정의 세 번째인 연합 단계에서 기대되는 것이다. 이그나티우스에게 있어서 연합 체험은 초자연적 신비 체험이라기보다는 그리스도의 죽음과 부활과의 연합 체험이라는 것을 〈영신수련〉의 셋째 주간 및 넷째 주간 묵상 체험에서 우리는 확인할 수 있다.

이그나티우스가 영성수련의 기반으로 삼은 전통적인 영성형성 삼 단계는 현대에도 많은 영성수련 참가자들의 경험을 통해 그 유효성이 확인되고 있다. 기독교인이 신앙생활의 초기에는 하나님의 은혜를 깨닫고 감동받는 경험 및 죄의 회개, 죄악된 마음과 행동의 습관 정화를 경험하는 것이 맞다. 신앙생활의 중기에는 예수 그리스도를 더 잘 알고 사랑하며 제자로서 따르려고 하는 열망을 경험하고 순종하는 것이 맞다. 이런 영성형성 과정이 지속되면 예수 그리스도를 닮은 사람으로 변화되고 일치되어 갈 것이다. 그렇지만 삼 단계를 엄격하게 구분해서 적용하는 것은 현대 기독교인에게 맞지 않다.

4) 영성훈련

이그나티우스는 〈영신수련〉에서 영성형성에 도움이 되는 다양한 영성훈련들을 제시하고 있다. 첫째, 성경 묵상(meditation)과 관상(contemplation)이다. 이그나티우스는 각 주간의 주제에 따라 도움이 되는 성경 본문들을 묵상 및 관상의 자료로 제시한다. 그는 묵상과 관상을 함께 사용하는데 차이가 있다. 정한채에 따르면 묵상은 추상적인 주제를 대상으로 영혼의 기능들 즉, 기억, 이성, 그리고 의지들을 사용하는 것이고, 관상은 볼 수 있는 구체적인 존재를 대상으로 영혼의 기능들을 사용하는 것이다.[130] 특히 관상과 관련해서 이그나티우스는 더욱 생생한 체험이 일어날 수 있도록 오감에 기반한 상상력의 사용을 권장한다.

둘째, 성찰(Examen) 및 영성일기이다([24]-[43]). 이그나티우스는 〈영신수련〉 수련자들이 특별 성찰을 첫째 주간에 매일 두 차례 점심 식사 후와 저녁 식사 후에 하고 기도하도록 지도한다. 이것은 특별한 죄와 결점을 정화하는데 도움이 되는 필수적인 영성훈련이었다. 또 생각, 말, 행위에 대해서 일반 성찰을 하고 기도하도록 지도한다. 아울러 특별 성찰 후에는 같은 죄를 반복했을 때 기록해서 개선 상황을 파악하도록 지도했는데, 이것은 성찰기도 후에 영성일기를 기록하는 것에 적용할 수 있다. 실제로 이그나티우스는 기도 후에 영성일기를 꾸준히 작성했다.

셋째, 기도이다([238]-[260]). 이그나티우스는 성경 묵상 또는 관상 전에는 준비기도, 후에는 대화식 기도를 하도록 안내하고 있다. 아울러 일상에서 기도하는 것을 돕기 위해 〈영신수련〉 부록에서 '기도의 세 가지 방법'을 별도로 설명하고 있다. 기도의 첫째 방법은 십계명, 일곱 가지 죄의 근원, 영혼의 세 가지 능력, 그리고 육신의 오관에 대해 묵상하고 기도하는 것이다. 기도의 둘째 방법은 주기도문을 한 마디씩 묵상하고 기도하는 것이다. 기도의 셋째 방법은 주기도문 또는 다른 기도문을 한 마디씩 호흡에 실어서 묵상하고 기도하는 것이다. 이 묵상과 기도의 목적은 죄를 정화하고 예수 그리스도를 닮는 것이다.

넷째, 분별이다([313]-[336]). 이그나티우스는 〈영신수련〉의 부록에 첫째 주간 수련에 적용되는 분별 규칙, '영혼 안에 일어나는 여러 움직임을 몇몇 방법으로 지각하고 알기 위한 규칙들'([313]-[327])과 둘째 주간 수련에 적용되는 분별 규칙, '더 높은 영의 식별로서, 같은 목적을 위한 규칙들'([328]-[336])을 제시한다. 분별의 목적은 "선한 것은 받아들이고, 나쁜 것은 물리치"기 위한 것인데, 선한 것을 '영적 위안'(spiritual consolation),[131] 나쁜 것을 '영적 황폐'(또는 실망, spiritual desolation)[132]라고 개념화한다. 마음의 움직임의 기원이 자기 자신인지, 성령인지, 아니면 마귀인지를 구별해서 영적으로 유익한 것이면 따르고, 방해가 되는 것이면 거절한다. 이그나티우스의 분별은 매일 하는 영성훈련 중 의식성찰 및 영성일기와 긴밀한 관계가 있다.

다섯째, 교회의 가르침을 따라 공동체의 활동에 참여하는 것이다. 이그나티우스는 교회에서 행해지는 성례전 참여 및 순종을 강조하고 있다. 구체적인 실천 사항들은 16세기 스페인 교회의 분위기를 반영하고 있는데 현대 개신교인들의 영성훈련과는 다른 점들이 많아서 생략한다.

현대 기독교인들은 이그나티우스의 영성훈련들 안에서 효용을 재발견하고 있다. 필자는 이 영성훈련들을 신학적 차이 시대문화적 차이를 선별하여 적용한다면 현대 기독교인들의 영성훈련으로 수용할 수 있다고 본다.

5) 영성형성을 위한 적절한 영성지도

이그나티우스의 영성지도에 대한 설명은 〈영신수련〉 맨 앞에 실린 '일러두기'에 잘 나타나 있다. 이 경우에 영성지도자는 '영신수련을 주는 사람'이라고 표현한다. 영성지도자가 영신수련을 줄 때 주의할 몇 가지 지침을 요약하면 다음과 같다. 첫째, 묵상 또는 관상하는 방법과 순서를 안내할 때는 짧게 요점만 정확히 말한다[2].[133] 지도자가 자세히 설명해주는 것보다, 수련자가 스스로 깨닫고 체험하는 것이 영적 성장에 훨씬 효과적이기 때문이다. 둘째, 수련자가 영적 황폐를 경험하고 있을 때에는 어떻게 영성훈련을 하고 있는 지 자세하게 물어보는 한편, 온화하고 관대하게 대하며 용기와 힘을 준다[6], [7]. 묵상 또는 기도 시간을 줄이고 싶은 유혹에 넘어가지 않도록 한다[12], [13]. 셋째, 첫째 주간의 주제를 묵상하고 있는 수련자에게 둘째 주간에 대해 미리 설명하지 않는다[11]. 넷째, 수련자가 영적 위안에 있고 영성훈련을 열심히 할 때, 성급한 약속이나 서원을 하지 않도록 주의시킨다[14]. 수련자가 중요한 결정과 선택을 할 때 하나님의 인도하심을 따르도록 하고 영성지도자의 의도가 영향을 끼치지 않게 한다[15]. 다섯째, 수련자의 개인적인 생각이나 죄를 알려고 하지 말고, 마음의 움직임에 초점을 둔다[17]. 여섯째, 수련자의 나이, 교양, 능력에 맞게 영성수련을 적용한다[18]. 아울러 따로 시간을 내기 힘든 수련자는 일상생활을 하면서도 묵상을 할 수 있도록 안내한다[19].

이그나티우스가 제시하는 영성지도 지침을 보면, 영성지도는 철저하게 수련자의 마음 상태와 역동에 초점을 맞추고 있다. 또한 수련자와 수련자의 내면에서 영향을 끼치는 성령의 활동을 존중하면서 진행되는 것을 알 수 있다. 영성지도자가 수련자의 체험과 선택 과정에 과도하게 개입해서 영향을 끼치는 것을 금지한다. 수련자의 상황에 맞게, 수련자의 진도에 맞게 그 순간에 필요한 안내만 한다. 이것은 수련자의 영성형성을 인도하는 성령을 철저하게 신뢰하는 태도라고 할 수 있다.

이그나티우스의 영성지도 이해과 지침 가운데 상당 부분은 현대 영성지도의 기반이 되고 있다. 현대 영성지도자들이 피지도자들로 하여금 영적이고 정서적인 내면의 움직임을 잘 분별할 수 있게 도우려면 이그나티우스의 분별 규칙이 도움이 될 것이다.

4. 영성형성 단계와 영성훈련에 대한 현대적 이해: 에반 하워드(Evan Howard)의 경우

1) 에반 하워드는 누구인가?

에반 하워드는 미국 버클리에 있는 GTU(Graduate Theological Union) 출신의 기독교 영성학 박사이다. Spirituality Shoppe라는 기독교영성학 복음주의 센터의 설립자이자 디렉터이며, 풀러 신학교의 기독교영성 겸임교수로 있다. 현대 복음주의의 관점에서 기독교 영성학, 영성형성,

그리고 영성훈련에 관한 중요한 책들을 출판했다: Brazo's Introduction to Christian Spirituality(기독교영성 개관), Discovering Lectio Divina(렉시오 디비나: 거룩한 독서의 모든 것), A Guide to Christian Spiritual Formation: How Scripture, Spirit, Community, and Mission Shape Our Souls(기독교영성형성 가이드), Praying the Scriptures(성경 그대로 기도하기), 그리고 "Evangelical Spirituality."[134] 하워드는 복음주의 영성의 네 가지 기초를 성경, 성령, 공동체, 그리고 선교에 둔다. 이 장에서는 〈기독교영성형성 가이드〉에서 하워드가 설명한 영성형성과 영성훈련에 대해 살펴보고 영성지도에 적용해보려고 한다.[135]

2) 영성형성의 목적 및 정의

영성형성에 관한 하워드의 설명은 1장에서 필자가 설명한 영성형성의 기본적인 정의와 크게 다르지 않다. 영성형성이란 하나님과의 관계 및 복음과의 관계가 증진되는 것이다. 성경에는 영성형성에 관한 다양한 비유들이 있다: 자라나는 식물(마 13:31-32, 고전 3:6-8), 운동 연습(행 20:24, 고전 9:24, 딤전 4:7, 히 12:1-2), 청지기 역할(마 25:21, 눅 19:11-27), 그리고 건축(엡 2:22, 벧전 2:5) 등. 영성형성의 다양한 측면들을 소개한 후, 하워드는 자신의 정의를 다음과 같이 소개한다: "성령과 인간에 의해 일어나는 과정으로서, 이 과정에 의해 개인과 공동체가 기독교 하나님(성부, 성자, 성령)과의 관계 안에서 성숙해가고 이 하나님의 생명과 복음이라는 더 위대한 형상으로 변화되어 간다."[136] 요약하면 영성형성은 하나님을 닮아가는 과정이다.

3) 영성형성의 요소들

하워드의 독특성은 위의 정의를 풀어서 영성형성의 요소들을 설명하는 데서 나타난다. 첫째, 영성형성은 변화의 과정이다. 변화란 그리스도와의 관계에서 성장, 영적인 생활에서 성숙을 말한다. 둘째, 영성형성의 목표는 그리스도를 닮는 것 또는 그리스도와의 연합에 있는데, 여기에서 연합이란 그리스도의 인격과 일치뿐만 아니라 그리스도의 복음과 목적과의 일치도 포함한다. 그리스도의 목적은 하나님의 영광이다. 하워드는 그리스도와의 연합이라는 표현을 좀 더 세분화해서 인격, 복음, 그리고 목적과의 일치라고 설명하는 점이 특별하다. 아울러, 영성형성의 목표를 표현하는 용어들로 거룩함과 성화(holiness and sanctification), 신화(deification), 믿음의 순종(the obedience of faith), 하나님 나라(the kingdom of God), 그리고 증가(increase) 등을 언급하고 있다. 셋째, 영성형성 과정에는 그것을 돕는 다수의 대리인(agents)이 필요하다. 가장 우선적인 대리인은 바로 성령이다. 성령은 영성형성을 가능하게 하는 직접적인 존재이다. 그 다음으로 대리인의 역할을 수행하는 존재들은 바로 영성지도자들, 소그룹, 그리고 우리 자신이다. 넷째, 영성형성의 대상은 기독교인 개인들과 교회 공동체들이다. 지금까지는 영성형성의 대상을 기독교인 개인들로만 생각했는데, 하워드는 교회 공동체의 형성 역시 영성형성의 대상으로 보고 있다는 점이 특별하다.

다섯째, 영성형성이 이루어지는 환경(context)에는 세 가지가 있다: 가정(home), 영성학파(schools of spirituality), 그리고 역운동(countermovements). 하워드는 이 세 가지 환경에 대한 아이디어를 키즈 와이즈만(Kees Waaijman)에게서 빌려왔다. ① 가정은 평신도 영성(lay spirituality)이 형성되는 중요한 공간이다. 그런데 현대의 가정은 전통적인 가정과 많이 달라졌다는 점을 고려할 필요가 있다. 따라서 영성형성도 현대 가정환경에서는 새로운 이슈들을 불러일으킬 수 있다. ② 영성학파는 교단과 교단에 속한 지역 교회 그리고 수도단체 등을 말한다. 기독교인은 소속된 영적공동체 안에서 교육, 교제, 예전 그리고 외부 활동 등을 통해 영성형성의 지대한 영향을 받는다. 또한 그 영적공동체 역시 영적으로 형성되어가는 과정에 있다는 사실을 염두에 두어야 한다. 여기에서 더 나아가 현대 기독교인은 소셜네트워킹을 통해 자기가 속한 영적공동체를 넘어서서 영적인 영향을 받는 경우가 많다는 점을 고려해야 한다. ③ 마지막으로 주변부에서 실험적으로 일어나는 역운동이라는 환경 역시 영성형성에 중요한 영향을 끼친다. 기독교 영성사를 돌아볼 때 주변부에서 일어났던 영성 운동들이 시간이 흐름에 따라 중심으로 들어와 지배적인 영향을 끼쳤던 사실을 쉽게 확인할 수 있다: 사막의 영성, 정주 수도회, 탁발 수도회, 종교개혁 운동, 오순절 운동 등. 최근에 한국 개신교에서 일어나고 있는 침묵과 고독, 묵상과 관상, 그리고 예수동행일기 등에 대한 관심은 새로운 실험들이지만 세월이 흘러 한국 개신교를 변화시킬 수 있는 가능성이 다분하다.

4) 영성형성의 단계

하워드는 전통적인 세 단계 영성형성 단계를 사용하지 않는다.[137] 그 이유는 정화, 조명, 일치라는 세 단계는 성경에 명시적으로 나오지 않으며, 그것을 모든 기독교인에게 적용되는 공식 유형으로 옹호하게 되면 위험하기 때문이다. 하워드는 또한 개신교의 구원의 서정(ordo salutis) 역시 너무 정확하게 적용하려고 시도하는 것을 거부한다. 왜냐하면 그것은 성경에서 제시하는 것을 뛰어넘어 조직신학적 평가가 필요할 수 있기 때문이다. 같은 맥락에서 하워드는 각 단계에 따른 영적 체험을 명시적으로 규정하는 것의 위험성도 주시한다. "우리가 영적 성숙으로 부르심 받은 것은 분명히 맞지만, 성숙이 '주입된 관상', '성령 세례', 또는 '전적 성화'의 순간으로 반드시 특징지어져야 하는가는 분명하지 않다."[138]

대신 하워드는 영성형성 즉 지속적 구원의 단계(Stages of Ongoing Christian Salvation)의 거시적 모델(macromodels) 안에 미시적 모델(micromodels)을 배치할 것을 제안한다. 네 단계의 거시적 모델은 현실적인 범주를 설정하지만 일반적인 내용이며, 그 하위에 있는 미시적 모델은 좀 더 제안적이면서 서술적이다. 다음은 하워드의 '지속적 구원의 단계'이다.

① 뻗기(reaching), 일어서기, 걷기: 삶의 첫 해
이 단계에서 더 나아가기 위해, 신자들은 일반적으로 다음 사항이 요청 된다:
* 기본적인 기독교 진리 이해;
* 그리스도와 함께 하는 정체성에 대한 느낌 감각;
* 몇 가지 기본적인 기독교인의 습관;
* 과거와의 근본적인 분리;
* 공동체를 그리스도의 몸으로 여기는 감각; 그리고
* 기독교적인 믿음과 공동체에 공식적으로 소속됨.

② 놀기, 배우기: 하나님의 자녀로서 견고한 성장

이 단계에서 기독교인은 대체로 다음 사항을 획득한다:

* 자신의 마음, 생각, 그리고 삶의 모략에 대한 증가된 깊은 인식;

* 기독교 제자도의 기본적인 사이클을 어느 정도 인지하고 참여하기 (즉, 하나님의 초대, 우리의 반응, 하나님의 반응 또는 하나님의 임재, 삶의 교훈, 우리의 행동과 하나님의 행동, 통합);

* 신학, 공동체, 또는 정체성에 관한 건전한 성경적인 기초를 평가하는 방법;

* 네 가지 우선적인 은혜의 수단(means of grace)을 어느 정도 이해하기: 성령, 평범한 삶의 사건들, 계획된 훈련들, 공동체; 그리고

* 기독교 봉사에 대한 감각과 참여가 증가됨.

③ 오르기, 춤추기, 여행하기: 기독교 삶을 탐색하기

이 단계는 종종 다음과 같은 계발을 수반 한다:

* 하나님 이해와 경험이 더 확대되고 심화됨;

* 교회의 다른 전통들을 알게 됨;

* 기독교적 변화의 넓이에 대해 탐험적인 태도를 가짐;

* 폭넓은 범위의 은혜의 수단들에 익숙해짐;

* 몸의 은사를 활용하여 적극적인 봉사를 하는 삶; 그리고

* 기독교 분별을 실습하고 재통합함.

④ 적극적 쉼, 쉼이 있는 활동: 성숙한 기독교 삶을 살기

이 단계는, 대체로 탐색의 시절을 뒤따라오며 기독교적 삶에서 언

고 잃은 것을 통합한다는 특성을 지니는 데, 다음과 같은 사항들에 정착하는 것 같다:

 * 탐색, 분별, 그리고 재통합의 라이프스타일;

 * 정체성, 소명, 그리고 리듬의 감각;

 * 자신의 공동체와 신학;

 * 가능성들과 한계들;

 * 위기와 재정착을 오가는 방법; 그리고

 * 단기 그리고 장기의 투자.[139]

5) 영성형성을 위한 영성훈련

하워드가 영성형성을 위해 제안한 복음주의 전통의 영성훈련들은 열 가지이다: ① 성경(읽기, 연구, 묵상), ② 설교(말하기, 듣기, 읽기), ③ 가정예배, ④ 찬양, ⑤ 중보기도, ⑥ 소그룹, ⑦ 부흥회, ⑧ 간증, ⑨ 안식, ⑩ 영성일기.[140] 여기에서 하워드는 영성일기는 기독교의 다른 교파보다도 복음주의 전통에서 가장 강조된 영성훈련이었다는 점을 드러내고 있다. 〈기독교영성형성 가이드〉에서는 특별히 다섯 범주의 영성훈련들에 초점을 맞추고 있다: 기도 및 묵상, 공동체, 습관 형성(생각, 감정, 그리고 행동), 선교, 그리고 분별 등. 글을 쓴다는 것은 모든 경험을 종합하는 실천이다. 따라서 영성일기는 앞에 열거한 모든 영성훈련들 안에서 발생한 경험들을 하나님과의 관계 안에서 의미를 해석하고 기독교인 개인의 삶에 통합하는데 있어서 매우 중요한 역할을 하는 영성훈련이다.

6) 영성형성을 위한 영성지도

영성지도의 고전인 〈영적지도의 실제〉에서 윌리엄 베리(Willaim Barry)와 윌리엄 코널리(William Connolly)가 제시한 영성지도의 정의는 다음과 같다: "영적 지도란 어떤 개인으로 하여금 [하나님]께서 개인적으로 의사 전달하시는 것에 주의를 기울이고, 이렇게 의사 전달하시는 [하나님]께 응답하며, [하나님]과의 친교를 깊게 하고, 그 관계에 바탕을 둔 삶을 살아가도록, 한 사람이 다른 사람에게 베푸는 도움이라고 정의할 수 있다."[141] 하워드는 이 정의가 기독교적 삶에서 개인적인 관계의 친밀함에만 초점을 맞추고 있으므로, "모든 것을 새롭게 하는"(make all things new, 요한계시록 21:5) 기독교 복음의 포괄적인 측면을 염두에 두고 보완할 필요가 있다고 주장한다.[142] 필자의 생각에 하워드는 영성지도자가 하나님과의 개인적 관계가 공동체 및 선교와 어떤 영향을 주고받는지를 살펴보도록 제안하는 것 같다.

아울러 하워드는 기독교 영성지도의 세 가지 특성을 강조한다.[143] 첫째, 영성지도 관계는 돌봄 관계이다. 돌봄의 구체적인 방법으로는 경청, 알아차리기, 지지와 격려, 질문, 상기하기 등이다. 여기에서 알아차리기란 영적 장애물, 성령께서 열어주시는 것, 초대, 그리고 미세한 표지들에 대한 것이다. 둘째, 영성지도 관계는 개인과 하나님과의 관계에 우선적으로 집중한다. 이 점이 멘토링과의 차이점이다. 마지막으로, 영성지도 관계는 피지도자가 하나님과의 관계 안에 존재함으로써 경험하는 결과에 반응하고 살아내는 것을 돕는다. 필요하면 직면해야 할 때도 있고, 영성훈련을 소개해줘야 할 때도 있다. 또 복음과 소명에 충실하게 살아가고 있는 지를 점검해줘야 할 때도 있다.

하워드에 따르면 영성지도자는 피지도자가 위에서 요약한 지속적 구원의 단계를 잘 밟아나갈 수 있도록 동행하며 돌보는 안내자 또는 동반자이다. 이를 위해 영성형성, 영성훈련, 그리고 영성지도에 관한 충분한 이해와 경험이 필요하다.

5. 결론: 예수동행일기 운동을 위해 영성지도를 어떻게 할 것인가?

16세기 스페인 영성가인 이그나티우스는 전통적인 영성형성의 세 단계, 즉 정화, 조명, 일치를 기반으로 한 4주 영성수련을 제시했고, 영성지도자는 이 영성수련 참가자가 제시된 묵상과 관상을 수행할 때 일어나는 내적 움직임을 잘 분별하고 인생의 중요한 선택을 잘 할 수 있도록 도왔다. 반면, 현대 복음주의 영성지도자인 하워드는 전통적인 영성형성 세 단계를 따르지 않고, 대신 점진적 구원 단계를 네 개의 거시적 모델과 각 거시적 모델에 해당하는 미시적 모델을 제시하면서, 영성지도자로 하여금 기독교인이 은혜의 도구들을 수행하면서 성화의 과정을 밟아나갈 수 있도록 돕게 한다. 필자가 보기에 예수동행일기 운동이 속한 영성학파는 복음주의이다. 따라서 영성형성 단계에 대한 이해에 있어서 전통적인 이그나티우스의 모델을 참고는 하되 현대적인 하워드의 모델을 따르는 것이 적합해 보인다.

본 논문의 주제와 관련해서 이그나티우스와 하워드의 공통점은 영성일기(예수동행일기)를 중요한 영성훈련 방법 중 하나로 인정하고 있다는 점과 영성지도의 필요성을 인식하고 있다는 점이다. 그러므로 필자는 예수동행일기 운동의 발전을 위해서도 영성지도가 체계적으로 실시되어야 한다고 믿는다. 필자가 보기에 예수동행일기 운동에서 중요한 견인차 역할을 하는 사람들은 바로 일기의 내용이 나눠지는 소그룹을 책임지는 소그룹 지도자들이다. 이들은 지금까지 공식적이든 비공식적이든 영성지도자(spiritual director)의 역할을 수행해왔다. 소그룹 참가자들이 지속적으로 영성일기를 기록하고 소그룹에 참여하여 나눌 수 있도록 도왔다. 이를 위해 사랑, 환대, 인내, 자기 개방, 경청, 그리고 반응 등을 적절하게 해주었다. 영성지도자의 역할을 효과적으로 수행하려면 영성형성, 영성훈련, 그리고 영성지도에 대한 깊이 있는 이해가 필요하다. 아울러 예수 그리스도의 인격과 사랑으로 참가자를 이해하고 공감하며 대하는 것이 필요하다. 영성훈련을 통해 스스로 하나님과의 친밀한 관계를 유지하고 있어야 한다. 이를 통해 하나님의 임재와 활동을 분별하기가 수월해진다.

현 단계에서 필요한 것은 소그룹 지도자들을 효과적인 영성지도를 수행할 수 있는 영성지도자로 좀 더 본격적인 훈련을 받게 하는 것이다. 필자는 구체적으로 소그룹 지도자들이 영성지도자가 되기 위해 필요한 교육 및 훈련 커리큘럼에 필수적으로 들어가야 할 과목들을 다음과 같이 제안 한다:

① 이론 과목: 영성신학, 기독교 영성형성, 기독교 영성사, 영성지도, 영적분별 등

② 실습 과목: 말씀묵상, 의식성찰, 예수동행일기, 3박 4일 영성수련, 관상적 경청(contemplative listening), 일대일 영성지도, 소그룹영성지도, 수퍼비전 등

이 커리큘럼은 최근 한국교회 안에서 시작된 영성지도자 양성 프로그램들이 공통적으로 사용하고 있다. 특히 코로나 팬데믹 상황에서 많은 프로그램이 온라인으로 전환되었다. 경험에 따르면 온라인 환경에서 소그룹 또는 일대일 영성지도는 전인적인 만남과 소통이 힘들다는 한계에도 불구하고 여전히 효과적인 것으로 밝혀졌다. 예수동행일기는 이미 그 운동을 시작할 때부터 온라인 소그룹을 활성화했고 많은 경험이 축적되어 있다. 온라인 환경에 잘 적응한 소그룹 지도자들이 영성형성과 영성지도에 대한 이해와 경험을 쌓는다면 더욱 균형 있고 효과적인 사역을 해나갈 수 있을 것이다. 아울러 좋은 영성지도자들이 소그룹을 섬기게 되면 참가자들이 영성형성 과정을 잘 진행해 나가고 영적 성숙을 경험하는 데 큰 도움이 될 것이다. 예수동행일기 운동이 한국교회에 새로운 영적 에너지를 공급하는 데 있어서 소그룹 지도자들이 중요한 역할을 감당할 수 있게 되기를 바란다.

IV. 경건주의와 예수동행일기(역사신학)

이은재 교수

"경건주의와 읽기: 아우구스트 헤르만 그랑케를 중심으로"(신학과 세계 2017년 제 90호)
상기 논문은 신학과세계 2017년 제90호에 실린 것을 저자와 학교의 허락을 받아 게재합니다.

> "사람들은 지진관측소의 바늘처럼 펜을 쥔다.
>
> 글을 쓰는 것은 본래 우리가 아니다. 우리는 기록되는 것이다.
>
> 고로 글을 쓴다는 것은 자기 자신을 읽는 것이다."
>
> — 막스 프리쉬(Max Frisch)의 일기, 1946-49. 21.

1. 들어가는 말

사람들은 일기를 통해서 날마다, 혹은 적어도 규칙적으로 자신이 다루는 일이나 또는 자신에게 중요하게 드러난 것을 기록한다. 그런데 모든 일기의 유일한 공통점은 바로 일기를 쓰는 사람들만큼이나 일기가 다양하다는 사실이다. 즉, 일련의 일기들을 병치(並置)해보면, 그 외적인 형식이 너무나 차이가 난다는 것을 알게 된다. 오늘날 대부분의 사람들은 일기를 문헌으로 이해하는데, 이는 어떤 사람이 자기 자신, 경험, 사유, 느낌에 몰두하고 다룬 것을 바탕으로 스스로를 규정하려고 시도하는 것이다. 그럼에도 불구하고 오늘날과 같은 일기 형식의 변형은 19세기가 지나면서 발전한 것이다. 일기가 실제로 얼마나 다양한지를 알려면 일기의 역사적인 발전과정을 자세히 고찰해 보면 된다.

근대적인 일기의 이전 형태 가운데 가장 대표적인 것은 연대기 혹은 시간적 차이를 두고 발생한 결과를 기입하는 방식이다. 이런 종류의 방식은 수도원과 도시, 그리고 가정에서 많이 발견된다. 중세에 연대기적인 기록은 널리 확산되어 있었다. 연대기적인 기술에서 개인은 별로 중요하지 않았으며 오히려 전체 그룹 혹은 공동체, 시민과 가족이 우선이었다. 개인의 경우에는 출생연도, 사망 일자, 직책에 등용되거나 직무를 감당했던 기간 정도만 기술되었는데, 이는 후손을 위해 필히 유지되어야하는 사항이었다. 반면에 자연재해, 화재, 전쟁, 흉작, 왕과 황제의 방문 등은 의무적으로 기록되었다. 점차 발생한 사건에 대한 순수한 기술을 넘어서서 짧은 언급이 등장하기 시작했다. 즉, 글쓴이가 사적인 견해, 평가, 논평을 덧붙이기 시작한 것이다. 15세기 이후로 이런 현상은 점점 증가하였으며 단순한 연대기에서 일기로 발전하는 계기가 되었다.

여전히 글쓴이의 생각이나 느낌보다는 개인을 상회하는 결과들이나 정보들이 우선적이긴 했으나 조금씩 변화를 가져왔다. 정치적인 사건 옆에 가족들에 관한 보도가, 가격 변동 옆에 일기 보도가, 질병에 대한 처방전 옆에 기도문이 함께 기록됨으로써 '사적인 연대기'라는 흐름이 형성되었다. 근대 초기의 일기는 무엇보다 메모, 참고와 같아서 앞으로 무엇이 중요할지를 가늠하는데 기여하였다. 그 결과, 상인들과 수공업자들 같은 특정 집단의 경우에 저널과 영업용 장부로 발전하였고, 정보의 제공이라는 차원이 중요하게 다루어졌다. 물론 이런 내용들에 사적이고 정치적인 사건들이 추가되었고, 사업과 가족 등 다양한 영역에 대한 언급이 보충되었다. 물론 회계장부와 일기는 구분이 되었다. 또한 고비용을 지불해야 하는 여행의 성격상 여행 일지가 급속도로 확산되기도 했다.

18세기 중엽 일기의 유용성은 결정적인 방식으로 변화를 겪게 되었다. 자극제는 매우 다양한 측면에서 발생하였다. 무엇보다 경건주의는 종교에 대한 주관적인 형태를 요구하였고, 계몽주의는 인간으로 하여금 자기 자신에 대한 책임과 감성을 기대했다. 이에 따라 개인의 감정(Gefühl)과 인간 환경에 대한 개별적인 인식이 강조되었다. 신학자들, 철학자들, 문학가들은 갑자기 개별 인간(=개인)을 중심에 놓았고, 자기 자신에 대한 내성(內省)과 자정(自整)을 요구했다. 이제 일기는 지속적이고 자기중심적인 기록으로서 인간이 자기 자신을 다루는 가장 이상적인 수단으로 입증되었다. 일기에서 생각, 느낌, 태도와 행동이 중요한 요소로 자리를 잡게 되었다. 특히 경건주의자들에게 일기는 종교적인 회심 이야기의 연대기로, 계몽주의자들에게는 이성적이고 도덕적인 행동에 대한 해명서로 각광을 받게 되었고, 그래서 마치 일기가 '건강하고 아름다운 정신'의 증거자료나 일종의 자기-확신으로 인식되었던 것이다.

1. 현대인들에게 일기(Diarium)란 무엇인가?

앞서 밝힌 것처럼 일기에 대해 그 어떤 정의를 내리려는 시도는 무의미하다. 특히 일기 형식에 대해 정의를 내리려는 경우, 지금까지도 전문적인 이론가들은 소수이기에 그리 간단하지 않다. 다만 "일기에 대해 교의적이고 정밀하게 정의를 내리려는 시도는 의미 없는 것으로 비친다."(Jurgensen) "분명하고 타당한 정의를 생각하는 것은 완벽함과 마찬가지로 거의 불가능하다."(Wuthenow)는 정도로만 언급하자. 하나의 개념을 일상적인 언어 용법으로 아무런 문제 없이 올바르게 표현하려는 시도는 종종 사실에 대한 모순을 불러일으키기가 쉽다. 그래서 일기가 무엇이냐 하는 것은 각자가 알고 있는 바대로 의미할 수밖에 없다.

물론 공공연하게 학문적인 요청이 주어지기에 애매하고 모호하게나마 정의를 시도할 수는 있지 않을까 생각해 볼 수 있다. 가급적 자료에 입각해서 설명하고, 개관할 수 있을만한 토대를 바탕으로 불확실한 이론의 지평에서 사람들을 구해내려고 시도하는 것 말이다. 그렇다고 해서 일기의 이론에 관한 그 어떤 적합하고 타당한 설명이 있으리라는 희망은 온전할 수 없다. 이론적인 기초가 빠지게 되면, 일기라는 문학은 기술(記述)의 본질에 관한 막연한 글쓰기와 오락물 같은 피상적인 억측이라는 도전들에 맞서 논쟁하게 된다. 따라서 현상학적으로 규정하고 본질적인 특징을 나타내려는 시도는 있을지언정, 텍스트와 관련해서 정의를 내릴 수 없기에 본문 바깥에 서 있는 '저자'를 끌어들여 개입시키는 일이 세간에 널리 행해진다. 물론 일기라는 난처한 상태로 인해서 조급한 구실과 핑계를 대거나, 자서전처럼 저자와 형식적인 관계를 유지하려고 든다. 즉, 작가의 초상은 기술하는 자로 규정된다. '기술되는 인물'이 일기의 기능을 예술적인 생산물로 만들려는 순간, 저자가 추구하고 시도하는 작품에 연결되지 않고 오히려 고립적으로 다뤄지게 된다. 저자의 잠재의식에 있는 사적인 인격과 기술 행위는 열린 채로 남아있다는 말이다.

일기에 드러나는 '문학적인 나(자아)'는 안네 프랑크의 경우와 같이 분명하게 드러나기보다는 여전히 허구적이고 소설처럼 여겨진다. 물론 이것이 기짓을 나타낸다는 말은 아니다. 그래서 "자아의 문학적인 과정"으로 볼 수 있는데, 대표적으로 괴테, 키르케고르, 카프카, 토마스 만 등을 들 수 있다. 그러므로 일기는 어떤 실천적인 결과보다는, 이미 인식하고 있는 것을 활용하도록 하는 실용적인 슬로건을 제시하는 데 초점을 맞추게 된다. 어쨌거나 일기에서 발생하는 오해를 벗어나는 길은 '주체 개념'을 분명하게 하는 것이다. 즉, 공적인 요청과 사적인 타당성, 삶과 행위, 전기와 문학이라는 것을 매개로 잘 조정해서 일기에 흔적으로 나타나는 전기적인 성격을 문학과 심리학으로, 혹은 사회문화적으로 반영하도록 하는 것이다. 일기 안에 나타나는 '세계와 자아'[144]야말로 문학적인 차원을 갖는 것이다.

문학 혹은 예술은 텍스트와 반대가 아니다. 오히려 철두철미하게 이 세상으로부터 그리고 원칙적으로 세상의 언어적인 요소들로 구성되어 있다. 즉, 문학은 세속적인 견해와 입장을 표현한다. 일기는 그 성격상 매우 정확하고 세밀하게 다루어져야 한다. 일기는 규범적이거나 미학적인 것이 아니며, 독단적인 것도 아니다. 일기는 단순히 언어적이고 구조적인 범주를 넘어서는 것이어야 한다. 일기는 기억, 저널, 메모, 기념, 삶에 관한 이야기와 전기, 생활상, 삶의 기록 등 다양하다.

그래서 필립 르죈(Philipp Lejeune)은 일기에 대해 다음과 같이 세 가지를 요구한다. 먼저, 일기는 어떠한 경우에도 미학과 철학의 논제를 배경으로 기술되어서는 안 된다. 일기는 가능한 구체적인 텍스트로 정확하게 연관되어야 하고, 텍스트 내부의 기능을 파악해야 한다. 둘째로, 일기의 소통 방식은 사실적인 동시에 다양성, 내적인 구조와 작업 내용을 고려해야만 한다. 여기에서 문제는 이론적인 것에 앞서 그 어떤 확신, 즉 자서전 혹은 서신들 모음이 '일기'라는 상위개념 아래에 두어서는 안 된다는 사실에서 자유로워야 한다. 기실 '18세기 전통에서 강조된 주관성'으로 일기를 이해하였던 것이 사실이다. 그러나 역사적인 저널의 경우에 일기가 꼭 천편일률적이지는 않았다. 그 예로, 아미엘(Amiel)의 저널(Les journaux intimes), 공쿠르(Goncourt) 형제의 저널, 헤벨(Hebbel)의 일기와 괴테(Goethe)의 일기 등은 그 주제와 구조에 있어서 매우 분명하게 구별된다. 이런 종류에는 항해일지와 여행 일지도 해당된다. 셋째로, 경험을 바탕으로 일상적인 언어로 묘사하는 일기의 경우에 엄밀히 따지자면 편지, 자서전, 연대기, 신문이나 저널은 그 자체로 일기가 아니다. 형식적으로 일기는 결코 대화가 아니며, 확정된 수신인도 없고 독백적인 틀을 갖는다. 그러나 일기는 내용적으로 결코 제한이나 한계를 모른다. 일기는 외적이고 정치적인 동시에 개인적이고 사적인데, 그것이 내적으로 일어난 사건이든지 아니면 경험으로 수용된 것이든지 들은 것, 꿈, 숙고, 기분이나 느낌, 읽은 것 모두를 포함한다. 즉, 내적이고 외적인 경계를 넘어서서 세계 경험과 자아 경험, 멀리는 글쓰기(記述)를, 가까이는 성찰을 해야만 하는 저자는 설명자이면서 동시에 중심인물이다. 따라서 최대한 객관성과 개방성을 가질 때에야 가능하다.

어쨌든 우리는 '일기'의 형식적인 정의를 시도해 보고자 한다. 지금까지의 이론적인 접근과는 달리 체계적이고 개별적인 특징들에 의미를 부여하면서 서로 구분을 짓고 가능하다면 정밀하게 구성해 보고자 한다. 따라서 일기의 본질이 무엇이냐가 아니라 일기의 분류체계를 문제 삼을 것이다. 일기 형식의 글쓰기는 매우 다양한 특성을 갖고 있다는 점과 역사적-문화적 배경을 바탕으로 종합될 수 있다. 그래서 분석적인 실천이 필요한데, 이에 따르면 일기는 ① 도식과 내용에서 분명히 서로 대조적이며 부분(단편)적인 텍스트이다. ② 직접적인 수신인이 없다. ③ 명확하고 포괄적인 날짜와 연대기로 구성된다. ④ 텍스트 바깥의 실재의 부분들에 대한 명확하고 포괄적인 태도가 존재한다. ⑤ 글을 쓰는 주체는 일기라는 협정을 통해 저자와 동일시된다. 더구나 일상적인 언어라는 양식을 갖고 있으면서도 조금도 권위와 신빙성을 잃지 않는다. 단편적인 특징을 갖지만, 조서 작성처럼 날짜를 기입하고 수신인이 생략되기에 참 말 혹은 참 글이라는 인식을 제공한다. 텍스트를 위한 실재의 세계에 저자의 이름을 기입함으로써 책임적으로 드러나며, 글을 쓰는 주체와 나(자아)를 주연배우로 등장시켜 실재성을 부각시킨다.

1) 헤르더(Herder)의 '1769년의 여행 기록'(Journal meiner Reise im Jahre 1769)은 일기 형식을 취하고 있으며, 그의 친구들 사이에 널리 회자되었다. 괴테(Goethe)의 '젊은 베르테르의 고난'(Die Leiden des jungen Werthers, 1774)도 일기와 서신소설에 해당한다. 이런 방식의 단편 시학은 헤르더, 하만(Hamann), 초기 낭만주의 이래 발전하였고, 문학 양식으로 자리매김하였다. 이때 항해일지도 중요한 역할을 하였다. 여기에는 일상의 자기 확신을 비롯해서 주체의 합리적인 자기 계획과 미래 계획 등이 담겨 있다. 괴테는 자신의 일기를 계몽주의적인 교육학 즉, 자기 객관화와 자기 훈련의 수단으로 이해했다. 그러므로 자신과 세계에 대한 이미지는 결함이나 결점이 아니라, 오히려 규칙과 완전함을 위한 의도로 보인다.

반면에 카프카(Kafka)는 비-허구적, 의미적인 연결이나 이중적인 구조가 전혀 없는 일기를 보여준다. 현대에 들어서면서 일기는 형식의 단편성, 자신과 세계 이미지가 증가되고 있다.

2) 구체적인 수신인이 없다. 독백 형태로 편지와 다르다. 수신인이란 나를 벗어나고 넘어서는 것을 뜻한다. 그러므로 수신인의 부재란 인간 내면의 조정(조절) 장치와 인간 초월의 가치체계에 우선을 둔다는 말이다. 일기에서 나(주체)는 텍스트에서 세 가지 기능을 갖는다. 즉, 행위자, 체험자, 태도와 행동하는 자이다. 이때 나는 객관적인 조정자가 된다. 누구든지 스스로를 읽는 독자인 동시에 저자가 되고자 하는 것이 일기의 본래적인 성격이다. 일기에서 '나'는 강조된 주체로서 쓰고 읽기를 원하는 존재이다. 나 자신에 대해 개방적이고 주도적인 주관성을 갖는다.

3) 연대기적인 구성: 날짜의 연대기적인 표기는 직접성을 보여준다. 탐험이나 원정대처럼 현재 진행 중에 있는 것이며, 절차를 처리하는 과정이라고 할 수 있다. 혹은 경험한 것을 주관의 내부로 가져와서 문학적인 시점으로 공시화하는 것이다. 문제는 주관적인 체험의 시간과 구조적이고 예술가적인 시간 패턴의 대립이나 간격을 올바르게 연결시켜야 한다. 그래야만 체험과 성찰과 기록을 분명하게 만들 수 있다.

4) 텍스트 바깥의 실재: 사실과 그 사실을 언어로 번역하는 것이 텍스트의 실재를 형성하도록 한다. 이런 여과 과정을 거쳐야 존재가 상상력을 넘어 실재의 세계로 나아가게 된다. 언어능력은 스스로를 속일 수 있다. 파괴적인 변형과 망상 혹은 반-실재라는 허구의 기획을 허물어야만 한다. 실재의 세계와 언어로 이미지화되어 생산된 세계를 서로 균등하게 만드는 것이 필요하다.

5) 글 쓰는 주체의 현존: 글 쓰는 행위에 나(자아)는 드러나지 않지만, 글 쓰는 주체는 항상 현존한다. 르죈은 친숙한 문헌으로 자서전, 자기 묘사, 회고록, 서신, 에세이를 언급하면서, 본질적으로 공개된 일기는 자서전의 본질을 갖고 있다고 말한다. 저자와 화자(話者) 혹은 중심인물 간의 동일성은 독자들로 하여금 텍스트의 권위를 받아들이도록 요청한다. 물론 여기에서 화자(話者)는 일기를 기술하는 주체, 중심인물은 본문에서 행위와 경험을 나타내는 '나'이다. 중요한 것은 자신의 이름과 필체를 통해서 일종의 '서명'을 하는 저자가 텍스트의 기능을 감당한다는 점이다. 현대문학의 슬로건은 '나는 타자'라는 것이다. 일기는 언제나 점점 낯섦을 경험하는 '실제의 나'와 스스로를 기획하는 '문학적인 나' 사이에 긴장이 조성될 수 있다. 이것은 지난 1950년대 이후로 일기의 중요 테마가 되었다.

앞서 말한 대로, 일기의 형태는 매우 다양해서 분류하기가 쉽지 않다. 외교관의 일기, 여행 일지, 항해일지, 가계부, 근무 일지, 해몽서, 정원일지, 일정표 등등. 이런 경우는 역사적인 기능은 하지만, 다소간에 순수하지 않은 혼합 형태를 띠게 된다. 물론 역사에서 이상적인 형태를 찾기가 그리 쉽지 않다. 차라리 '비역사적인 이상주의'가 더 타당할지도 모른다. 미셸 를루(Michèle Leleu)는 일기문학의 관습적인 세 가지 분류를 명확하게 보여주었다. 그것은 역사적인 일기(내용적으로 acta), 문서와 기록적인 일기(cogitata) 그리고 개인적인 일기(sentita)이다. 유사하게 쿠르츠록스(Kurzrocks)는 '메모-일기', '성찰-일기', '실존적인 혹은 주체 중심적인 그리고 자기반성적인 일기'로 구분하였다. 반면에 저스트(Just)는 관습적이거나 획일적인 구성이 아니라 일기의 이상적인 기능에 따라 구분하는데, 그에 따르면 '고백'과 '기장(記帳)'으로 분류한다.

2. 방향전환을 위한 하나의 사례 – 조르주 베르나노스(Georges Bernanos), <어느 시골 신부의 일기>에서

나는 내 일기의 이 첫 몇 장을 읽어 보았으나 아무런 기쁜 마음이 들지 않는다. 일기를 쓰려고 마음먹기까지 꽤나 성찰한 것은 사실이다. 그렇다고 해도 별 안도가 되지 않는다. 기도가 습관이 된 사람에게는 성찰이란 너무나 흔히 어떤 알리바이, 특정 의도 속에 자신을 굳히려는 은밀한 방편이 되곤 한다. 이성적으로 따진다는 것이 우리가 원하는 바를 어둠 속에 감춰 놓고 그 속에 쉽게 내버려두는 일이 되곤 한다. 세상 사람은 자신의 기회를 따져 계산해 본다. 그럴 만하다! 그러나 우리 같은 사람들, 아니 이 가난한 삶의 매 순간에 함께하는 저 엄연한 신의 존재를 전폭적으로 받아들인 사제들이 자기 운명을 따져 본다니 말이나 되는가? 신앙을 잃지 않는 한 – 한데 그렇게 된다면 무엇이 남겠는가? 자기 자신을 부인하지 않고는 신앙을 잃을 수 없는데. – 사제는 자기가 거둘 것에 대해 세속의 자녀들이 지닌 분명하고도 너무나 직설적이며 단순하다고 해야 할 관점을 가질 수 없을 것이다. 우리가 가진 기회와 운을 계산해 본다고? 무엇 하러 말인가? 하느님을 맞수로 판을 벌일 수 없는 법.

　나는 일기를 적어 보는 이 일을 앞으로 열두 달 이상은 계속하지 않기로 오늘 아침 마음을 정했다. (...) 엄밀히 말해 무슨 소심증 때문이 아니다. 하기야 비밀이랄 것도 없는 일상의 더없이 소박하고 자잘한 속내를 정말 솔직하게 하루하루 여기 적어 놓는 일이 무슨 잘못이라고는 생각하지 않는다. 종이 위에 활자로 고정해 두게 될 사실들도, 아직은 마음을 열고 가끔 서로 얘기하는 일이 있는 유일한 한 친구에게도 특별한 내용을 새삼 알려줄 게 없을 것이다. 그 나머지, 아무런 부끄럼 없이 거의 매일 아침 하느님께 의탁하는 바에 대해서는 내 결코 글로 쓰지는 못할 것이라는 느낌이 든다. 아니다, 이것은 소심증 같은 것이 아니다. 내 느낌, 그것은 본능의 경고와 흡사한, 일종의 비이성적 걱정이다. 이 초등학생용 공책 앞에 맨 처음 앉았을 때, 양심 성찰 대처럼 마음을 모으고 집중하려고 애를 써 보았다. 그러나 평소에는 그리 고요하면서도, 자질구레한 일은 무시하고 곧바로 핵심으로 향하는 통찰력을 지닌 나의 내적 시선이 바라보게 된 것은 내 양심이 아니었다. 내 내적 시선은 마치, 여태 내가 몰랐던 어느 다른 의식의 표면 위를, 흐릿한 어떤 거울 표면 위를 훑는 것 같았다. 그 거울에서 나는 어떤 얼굴이―누구의 얼굴이던가? 어쩌면 내 것이었던가.....?―솟아오르는 것을 보게 될 것 같아 두려워졌다. 되찾은듯하다 다시 잊힌 그 얼굴.

자기 자신에 대해서 단호하게 이야기해야 하리라. 그런데 자기 자신을 파악하기 위한 이 첫 시도 초두에 그만 어디서부터 이런 자기 연민, 동정심이 솟구친단 말인가? 영혼의 가닥가닥이 헤벌어지며 울고 싶어지는 이 마음은 웬일인가?

그렇다, 얼마나 어리석었던지! 이 일기를 쓰노라면, 내가 조금이나마 성찰을 해 볼 수 있는 흔치 않은 계제에 달아나기만 하는 생각들을 붙잡아두는 데 도움이 되리라는 게 애초 예견이었다. 일기란 것이 주님과 나 사이의 대화가 되고, 기도의 연장이 되며, 아마 고통스러운 위경런 때문이겠지만 여전히 너무 자주 극복하기 힘들게 느껴지는 기도 생활의 어려움을 에둘러 가는 한 방편이 될 것이라고 생각했던 것이다. 그런데 정작 일기는 때로는 벗어났다는 생각이 들었던 저 수천수만 가지의 잗다란 일상의 근심이 내 오죽잖은 삶 속에 얼마나 어마어마하게 큰 부분을 차지하는지를 알알이 드러내 보여준다. 나는 우리 주님께서 우리 근심의 하찮은 것까지도 당신 몫으로 맡아주시고 아무것도 경멸하지 않으심을 잘 안다. 그러면서도 차차 잊어버리고자 노력해야 할 것을 나는 왜 오히려 종이 위에 적어 놓으려는 걸까? 제일 나쁜 것은 이런 속내를 적어가는 데서 내가 너무나 큰 위안을 받는다는 점이다. 이 한 가지만으로도 경계를 게을리하지 않을 수 없다고 생각하기에 족할 정도인데 말이다. 그 누구도 읽지 않을 이 글들을 램프 불 아래에서 끄적거리면서 나는 분명 하느님의 현존 아닌 다른 어떤 비가시적인 현존을 느꼈다. 그것은 내 모습을 한 어떤 벗의 현존이었던가. 나와는 아주 분명히 구별되고 다른 본질을 지닌... 어제 저녁은 이 현존감이 하도 강하게 느껴져서 부끄럽게도 갑자기 울고 싶은 마음과 함께 저 낯모를 가상의 경청자에게 내 머리를 기울여 얹고 싶은 생각이 나도 모르게 드는 것을 문득 깨달았다.

이 일기 적기를 시험 삼아 끝까지, 즉 적어도 몇 주간은 끌고 나가 보는 것이 좋겠다. 머릿속에 스치는 것을 굳이 가려잡지 말고 적도록 해 보겠다.

3. <한 경건주의자의 일기> – 아우구스트 헤르만 프랑케(August Hermann Francke)

인간은 자신의 시대를 살아간다. 대개의 인간은 그 시대에 맞서서 삶을 개척하거나 그러는 가운데 자신의 존재 이유와 사명을 깨닫게 된다. 그렇다고 해서 인간은 시대정신이라고 불리는 고유한 자신의 시대로부터 따로 떼어 이해되거나 생각할 수 없다. 개인은 역사적인 시대와 그 정황으로부터 바르게 이해될 수 있으며, 반면에 매 시대는 개인의 수고의 산물이요 개개인의 종합인 셈이다.

경건주의는 종교개혁 이후 개신교의 위대한 갱신운동으로 이해된다. 정통주의와 30년 전쟁으로 폐허가 된 터전에서 '가르침'보다는 '삶'을, '조직이나 직무'보다는 '정신과 영성'을, '현상'보다는 '능력'을, '외적인 증거'에 대하여 '내적인 경건'을 추구하였던 경건주의는 "황폐한 시온으로부터 들려오는 예언자의 소리"로 개신교 역사에 한 획을 그었다. 경건주의자들은 자신의 시대를 바르게 인식하고 있었으며, 따라서 자신들을 향한 역사적인 부름에 정직하게 대응하려고 의식적으로 노력을 기울였다. "개인의 변화를 통하여 세계를 변혁시키려는" 시도가 그들의 공통의 과제였다. 흔히 필립 야콥 슈페너(Philipp Jakob Spener, 1635-1705)를 출발점으로 간주하는 경건주의의 시작은 그의 후계자요 실천적인 사상가인 아우구스트 헤르만 프랑케(August Hermann Francke, 1663-1727)에게서 확고한 기틀을 마련하게 된다. 이들이 살았던 시대는 바로크 시대로 불린다. 초기 계몽주의 시대로 간주되는 이 시기에 사람들은 세계를 철저하게 연구하였으며, 이를 기술(技術)의 도움을 빌어 수행하려고 시도했던 때이다. 합리주의와 경험주의가 지배적인 사상이었으며, 정신과학과 자연과학의 전환이 이루어지던 때, 지리상의 발견으로 인한 세계관의 기초를 새롭게 정립하고 식민지 구조를 등에 업은 절대주의와 중상주의를 거쳐 자본주의로 나아가는 시점에서 기술(記述)은 매우 중요한 행위인 동시에 시대정신을 살펴볼 수 있는 소중한 사료(史料)이다.

에피소드

라이프치히 대학에 재학 중이던 프랑케는 어머니의 유일한 혈육이며, 뤼벡의 시장으로 샤벨(Schabbel)이라는 장학 재단을 운영하고 있던 안톤 하인리히 글록신 박사(Dr. Anton Heinrich Gloxin)의 도움으로 장학금을 받고 있었다. 장학금의 연장을 위해서 그는 뤼네부르크의 감독인 카스파 헤르만 잔트하겐(Caspar Hermann Sandhagen)에게 가서 자신의 학문적인 능력을 검증받아야 했다. 잔트하겐은 프랑케에게 요한복음 20:31절을 본문으로 설교를 하도록 요청했다. 프랑케는 이 본문으로 살아있는 신앙과 죽은 신앙의 차이를 설교하려 했다. 그러나 정작 자기 자신은 살아있는 신앙의 확신에 대한 의심에 빠지게 되었다. "그리스도인들은 성서가 하나님의 말씀이라고 주장한다. 유대인들은 탈무드를 그렇게 생각하며 터키인들(이슬람교도)은 코란을 신의 말씀이라 여기니 도대체 누가 진리의 소유자인지를 어떻게 알 수 있단 말인가?" 이런 불확신 가운데서 설교를 주저하며 청원 기도를 드리던 가운데 프랑케는 영적 회심을 체험하게 되었다.[145] 그를 무신론적인 회의주의자로 만들었던 이성이 다시금 신앙의 안내자가 되었다. 회심은 그의 삶과 가치관을 바꾸어놓음으로써 그 진정성을 획득하였다. 그에게 회심은 세상의 자녀와 하나님의 자녀 간의 차이를 분명하게 인식시켜줌으로써 '거듭남'이 갖는 가치를 일생 동안 유지하게 해주었다.

영혼의 경작(Cultura animi)[146]

프랑케는 신학이 삶의 실천을 감당하기 위해서는 개신교 정통주의에 맞서 신실한 믿음과 '말씀을 따르는 생활'로 복음적이며 영적 부흥에 기여하는 실천신학이어야만 하며, 감정과 내적 체험을 중요시하는 신앙운동으로 회개와 거듭남이 동반되는 살아있는 믿음이어야 한다고 보았다. "만일 한 평범한 개인이 하나님 안에서 성경을 자신의 훈련을 위해서 읽기 원한다면, 그는 성경을 읽는데 감정이나 그 어떤 순수한 의도에 있어서 아무것도 숨기지 말고, 결코 나쁜 동기가 아니라면 진지한 열정으로 조심해서 읽어야 한다." 이런 점에서 프랑케의 성서 읽기는 가르침의 핵심을 잃지 않되, 생생하게 살아가는 방식을 통한 독서법이다. 이런 방식의 성경읽기는 독서 자체를 의미하는 것이 아니라 신앙인으로 살아가는 데 있어서 단지 칭의의 선언에 머무르는 여전히 옛사람이 아니라, 거듭나는 생활을 경험하는 중생으로 이어질 수 있는 헌신이 있어야 신앙인이 되는 생활을 할 수 있는 것이다. 참 신앙인이라면 경건한 생활을 위해 실천이 불가피하기 때문이다. 따라서 신앙인은 성서를 읽으며, 성서의 말씀대로 살아가는 생활이 있어야 한다. 프랑케는 말씀을 읽고 실천할 수 있도록 성령님의 도우시고, 그리스도의 고난에 동참할 수 있는 은혜를 통하여 하나님께서 신자 안에서 회심이 일어나게 하신다고 말한다.

프랑케는 인간으로 하여금 기독교적인 참된 구원(경건)을 각성하게 하고, 다른 한편으로 이 세상적인 삶에 대하여 사실적이고 합리적으로 판단하도록(지혜) 요청한다. '저세상'과 '이 세상'에 대한 실천적인 준비의 이중성은 그의 작품에서 자주 등장한다. "하나님의 약속은 저세상의 삶만을 지향하는 것이 아니라 현재의 삶에도 관여하며, 구원의 약속은 이 세상의 삶과 미래의 삶을 가리킨다." 즉, 프랑케는 교육의 목표이자 양육의 목적을 "기독교 교양과 기독교인의 삶을 뿌리내리는 것"이라고 이해하였다. 이를 위해서 성경적인 인간상이야말로 하나님의 형상을 회복하는 것이며, 하나님의 영광을 구하는 길이라고 보았다. 프랑케는 인간을 예수 그리스도의 제자 됨으로 인도하고, 인간 자신의 고유성을 단념하고 하나님의 일군으로 거듭나게 하는 것이야말로 기독교 인간학의 핵심이자 목표라고 보았다. 단지 인간의 갱신이 그 자체의 목적이 아닌 것이다. 인간이 자기 자신을 넘어서서 '세계를 갱신' 하고 '신적인 의지를 관철'시켜야 하는데, 이를 위해서 하나님의 인도하심이 절대적이다. 따라서 프랑케에게 영혼을 돌보고, 경작하는 일은 의지와 지성이라는 양면에 모두 해당하는 것이다. "모든 지혜는 그것이 거짓이든지 참이든지, 학문과 인식 그리고 경험이라는 두 개의 중심기둥과 관계한다."

달리 말하자면, 이론적인 지식의 실제적인 적용은 프랑케의 사유에서 핵심 개념일 뿐만 아니라, 경건주의의 중심 개념이기도 하다. 중세에 성서는 주로 낭독과 암송(recitatio et memoria)의 방식으로 가르쳐졌고, 종교개혁에서 성서에 대한 설명(explicatio)이 이루어졌다면, 경건주의에서는 이를 개인의 삶에 적용(applicatio) 시키는 실존적인 해석이 강조되었던 것이다. 프랑케는 경험에서 확증되는 앎을 '살아있는 인식'이라고 불렀으며, 비로소 이것은 '행동'을 위한 동기가 될 수 있다. 앎의 능력과 실제적인 의미는 경험에서 비롯하며, 경험은 적용에서 인식으로 획득된다. 그러므로 지혜는 행위와 연관되는 것이다. 그래서 프랑케는 기독교적인 지혜(prudentia ecclesiastica)와 세상적인 지혜(prudentia civilis)를 구별한다. 세상적인 지혜는 자신의 생각과 의향에 따르므로 눈을 멀게 한다. 자신의 의지가 행위의 시금석이 되는 것이다. 반면에 참된 기독교적인 지혜는 자신의 의지나 마음의 생각에 따라가는 것이 아니라, 주 예수 그리스도를 본받음이며 하나님 아버지의 뜻을 행하는 것이다.

프랑케의 일기

전문가들에 따르면, 18세기 중반까지 일기를 쓰고 읽는 것이 호경기[147]를 구가했다고 말한다. 자신의 삶을 정돈하고, 조정하며, 개인의 고유한 발전과정을 문서화하고 이를 토대로 자기 마음대로 다루고 싶기 때문이었다. 이런 정황에서 많은 사람들이 다양한 동기와 목적을 가지고 일기를 기술하였다. 현존하는 가장 오래된 프랑케의 일기는 그가 1714년 1월 13일부터 5월 19일까지 기술한 것으로 지난 2014년 할레에서 비평본이 출간되었다.[148] 그는 자신이 사망하기 직전인 1726년까지 일기를 남겼는데, 현재 1716년부터 1726년까지는 거의 완벽하게 보존되어 있는 반면에 초기는 부분적으로만 남아있다. 그런 점에서 초기의 일기는 '경건주의의 표지'인 동시에 '초기 계몽주의의 표지'라는 점에서 매우 중요한 가치를 지닌다.

초기의 일기를 둘러싸고 문제는 누가 글쓴이인가 하는 점이다. 그동안의 연구를 통해서 일기의 대부분이 프랑케 자신에 의한 직접적인 기록이 아니라는 점은 확실하다. 적어도 우리는 하인리히 율리우스 엘러스(Heinrich Julius Elers)[149]와 요한 울리히 크리스티안 쾨펜(Johann Ulrich Christian Köppen)[150]을 들 수 있다. 그러나 일기에서 "나는" 혹은 "존경하는 교수께서"라는 표현을 사용한 점에서 이 두 사람은 분명 프랑케의 구술이나 메모를 바탕으로 작성했다고 할 수 있다. 대부분의 일기는 시사적인 측면이 많아서 그날그날 저녁에 기술하였고 그래서 기록된 것의 크기나 내용은 서로 다르다. 어떤 날은 왕래한 서신들, 방문들, 기부금, 배달된 서적들, 대화들로 내용도 길고 다양한 반면에 어떤 날은 짧고 그 내용도 서신과 대화에 제한되었다. 그날의 개인적인 행위나 시간은 기록되지 않았으며, 식사 전후의 일이나 회의, 예배에 대해서도 기록된 것이 거의 없다. 1714년의 일기는 재구성을 통해 그 시점을 파악할 수 있는 반면에 1716년부터는 프랑케 자신이 자신의 메모와 기재 사항에 일련번호를 매겨놓아 손쉽게 날짜를 파악할 수 있다.

프랑케가 5월 19일 이후 더 이상 일기를 쓰지 않았는지, 혹은 1714년 이후 나머지 일기가 더 이상 전승되어 내려오지 않는 것인지는 대답하기가 어렵다. 확실한 것은 대형용지에 기록하던 것이 끝났다는 점이며, 그마저도 5월에 기록된 것은 이전의 것과 비교하건대 상당히 듬성듬성 기록되었다는 사실이다. 분명 프랑케는 일기를 작성할 정도로 시간적인 여유를 갖지 못했음에 틀림없다. 한 가지 주목할 것은 1714년 12월에 발견된 프랑케의 메모에 따르면, 그가 게오르겐(St. Georgen)에서 글라우하(Glaucha)를 거쳐 할레의 울리히(St. Ulrich)까지 관여하고 있다는 점이다. 그리고 이 기간에 규칙적으로 '프랑케의 일기(diarium)'가 명시되었다. 그러니까 적어도 이 시점부터 다시 프랑케의 일기가 시작되었다고 할 수 있다.

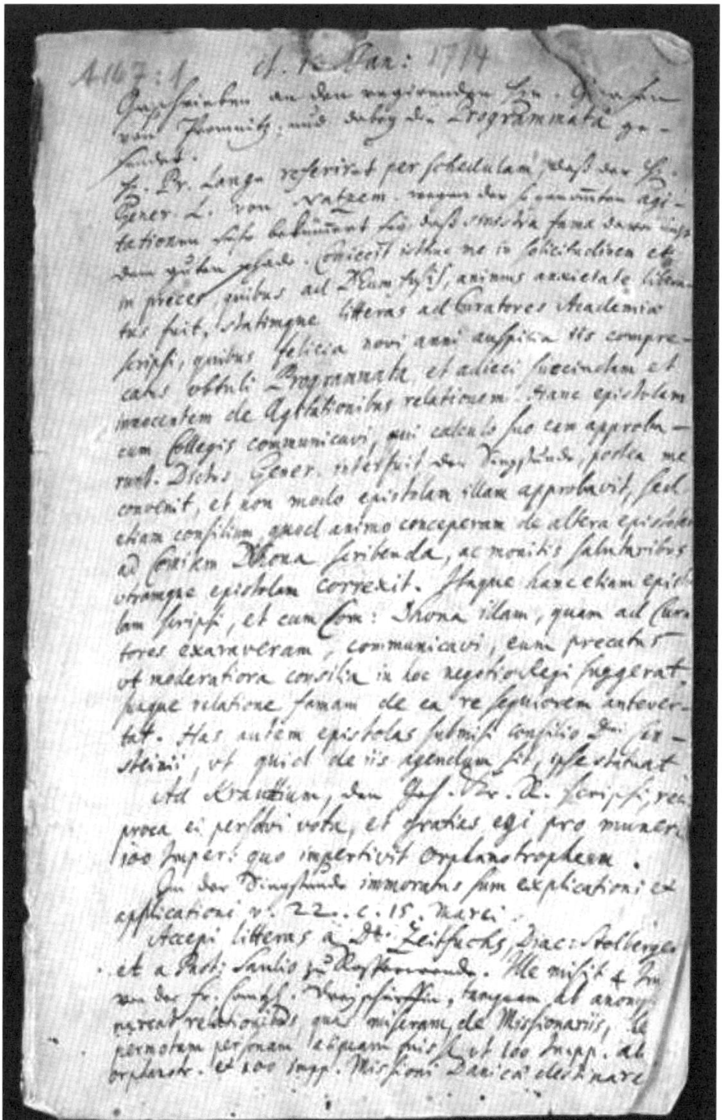

그림1) 1714년 1월 13일자 프랑케의 일기

흥미로운 것은 1714년 12월 이후 프랑케는 더 이상 자신에 관한 일종의 자서전적인 기록을 남기지 않는다는 점이다. 그는 1697년부터 1703년까지 자신에 관해 필기달력(Schreibkalender)[151]을 남겨두었다.

프랑케에 의해 1700년까지 사용되었고 할레에서 출판된 필기달력은 날짜가 기입된 페이지들 사이에 한두 페이지의 빈 공간을 두었던 반면에, 1701년부터 사용되었고 베를린 학술원의 감독 아래 발간된 필기달력은 날짜와 날짜 사이에 빈 페이지를 허용하지 않았다. 필기달력과 일기의 차이는 분명하다. 즉, 필기달력은 8절판 형태로 상대적으로 작은 지면에 자신의 메모를 기입하도록 했던 반면에, 일기는 큰 판형에 하루를 구분하지 않고 여유롭게 기록하였으며, 임의의 크기를 조절할 수 있었다. 그래서 필기달력에서 일기 형태로 바뀌는 가운데 그 내용도 제한된 지면에 자서전적인 의사표시였던 것으로부터 자유로운 견해와 입장을 밝히는 쪽으로 옮겨갔다. 자연스럽게 간략한 증거자료 방식의 필기달력과 달리 일기는 자료에 대한 자기성찰을 제공하는 방식으로 기술되었다.

그런데 프랑케의 일기에서 주목할 만한 것은 자신의 정신적인 삶과 신앙적인 삶에 관해 보다 상세한 진술을 제공하지도, 많은 지면을 할애하지도 않는다는 점이다. 종교적인 자기성찰이나 개인적인 신앙추구를 찾아보기도 어렵다. 오히려 그는 이런 문제에 대해서는 거의 지면을 할애하지 않거나 매우 간략하게 사용하는 반면에 수많은 개별적인 메모들과 자신의 사역에서 처리된 자료들을 포괄적이고 강력하게 기술하고 있다. 즉, 프랑케는 자신의 정신적인 삶에 관한 성찰이나 통찰 그리고 인식에 대해서는 인색할 정도로 간단히 처리하고 있다는 것이다. 그

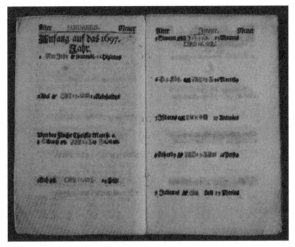
그림 2) 1697년 1월에 기록한 프랑케의 필기달력

래서 일기라기보다는 일종의 하루의 색인목록처럼 보인다. 1714년부터 시작된 일기조차 실은 내용적으로는 여전히 필기달력의 확장에 지나지 않는다고 보아야 할 것이다.[152] 그럼에도 불구하고 프랑케의 일기에서 자기성찰 대신에 규칙적인 기도 혹은 자신이 행한 설교에 관한 짧은 요약이 매우 두드러진다. 프랑케는 기도를 자기진술의 모델로 삼았고, 간청을 위한 형식적인 틀로 만들었다. 당연히 화자(話者)는 구체적인 말투와 더불어 배후로 물러섬으로써 개인적인 동기에 머물지 않고 객관적인 기도양식으로―마치 대표기도 혹은 공중기도처럼―표현되었다.

시간을 활용하기 위한 해명서

그렇다면 프랑케에게 자서전적인 기록의 특별한 양식은 어떤 기능을 갖는가를 물을 수 있다. 이 점에 대해 몇 가지를 고려해 볼 수 있을 것이다. 첫째, 자신의 행위를 마치 장부에 기입하는 방식처럼 다루어진 자료들은 객관적인 사실을 바탕으로 개인적인 기억을 지원하는 기능을

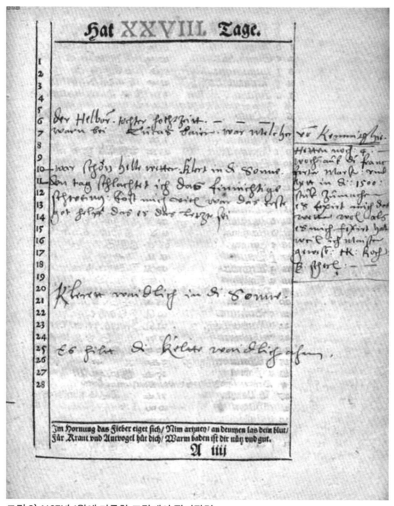

그림 3) 1697년 1월에 기록한 프랑케의 필기달력

갖는다. 그렇다고 해서 간단히 다룰 일이 아니다. 왜냐하면 개인의 하루 일과 혹은 필생의 사업을 이런 방식으로 취급하는 것은 개인의 특별한 자기인식, 세계 인식, 시간 인식을 분명하게 해주어 일기의 기능이 확장된 삶의 환경 속에서 실재의 의미를 파악하는 모범으로 드러나기 때문이다. 이런 관점에서 보건대, 프랑케가 51세부터 63세까지 기록한 일기는 그가 날마다 사역으로 채워진 삶(vita activa)을 영위하였다는 포괄적이고 지속적인 해명서에 해당되는 것이다. 달리 표현하자면, 그는 자신의 시간을 의미 있으며 충만하게 사용하였다는 말이다. 그런 점에서 둘째로 일기는 프랑케가 자신의 신학적 입장과 영혼을 돌보는 실천적 과제를 실질적으로 수용했다는 사실을 가르쳐 준다. 즉, 프랑케는 '시간을 활용하라'는 성서적인 명령을[153] 이런 방식으로 해석했다고 할 수 있다. 왜냐하면 이런 요청은 '경건의 실천(Praxis pietatis)'이라는 경건주의적인 요구의 교환으로 관계된다. 즉, 참된 신앙은 비로소 삶에서 그리고 구체적인 행위에서 입증된다는 견해 말이다. 이것은 오늘날 최선의 '시간관리'에 해당할 것이다. 프랑케에게 교육학이란 두 가지 목표를 추구하는 것인데, 그것은 '참된 지복'과 '기독교적인 현명함'이다. 이 둘을 위해 그는 진리에 대한 사랑과 순종 그리고 부지런함을 제시하였다.

그래서 프랑케와 할레공동체에서 양심의 성찰과 시간의 올바른 활용 및 구성에 관한 물음이 일찍부터 중심적인 주제로 자리매김하였다. 프랑케는 거듭해서 시간을 다루는 올바른 방식에 관해 명확한 지시를 제공하였다. 그는 기독교인의 처신(생활태도)과 학습지도에 관한 작품들을 남겼는데, 그 가운데 1712년 처음으로 출간된 Idea Studiosi Theologiae가 대표적이다.[154] 이 책에서 그는 학생들에게 권고하기를, 먼저 하나님의 은혜와 축복을 자신의 시대에 세워달라고 요청하라는 것이었다. 그 후에 "학생들은 자신의 시간과 때를 섬세하게 정돈하여 이리저리 분주함으로써 시간을 부당하게 다루지 말아야 한다." 프랑케는 1713년 1월 4일 고후 6:2을 본문으로 행한 설교에서 '시간의 올바른 사용'에 관해 청중들에게 다음과 같이 선포하였다.[155] "여러분들은 어느 날, 어떤 시간, 어떤 순간이라도 주의를 기울여서 너무나 빨리 지나가버리곤 하는 시간으로부터 언제나 무엇인가 선을 행해야 합니다. 시간과 더불어 영원히 뒤따르기에 우리는 시간을 진지하고 올바르게 사용해야 합니다. 그러나 시간을 활용하지 못한다면, 우리는 언제나 해를 당할 것이며 그 어떤 것으로도 대체할 수 없을 것입니다. 그러므로 바울의 이해와 지혜에 따라 시간을 바르게 이용해야만 합니다." 이로써 그는 일기를 활용하라는 구체적인 제안과 결부시켰다. 이런 태도는 분명 경건주의의 전형이라고 할 수 있다. 경건주의자들은 자신들의 신앙 성숙과 은혜 안에 있는 자신의 입장을 분명하게 획득하기 위해서 언제나 자신의 영혼을 판단하고 규칙적으로 참회 투쟁을 위해 깨어있어야 한다고 생각했다. 이처럼 양심을 검증하기 위한 최상의 수단은 지속적으로 일기를 기록하는 것이었다. 헤른후트 공동체의 추종자들은 1727년의 모임을 통해 서로 간에 일기 쓰기를 권고하기 시작했다.[156] 그런 점에서 일기는 일종의 '마음의 경찰'과 같은 것이었다.

1718년 말경에 프랑케는 강의시간에 다음과 같이 말했다.[157] "한 해가 지나는 시점에 그 유익을 살펴야 합니다. 그렇지 않다면, 한 해 동안 어떻게 자신의 기독교에 대해 그리고 연구하는 일에 행동과 태도를 취했는지 검증하기가 어렵습니다. 만일 누군가 일기(diarium)를 작성했다면, 그는 날마다 지나간 모든 것을 다시 발견하는데 용이할 것입니다. 그래서 그가 이것을 다시 점검해 볼 수 있다면 유쾌하고 즐거울(Lust und Freude)[158] 것입니다." 여기에서 프랑케는 일기를 쓰는 것이 단순히 하루의 일과를 기억하도록 돕는 문서작성을 넘어서서 자신의 삶이 진정한 그리스도인이라는 것을 보여주는 포괄적인 해명서가 될 수 있다는 입장을 잘 나타내준다. 따라서 "시간을 활용하기"라는 표현은 달리 말하자면, 하나님의 뜻에 따르는 삶을 점검할 수 있도록 문서로써 명시하라는 것이며, 나중에 글 쓰는 이에게 만족함이 중재될 수 있다는 것을 가르쳐 준다. "만일 사람이 자신의 모든 수명과 이력(filum et curriculum vitae)을 차례로 살펴보고 이어서 하나하나를 서로 연결하려 한다면, 이미 지나갔으나 그것으로부터 깨우치길 원하는 하나님의 길을 파악하는데 편하게 될 것이다."

한걸음 더 나아가 프랑케는 글 쓰는 방법에 대해서도 강조하고 있다.[159] 한편으로 사람들은 "자신의 일기를 이런저런 방식에 따라 정리해야만 하는 율법적인 방법이 아니라, 어떤 일이 발생하면 모든 것이 언제나 사물의 원인에 따라 더 잘 배우게 되는 것처럼 그것을 우연히 더 잘 파악할 수 있게 된다." 다른 한편으로 그는 구체적인 추천을 하는데, "내가 언제나 충고와 조언을 주고자 하는 것은 너무 방대하게 시작함으로써 유폐되어서는 안 되고, 오히려 짧게 다루어야만 한다는 것이다. 또한 거대한 예술을 사용해서도 안 된다. 작은 소책자 정도여야 한다. 혹은 종이를 모아서 사용하면 된다. 저녁식사 이후 종이에 간단히 메모할 수 있다. 숫자를 매겨가면서 차례로 그날에 일어났던 일들을 적는 것이다." 1718년 봄에 그는 남부 독일 여행을 마치고 나서 많은 사람들에게 일기를 쓸 뿐만 아니라 이를 정기적으로 할레로 보내줄 것을 요청했다. 이를 위해서 우편요금을 맡겨놓을 정도였다. 이미 1716년부터 그의 일기가 자주 읽히기 시작했다. 그래서 적어도 1716년부터는 프랑케의 일기가 경건주의 역사를 위한 원-사료로 계획되었다고 볼 수 있다. 그런데 이렇게 개별적인 관점이나 개인적인 처신과 생활태도를 주목한다면, 일기를 보내는 것이 통제나 관리의 차원으로 고려될 것이고, 따라서 누가 참으로 기독교적인 삶을 영위하는지를 고려하지 않겠는가? 그렇다면 마찬가지로 프랑케의 일기가 누군가에 의해 읽히게 되거나 읽힐 수 있단 말인가? 일기가 기독교적인 품행과 행실을 안내해 줄 뿐만 아니라 제시되어야한다는 말인가?[160]

프랑케의 일기는 단지 그날 그날의 일(business as usual)을 기록하는 데 그친 것이 아니라 잠재적인 문제들과 대립들을 보여줌으로써 이 땅에서 살아가는 한 그리스도인의 실존을 보여주고 있다.[161] 따라서 일기는 현재적인 동시에 분명 마지막 때의 종말론적인 지평에서 역사(사료)편찬적이며 자기 통제적인 측면을 간과해서는 안 된다. 특히 할레 경건주의에서 새로운 종말론이 시간을 다루는 방법이라는 관점에서 대두되었다. 프랑케는 현재란 약속된 미래를 형성하기 위해 '열린 문'(계 3:8, 4:1)이라고 보았다. 경건주의는 시간이란 활용되어야 하는 것이며 하나님에 의해 선사된 것으로 받아들일 뿐만 아니라, 하나님 자신이 활동하시는 것으로 이해했다. 그래서 슈페너는 "더 나은 시대에 대한 희망"(Hoffnung besserer Zeiten)을 제시했던 것이다. 신자들은 심심풀이 오락을 단념하고 교회를 지상에 세우기 위한 더 나은 시대를 기대하며 하나님의 도시 혹은 하나님 나라의 건축을 위해 날마다 하나님의 사역에 힘써야 하는 것이다. 이런 지평에서 보건대, 시간을 올바르게 다루는 것은 그리스도인이 하나님의 편에 서서 악마에 맞서 싸우는 것이며, 실제로 중요한 일들이 시간 낭비로 인해 방해를 받지 못하게 하려는 것이다. "우리는 나를 보내신 분의 일을 낮 동안에 해야 한다. 아무도 일할 수 없는 밤이 곧 온다."(요 9:4) 프랑케는 개인의 일기를 사적인 연대기나 혹은 양심 성찰이나 자기통제와 같은 방식으로 사용하지 않았다. 오히려 그에게 일기는 합리적이고 실천적이며 사회적인 활동을 지향하는 일종의 신앙운동이었다. 프랑케는 일기 기록을 지속적으로 문서화하였고, 이로써 그는 날마다 온 힘을 다해 하나님 나라의 확장을 위해 수고했다고 말할 수 있을것이다.[162] 후기의 경건주의가 점차 종교적인 자기 성찰로 흘렀던 반면에 프랑케는 행동하는 실천이 더 지배적이었다.

4. 나가면서 - 영성을 점검하기

오늘날 영성에 대한 강력한 요청(소용돌이)은 신앙과 삶(실천적인 행동을 포함하여)의 괴리에 따른 고육지책인 것처럼 여겨진다. 매우 복잡해진 삶의 영역에서 기능인으로 전락된 현대인들은 영적 고갈을 채울 우물을 영성에서 찾고자 시도하는 것이다. 또한 지난 300년간 인간에 대한 낙관주의와 진보를 향한 기대로 외적 팽창의 일로를 걸어왔던 것에 대한 반성이기도 하다. 그래서 내면을 향한 영성 추구는 일종의 귀향과 같은 성질을 갖는다. 이를 통해 긍정적으로는 새로운 종교적 생동감을 발산하고, 세속적인 일상의 세계에서 하나님을 경험하는 가능성을 추구하는 데 있다. 그런데 방법론으로 들어가면 상황은 그리 간단하지 않다. 특별한 공간이나 시간을 선호하는 데에서부터 소리, 색깔, 냄새, 육체적인 운동에 이르기까지 천차만별적인 방식이 동원되고 있기 때문이다.

엄밀한 의미에서 영성은 태도나 방식에 달려있지 않다. 오히려 하나님과의 만남과 관계에 따른 인간의 내적 양식인 것이다. 그것은 개인적일 수도, 공동체적일 수도 있다. 여기에서 중요한 것은 영성이 내적 추구의 성향을 갖지만, 그것은 결국 외부로 표현되고 전달된다는 점이다. 그래서 영성은 문화적이고 심미적이며 사회적인 각인을 형성한다. 개신교의 전통에서 과거에는 경건이라는 개념이 오늘날의 영성에 해당한다고 할 것이다. 물론 이 둘 사이에는 미묘한 차이가 존재한다. 경건은 영성에 비해 하나님과의 관계에 집중하기에 순전히 내적인 과정을 강조한다. 그러나 오늘날 영성은 전체의 삶을 아우르는 포괄적인 것으로 일상의 영역에서 하나님과의 접속을 강조한다.

기독교의 영성을 형성하고 표현했던 다양한 모델들이 교회사에 잘 나타나 있다. 개신교회의 역사를 조망해 보면 신비적인 경향들을 비롯하여 성경과 찬송의 경건, 종일기도, 퇴수회, 기도 공동체 등이 새롭게 발견되고 있다. 더구나 에큐메니컬 운동을 통해 다른 전통들로부터 유입된 영성들도 찾아볼 수 있는데, 마음의 기도, 이냐시오 훈련, 다양한 명상 기법들이 그렇다. 떼제 공동체를 비롯하여 여러 가지 이름의 공동체(Community)가 등장하며, 치유와 기쁨을 강조하는 집회들이 번성한다. 신학적으로는 창조, 세례, 예수 그리스도의 사랑, 성령의 능력과 임재와 같은 용어들이 다방면으로 사용된다. 또한 이를 예전으로 활용하는 예배 방식들도 늘어나고 있다. 기독교적인 기원을 가진 다양한 영성들 외에 아시아 종교들이나 비밀스러운 세계관에 바탕을 둔 양식들도 눈에 띈다. 그중에 요가, 기공, 선불교가 대표적이다. 오늘날 여성, 성령, 영성은 현대교회의 키워드이다.

그런데 이런 영성의 추세에 비추어 궁금한 것은, 도대체 이를 통해 기독교 신앙이 강화되고 공동체의 내적인 성숙에 제대로 기여하고 있는지 의문이 든다. 다양한 시도들에도 불구하고 성경과 기도에로 안내하는 길 외에 더 나은 것이 있단 말인가? 하나님을 찾고, 오류로부터 벗어나게 해주는 성경 말씀과 삶을 자신의 생각과 의지로부터 올바르게 교정해 주는 기도야말로 근원적인 방식이며 하나님을 만나는 통로였다. 다시 말하자면 성경과 기도는 자신을 하나님께 개방하는 척도요, 동시에 세상의 다양성에 책임적으로 교제하는 양식이다. 하지만 오늘날 영성이란 마치 인간이 더 나은 능력과 완전성을 보여주는 기준처럼 작용한다. 그러다 보니 영성의 상이한 현상들과 관심사는 오히려 불분명한 채로 공식 석상에 나타나며, 심지어는 비즈니스 세계의 구호로 등장하기도 한다.

진정한 영성이란 살아계신 하나님과의 관계를 나타내므로, 언제나 하나님의 말씀에 비추어보아야 하며 삶의 양식으로 드러나야 한다. 말씀으로서 성경은 기독교 영성의 가장 중요한 시금석으로서 인간이 하나님의 실재에까지 도달할 수 있는지 아니면 기껏해야 자기 자신을 고양시키는 것인지를 분별하는 기준이다.

전통적으로 개신교회의 영성은 매우 다양한 형식들로 채워졌으며, 이 모든 것은 언제나 말씀에 기초해있다. 예를 들어 세례와 성찬을 비롯하여 교회력에 따른 예전에는 말씀 선언이 뒤따르며 성경 연구와 각종

기도 및 찬송과 교회음악, 예배에는 반드시 성경 말씀에 대한 선언이 담겨있다. 물론 너무 자명해서 의식하지 못하거나 습관화되어 생기를 잃을 염려가 있지만, 그 어떤 영성의 전통에 비추어 손상되어서는 안 될 절대가치임을 잊어서는 안 된다. 그러므로 개신교의 영성을 고무하고 자극하여 회복해야 하는 것은 전체 한국교회를 위해서도 매우 중요한 과제이다. 새로운 것을 발견하고 이제까지 몰랐던 것을 깨닫는 것과 동시에 우리에게 있었던 소중한 것들을 삶에서 풍성한 경험으로 되살려 내고 타인들에게 나눔으로써 은총의 방편으로 삼는 지혜가 절실하다. 그래서 영적 가뭄과 정신적 불모 현상에 시달리는 이 시대를 새 창조의 충만함으로 인도하는 신앙인이 되어야 하겠다.

영성의 목표

① 오늘날 잘못된 완전이나 성화를 가장해서 인간을 고양시키려는 거짓 영성에 맞서 복음의 보화를 강조함으로써 깨어지기 쉬운 그릇과 같은 인간을 그리스도를 통해 죄로부터 해방시키고, "내 몸의 가시"(고후 12:7)를 받아들일 수 있는 용기를 갖게 한다.

② 일상을 벗어나거나 극복함으로써 성인이나 특별한 존재가 되려고 추구하는 영성에 맞서 오히려 참된 영성은 일상을 순례하는 것이며(올레와 둘레), 일상적인 것과 가까이 있는 것에서 열광하고 감흥하는 것이다.

③ 비밀스럽고 낯선 방식으로 정신화하려는(영지주의적인 태도) 영성에 맞서 세례의 물, 성찬의 빵과 포도주, 찬양 속의 언어와 같이 말씀의 깊이(말씀하시는 하나님과의 친교)를 찾아가는 영성이어야 한다.

④ 명상이나 묵상을 통해 인간의 의지를 넘어섬으로써 비인격적인 실재에 잠기도록 하는 일종의 황홀경(무아지경)이라는 영성에 맞서 예수 그리스도의 도래를 간절한 마음으로 기대하고 대망함으로써 그분이 우리의 성화의 주체이시라는 것과 우리 안에서 착한 행실의 실행자이심을 깨우치는 것이다.

우리는 오늘날 도처에서 기능화되고 도구화된 영성의 오해와 잘못된 방향에 대해, 또한 이를 통해 교회 성장을 꾀하거나 교회를 경영하고 치리하려는 유혹에 맞서 예수 그리스도를 찾고 발견하는 진정한 영성을 회복해야 한다.

마르틴 루터가 말했던 것처럼 "den Glauben ins Leben und das Leben in den Glauben zu ziehen"(신앙을 삶으로, 삶을 신앙에로 끌어안자)

참고문헌

2부

III. 영성형성과 영성지도: 이그나티우스 로욜라와 에반 하워드를 중심으로(영성신학)

이강학. "문화목회에 있어서 영성훈련 모델". <문화 목회를 말한다>. 대한예수교장로회 총회문화법인, 166-205. 서울: 대한기독교서회, 2017.

Barry William(윌리엄 베리) & William Connolly (윌리엄 코널리). <영적 지도의 실제>. 김창재/김선숙 옮김. 왜관, 경북: 분도출판사, 1995. Ignatius of Loyola (로욜라의 성 이냐시오). <영신수련>. 정한채 역. 서울: 이냐시오영성연구소, 2010.

Howard, Evan. The Brazos' Introduction to Christian Spirituality. Grand Rapids, MI: Brazos Press, 2008.

_____. A Guide to Christian Spiritual Formation: How Scritpture, Spirit, Community, and Mission Shape Our Souls. Grand Rapids, MI: Baker Academic, 2018.

_____. Praying the Scriptures: A Field Guide for Your Spiritual Journey. Downers Grove, IL: IVP, 1999. / <성경 그대로 기도하기>. 채수범 역. 서울: 규장, 2014.

_____. "Evangelical Spirituality." In Four Views on Christian Spirituality. Ed. Stanley N. Gundry, 159-186. Grand Rapids, MI: Zondervan, 2012.

Nouwen, Henri(헨리 나우웬). <두려움에서 사랑으로: 헨리 나우웬의 7가지 영성훈련>. 마이클 크리스텐슨 & 레베카 레어드 엮음. 윤종석 옮김. 서울: 두란노, 2011.

Wilhoit, James & Evan Howard. Discovering Lectio Divina; Bringing Scripture into

Ordinary Life. Downers Grove, IL: IVP, 2012. / <렉시오 디비나: 거룩한 독서의 모든 것>. 홍병룡 역. 서울: 아바서원, 2016).

IV. 경건주의와 예수동행일기(역사신학)

Kaspar von Greyerz, Hans Medick und Patrice Veit (Hgg.): Von der dargestellten Person zum erinnerten Ich. Europäische Selbstzeugnisse als historische Quellen (1500-1850). Köln, Weimar, Wien 2001.

Sibylle Schönborn: Das Buch der Seele. Tagebuchliteratur zwischen Aufklärung und Kunstperiode. Tübingen 1999.

Ralph-Rainer Wuthenow: Europäische Tagebücher. Darmstadt 1990.

Klaus-Dieter Herbst: Verzeichnis der Schreibkalender des 17. Jahrhunderts. Jena 2008.

Ders: Die Schreibkalender im Kontext der Frühaufklärung. Jena 2010.

Harald Tersch: Schreibkalender und Schreibkultur. Zur Rezeptionsgeschichte eines frühen Massenmediums. Graz 2008.

Arno Dusini: Tagebuch. Möglichkeiten einer Gattung. München 2005.

미주

1부   예수동행일기의 조직신학적 기초

정성욱

I. 삼위일체 신학과 영성 그리고 예수동행일기(조직신학 신론)

1   Simon Chan, Spiritual Theology: A Systematic Study of the Christian Life (Downers Grove, IL: IVP Academic, 1998). 사이몬 찬, 영성신학, 김병오 역 (서울: IVP, 2002)

2   덴버신학대학원에서 오랫동안 영성신학을 가르쳤던 사람은 브루스 데머레스트(Bruce Demarest) 교수이다. 그의 저서, 예수, 영혼의 안내자, 박지은 역(서울: 국제제자훈련원, 2009) 과 영혼의 계절들: 영적 성숙의 단계들, 윤종석 역(서울: IVP, 2013)을 참조하라.

3   리젠트 칼리지에서 오랫동안 영성신학을 가르쳤던 사람은 제임스 휴스턴 (James Houston) 교수이다. 그의 저서, 즐거운 망명자― 참된 그리스도인으로 사는 길, 홍종락 역(서울: IVP, 2009)을 참조하라.

4   삼위일체 신학과 영성에 대한 포괄적인 논의는 필자의 책, 삶 속에 적용하는 Life 삼위일체 신학(서울: 홍성사, 2007)을 참조하라.

5   Krishna Sivaraman, ed., Hindu Spirituality: From Vedas to Vedanta (New York: The Crossroad Publishing, 1989)

6   Takeuchi Yoshinori, ed., Buddhist Spirituality: Indian, Southeast Asian, Tibetian, Early Chinese (New York: The Crossroad Publishing, 1995)

7   Seyyed Hossein Nasr, ed., Islamic Spirituality: Foundations(New York: The Crossroad Publishing, 1991)

8   조나단 에드워즈, 신앙감정론, 정성욱 역(서울: 부흥과개혁사, 2005)을 참조하라.

9   미로슬라브 볼프, 알라, 백지운 역(서울: IVP, 2016)

10   Walter Kasper, The God of Jesus Christ(London: T. & T. Clark, 2012)

11   위르겐 몰트만, 삼위일체와 하나님의 나라, 김균진 역(서울: 대한기독교서회, 2006)

12   Wolfhart Pannenberg, Systematic Theology, 3 vols. Trans. By Geoffery W. Bromiley(Grand Rapids, MI: Eerdmans, 1991-93)

13 Thomas F. Torrance, The Trinitarian Faith: The Evangelical Theology of the Ancient
    Catholic Church(Edinburgh: T. & T. Clark, 1988)
14 Colin E. Gunton, The Promise of the Trinitarian Theology(London: T. & T. Clark, 1991)
15 Robert W. Jenson, The Triune Identity: God according to the Gospel (Minneapolis, MN:
    Augsburg Fortress, 1982)
16 Stanley Grenz, Rediscovering the Triune God: The Trinity in Contemporary
    Theology(Minnepolis, MN: Augsburg Fortress, 2004)
17 Millard Erickson, God in Three Persons: A Contemporary Interpretation of the Trinity
    (Grand Rapids, MI: Baker, 1995)
18 John Zizioulas, Being as Communion: Studies in Personhood and the Church(St. Vladimirs
    Seminary Press, 1997); idem, Communion and Otherness: Further Studies in Personhood
    and the Church(London: T. & T. Clark, 2006)
19 레오나르도 보프, 삼위일체와 사회, 이세형 역(서울: 대한기독교서회, 2011)
20 미로슬라브 볼프, 삼위일체와 교회, 황은영 역(서울: 새물결플러스, 2012)
21 Catherine Mowry LaCugna, God for Us: The Trinity and Christian Life(New York: Harper
    Collins, 1991)
22 전통적인 사회적 삼위일체론에서는 아버지와 아들과 성령 사이의 상호복종에 주목하지
    않고, 세 위격의 동등성을 강조한다. 그러나 필자의 커뮤널 삼위일체론은 세 위격 간의
    상호복종과 섬김에 주목한다.
23 조나단 에드워즈, 존 파이퍼, 하나님의 영광을 위한 하나님의 열심, 백금산 역(서울: 부흥과
    개혁사, 2003)
24 성경 묵상에 대해서 최근에 나온 역작으로는 존 제퍼슨 데이비스, 묵상, 하나님과의 교
    통, 정성욱/정인경 공역(서울: 기독교문서선교회, 2015)을 참조하라.

Ⅱ. 우리가 바라보는 예수는 누구인가?(조직신학 기독론)

25 하나님을 아는 지식에 대해서 일반 그리스도인들이 어렵지 않게 접근할 수 있는 저작으
    로 제임스 패커의 하나님을 아는 지식, 정옥배 역(서울: IVP, 2018)을 적극 추천한다. A. W.
    토저의 하나님을 추구함, 이영희 역(서울: 생명의말씀사, 2006) 역시 짧지만 깊은 통찰을 담
    고 있는 책으로 추천한다.
26 하나님을 아는 지식과 인간을 아는 지식이라는 두 가지 주제로 자신의 신학적 체계를 정
    립한 대표적인 신학자가 종교개혁자 존 칼빈이다. 그리고 칼빈은 하나님을 아는 지식을
    단순히 개념적, 정보적 지식이 아닌 인격적, 관계적 지식으로 바르게 이해했다. 그의 기
    독교강요 1권 1장을 참조하라.
27 시중에 나와 있는 기독론 관련 저작들 중에 필자가 강력하게 추천하는 것은 로버드 레
    담(Robert Letham)의 그리스도의 사역, 황영철 역(서울: IVP, 2000)이다. 그리고 스티븐 웰
    럼(Stephen J. Wellum)의 오직 그리스도, 김찬영 역(서울: 부흥과개혁사, 2018)은 좀 더 접근하
    기 용이한 책이다. 아직 한글로 번역이 안 되었지만 스티븐 웰럼이 저술한 God the Son
    Incarnate: The Doctrine of Christ(Wheaton, IL: Crossway, 2016)역시 적극 추천한다.
28 복음주의가 무엇인가에 대해서 여전히 많은 오해들과 혼란들이 있다. 이런 오해들과 혼
    란들을 깔끔하게 정리해 줄 수 있는 책은 필자가 번역한 알리스터 맥그래스의 복음주의

와 기독교의 미래(서울: IVP, 2018)이다.

29 3세기에 강력한 세력을 형성했던 아리우스 주의적 기독론을 현대에 되살려낸 이단이 바로 여호와의 증인이다. 아리우스주의에 따르면 예수님은 하나님이 아니다. 예수님은 피조물이며, 피조물 중에서 최고의 능력과 지혜를 가진 존재일 뿐이다. 그리고 성령은 여호와의 능력, 또는 영향력에 불과하다.

30 삼위일체론에 대한 해외신학자의 저술로 로버트 레담의 개혁주의 삼위일체론, 김남국 역(서울: 개혁주의신학사, 2022)을 참고하라. 한국 신학자의 저작으로는 유해무의 삼위일체론(서울: 살림, 2011)을 추천한다.

31 성경신학적 관점에서 그리스도와의 연합에 대한 탁월한 연구로는 콘스탄틴 캠벨, 바울이 본 그리스도와의 연합(서울: 새물결플러스, 2018)을 참조하라. 조직신학적 관점에서 그리스도와의 연합에 대한 탁월한 연구로는 로버트 레담, 예수과의 연합, 윤성현 역(서울: 개혁주의신학사, 2014) 과 토드 빌링스, 그리스도와의 연합, 김요한 역(서울: 기독교문서선교회, 2014, Grand Rapids, MI: Baker, 2011)을 참조하라. 칼빈의 연합론에 대한 탁월한 연구로는 Dennis E. Tamburello, Union with Christ: John Calvin and the Mysticiam of St. Bernard(Louisville, KY: Westminster/John Knox,1994)와 John V. Fesko, Beyond Calvin: Union with Christ and Justification in Early Modern Reformed Theology,1517-1700, Reformed Historical Theology 20 (Vandenhoeck & Ruprecht, 2012)를 참조하라.

32 유기성, 내 안에 거하라(서울: 규장, 2023)를 참조하시오.

III. 성화훈련 과정으로서의 예수동행일기(조직신학 구원론/성화론)

33 신분적/확정적 성화에 대한 탁월한 연구로는 John Murray, The Collected Writings of John Murray, Vol. 2(Banner of Truth, 1991), 277-280을 참조하라. 한인신학자의 연구로는 Jae-eun Park, Driven By God: Active Justification and Definitive Sanctification in the Soteriology of Bavinck, Comrie, Witsiusand Kuyper, Reformed Historical Theology 46(Vandenhoeck & Ruprecht, 2018)을 참조하라.

34 실재적/점진적 성화에 대한 최근 연구로는 Michael Allen, Sanctification(Grand Rapids, MI: Zondervan, 2017)을 참조하라.|

35 톰 라이트, 톰 라이트, 칭의를 말하다, 최현만 옮김(에클레시아북스, 2011). 톰 라이트의 칭의론에 대한 국내학자의 비판적 평가에는 박영돈, 톰 라이트 칭의론 다시 읽기(서울: IVP, 2016)이 있다.

36 김세윤, 칭의와 성화(서울: 두란노, 2013)

37 Donald S. Whitney, Spiritual Disciplines within the Church: Participating Fully in the Body of Christ(Chicago: Moody, 1996)를 참조하라. 휘트니는 교회 공동체의 삶에 온전히 참여하지 않고 개인의 영적 성숙은 불가능하다고 주장한다.

38 John Calvin, Institutes of the Christian Religion, trans. Ford Lewis Battles, ed. John T. McNeil (Philadelphia: The Westminster Press, 1960), IV.

39 성민규, 은사, 하나님의 선물: 개인과 교회와 사회적 성화를 위한 방편(서울: 다함, 2023)을 참조하라.

40 존 웨슬리의 사회적 성화론에 대해서는 홍순원, "성령과 사회적 성화: 존 웨슬리의 성령론적 윤리," 신학과 실천, 35 (2013): 567-589을 참조하라.

41 성경신학적 관점에서 그리스도와의 연합에 대한 탁월한 연구로는 콘스탄틴 캠벨, 바울이 본 그리스도와의 연합(서울: 새물결플러스, 2018)을 참조하라.

42 조직신학적 관점에서 그리스도와의 연합에 대한 탁월한 연구로는 로버트 레담, 예수님과의 연합, 윤성현 역(서울: 개혁주의신학사, 2014)과 토드 빌링스, 그리스도와의 연합, 김요한 역(서울: 기독교문서선교회, 2014), (Grand Rapids, MI: Baker, 2011)을 참조하라.

43 '신화'에 대한 탁월한 역사신학적 연구로는 Norman Russell, The Doctrine of Deification in the Greek Patristic Tradtion(Oxford: Oxford University Press, 2006)을 참조하라.

44 유기성, 나는 죽고 예수로 사는 사람(서울: 규장, 2008)을 참조하라

45 칼빈의 연합론에 대한 탁월한 연구로는 Dennis E. Tamburello, Union with Christ: John Calvin and the Mysticiam of St. Bernard(Louisville, KY: Westminster/John Knox, 1994)와 John V. Fesko, Beyond Calvin: Union with Christ and Justification in Early Modern Reformed Theology, 1517-1700, Reformed Historical Theology 20(Vandenhoeck & Ruprecht, 2012)를 참조하라.

46 John Calvin, Institutes of the Christian Religion, trans. Ford Lewis Battles, ed. John T. McNeil (Philadelphia: The Westminster Press, 1960) III.xi.1, p. 725.

47 개인적 성화에 미치는 예수동행일기의 유익에 대해서는 Donald S. Whitney, Spiritual Disciplines for the Christian Life(Nav Press, 1997)의 11장을 참조하시오. 그리고 유기성, 영성일기: 예수님과 행복한 동행(서울: 규장, 2017)을 참조하시오.

48 필자의 책, 정성욱 교수의 한국교회, 이렇게 변해야 산다(서울: 큐리오스북스, 2018)을 참조하라.

IV. 유기적 교회론과 예수동행일기(조직신학 교회론)

49 미국에서 나온 유기적 교회관련 저작에는 프랭크 바이올라, 유기적 교회 세우기, 이남하 역(서울: 대장간, 2010)이 있다. 그리고 진 에드워드, 유기적 평신도 교회, 박인천 역(서울: 대장간, 2020) 도 주목할 만한 저작이다. 박영철, 유기적 교회행정(대전: 침례신학대학교출판부, 2015)은 국내 학자의 대표적 저작이다.

50 소강석, 포스트 코로나 한국교회의 미래(서울: 쿰란출판사, 2020)는 관계 중심 교회에 대한 좋은 통찰들을 담고 있다. 또한 로널드 리처드슨, 교회는 관계 시스템이다, 유재성 역(서울: 국제제자훈련원, 2008) 역시 유익한 책이다.

51 천석길, 성숙한 교회가 성장한다(서울: 요단출판사, 2016)을 참조하라.

52 김민규, 그리스도의 몸된 교회(서울: 인오, 2021)

53 김재룡, 예수 그리스도의 신부(서울: 기독교문서선교회, 2023)을 참조하라.

54 권문상, 성경적 공동체: 삼위일체 하나님을 닮은 가족교회(서울: 킹덤북스, 2013)와 박준영, 교회를 묻다가 하나님을 만나다(서울: CAP, 2023)을 참조하라.

55 박영철, 셀 교회론(서울: 요단출판사, 2006)은 중요한 통찰들을 담고 있다.

V. 밝고 행복한 종말론과 예수동행일기(조직신학 종말론)

56 이 문제를 직접적으로 다룬 책이 바로 미주성시화운동본부가 엮은 '포스트코로나 시대

와 교회의 미래'(서울: 동연, 2021)이다.

57 위르겐 몰트만, 희망의 신학, 이신건 역(서울: 대한기독교서회, 2017)

58 위르겐 몰트만, 오시는 하나님, 김균진 역(서울: 대한기독교서회, 1996) 을 참조하라.

59 정성욱, 밝고 행복한 종말론(경기: 눈출판그룹, 2016)에서 필자의 종말론적 입장을 상세하게 논의했다.

60 막심 뮈상, 연옥실화, 한국순교복자수녀회 역(서울: 가톨릭출판사, 2021)을 참조하라.

61 오스카 쿨만이 자신의 책, 구원의 역사, 김광식 역(서울: 대한기독교서회, 1978)에서 상세히 논의한 바 있다.

62 천정웅, 시한부 종말론과 실현된 종말론 (서울: 말씀의 집, 1991)을 참조하라.

63 스테판 사이저, 시온의 크리스천 군사들: 세대주의적 시온주의 비판, 김정환 역(서울: 기독교문서선교회, 2013)은 극단적 세대주의에 대한 탁월한 비판서다.

64 최근 짐승의 표 666에 큰 관심을 보여온 집단이 킹제임스역본 유일론을 주장하는 말씀보존학회이다.

65 이주만, 666베리칩의 허구성(서울: 해피&북스, 2015)

66 대표적인 이단이 신천지와 하나님의 교회 집단이다.

67 조시 래드, 종말론강의, 이승구역(서울: 이레서원, 2017)을 참조하라.

2부   예수동행일기를 통한 영성 형성의 신학적 근거

유기성·유재경·이강학·이은재

II. 기독교 영성형성의 관점에서 본 예수동행일기(영성신학)

68 Gerald G. May, Care of Mind/Care of Spirit: A Psychiatrist Explores Spiritual Direction(San Francisco: Harper & Row, 1982), 6.

69 Paul Bramer, Introduction to Spiritual Focus: Spiritual Formation and Christian Education CEJ, Vol. 7, No.2(2010), 334.

70 E. Farley, Theologia: The Fragmentation and unity of Theological Education(Philadelphia: Fortress Press, 1983).

71 D. E. Babin. et al. Voyage vision venture: A report by the task force on spiritual development (Dayton: American Association of Theological Schools in the United States and Canada, 1972)

72 Joann Wolski Conn, Spiritual Formation, Theology Today 56(1999), 87.

73 Rob Rhea, Exploring Spiritual Formation In The Christian Academy: The Dialects of Church, Culture, And The Larger Integrative Task, Journal of Psychology and Theology, 39(2011), 7.

74 Paul Bramer, Introduction, (2010), 336.

75 Dallas Willard, Spiritual Formation in Christ: A Perspective on What It is And How It

Might Be Done, Journal of Psychology and Theology, 28(2000), 254-255.

76 M. Robert Mulholland JR, Invitation To A Journey (Illinois: Intervarsity Press, 1993), 12.

77 Paul Pettit, Foundations of Spiritual Formation (Grand Rapids: Kregel Publications, 2008), 24.

78 Jeffrey P. Greenman, George Kalanttzis, Life in the Spirit: Spiritual Formation in Theological Perspective (Illinois: IVPAcademic, 2010), 24.

79 Ibid., 255.

80 Dallas Willard, Renovation of The Heart (Colorado: Nav Press, 2002)

81 Ibid., 22.

82 Ibid., 31.

83 Diane J. Chandler, Christian Spiritual Formation: An Integrated Approach for Personal and Relational Wholeness (Illinois: IVP Academic, 2014), 13.

84 '영성형성' 또는 '기독교 영성형성'이 혼용되고 있음을 발견할 수 있다. 일부학자들은 영성형성이란 용어를 사용하고, 다른 학자들은 기독교인을 위한 영성형성 또는 기독교 안에서 영성형성, 나아가 기독교 영성형성이란 용어를 선호하고 있다. 그런데 윌라드는 영성형성과 기독교와 관련된 영성형성의 차이를 분명히 하고 있다. 이러한 논의는 한 때 영성을 연구하는 학문을 '영성신학'으로 불렀지만 최근의 영성학 연구는 영성학의 본질이 기독교에만 국한된 것이 아님을 말하고 있다. 즉 일반 영성, 또는 다른 종교의 영성과 기독교 영성을 구분하여 사용해야 한다는 것이다. 영성형성에 대한 논의도 영성학의 연구 경향의 영향을 받을 수밖에 없다. 따라서 영성형성을 논할 때도 그것이 일반 영성형성인지, 다른 종교의 영성형성인지, 기독교 영성형성인지를 보다 분명하게 할 필요가 있을 것이다.

85 Diane J. Chandler, Christian, (2014), 24-25.

86 M. Robert Mulholland JR, Invitation(1993), 15-17.

87 Ibid., 19-24.

88 Dallas Willard, Spiritual Formation in Christ Is for the Whole Life and the Whole Person, in For All the Saints: Evangelical Theology and Christian Spirituality, eds., Timothy George and Alister McGrath (Louisville, London: Westminster John Knox Press, 2003), 45.

89 M. Robert Mulholland JR, Invitation(1993),25-32.

90 Claus Westermann, Genesis 1-11: A Commentary, trans. John J. Scullion (Minneapolis: Augsburg Publishing, 1984), 144.

91 Diane J. Chandler, Christian, (2014), 31-33.

92 M. Robert Mulholland JR, Invitation, (1993), 33-39.

93 Ibid., 40-44.

94 Paul Rorem, Pseudo-Dionysisus(New York·Oxford: Oxford University Press, 1993)

95 M. Robert Mulholland JR, Invitation, (1993), 75-101.

96 리처드 포스터, 권달천·황을호 옮김, 「영적 훈련과 성장」(서울: 생명의 말씀사, 1986)

97 M. Robert Mulholland JR, Invitation, (1993), 80-140.

98 Ibid., 64-77.

99 Dallas Willard, Renovation, (2002). 32-38.

100 Ibid., 31.

101 Diane J. Chandler, Christian, (2014), 17.

102 Ibid.,

103 Quinn Pearson, Janice Nicholson, Comprehensive character education in the elementary

school, Journal of Humanistic Counseling 38(2000), 243-251.

104 Ron Klug, How to Keep a Spiritual Journal: A Guide to Journal Keeping for Inner Growth and Personal Discovery, ebook Log 49.

105 Christian Baldwin, Life's Companion (New York: Bantam Books1991), 11.

106 유기성, 「영성일기」(서울: 규장, 2012), 29.

107 Donald Bloesch, The Crisis of Piety(Grand Rapids, Mich: Eerdmans, 1968), 67.

108 리처드 포스터, 권달천·황을호 옮김, 「영적 훈련과 성장」(서울: 생명의 말씀사, 1986), 16.

109 Henri Nouwen, The Desert Counsel to Flee the World, Sojourners (June, 1980), 17.

110 장문정, "자기를 낮추는 기술로서의 글쓰기: 후기구조주의를 중심으로," 「대동철학」, 40(2007)

111 박노권, "영성훈련으로서 영적일기 작성의 효과에 대한 연구", 「신학과 현장」, 20(2010)

112 유기성, 「영성일기」(2012), 26.

113 Ibid., 43-51.

114 Ibid., 63-71.

115 Ibid., 79-87.

116 Ibid., 95-103.

117 Ibid., 113-121.

118 Christian Baldwin, Life's, (1991), 71-73.

119 Ibid., 93-99.

120 Ibid., 119-120.

121 Ibid., 151.

122 Ibid., 161-166.

123 Ibid., 173-221.

124 Ron Klug, How to Keep a Spiritual Journal: A Guide to Journal Keeping for Inner Growth and Personal Discovery (Minepolice: Augsburg Books, 2002)

125 Helen Cepero, Journaling as a Spiritual Practice (IL: InterVarsity, 2002)

III. 영성형성과 영성지도: 이그나티우스 로욜라와 에반 하워드를 중심으로(영성신학)

126 헨리 나우웬, 「두려움에서 사랑으로: 헨리 나우웬의 7가지 영성훈련」, 마이클 크리스텐슨 & 레베카 레어드 엮음, 윤종석 옮김 (서울: 두란노, 2011), 15.

127 영성, 영성형성, 영성훈련 등의 정의와 관련해서는 다음 자료를 참고하라: 이강학, "문화 목회에 있어서 영성훈련 모델," 「문화 목회를 말한다」, 대한예수교장로회총회문화법인, 166-205, (서울: 대한기독교서회, 2017).

128 이 논문에서 한글 성경은 개역개정판을, 영성 성경은 New International Version을 사용한다.

129 로욜라의 성 이냐시오, 정한채 역, 「영신수련」(서울: 이냐시오영성연구소, 2010), 26. 이하, 『영신수련』 인용은 페이지 대신 [ ] 단락 번호를 사용한다.

130 이냐시오, 「영신수련」, 각주8, 14.

131 "셋째. 영적 위안에 대하여. 영혼 안에 어떤 내적 움직임이 일어나서, 그것으로 말미암아 영혼이 창조주 주님께 대한 사랑으로 타오르고, 그 결과 지상의 어떠한 피조물 그 자체를

사랑할 수 없고, 그 모든 것들의 창조주 안에서 사랑하게 될 때를 위안이라 한다. 또한, 자신의 죄를 슬퍼하거나, 우리 주 그리스도의 수난 때문에 또는 주님을 섬김과 찬미에서 질서가 바르게 서 있는 다른 것 때문이든 간에 주님께 대한 사랑이 동기가 되어 눈물을 흘릴 때이다. 끝으로 창조주 주님 안에 잠겨있고 평온하면서, 희망, 믿음과 사랑, 이 모두가 증가하며, 그리고 천상의 것과 자기 영혼구원으로 초대하고 이끌어 가는 모든 내적 기쁨을 나는 위안이라 한다."[316]

132 "영적 황폐에 대하여, 나는 셋째 규칙과 반대되는 모든 것을 황폐라 한다. 영혼의 어둠, 그 안에서의 혼란, 저속하고 지상 것에 대한 동요, 여러 가지 충동과 유혹으로 인한 불안, 희망도 없고, 사랑도 없이 불신으로 몰아가며, 모든 게으름, 미지근함, 슬픔 그리고 창조주 주님에게서 떨어져 나간 것처럼 스스로 알게 될 때이다. 위안이 황폐와 반대이듯이 또한 위안으로부터 오는 사유들도 황폐로부터 오는 사유들과 반대이다."[317]

133 "[2] ... 왜냐하면, 관상하는 사람이 그 줄거리의 확실한 바탕을 가지고 그 스스로 숙고하고 추리해서, 자신의 추리에 의해서거나, [하나님]의 힘으로 지성이 밝아져, 그 사실을 조금이나마 명료하게 깨우치게 되거나, 거기에 더 심취하게 하는 무엇을 수련자가 스스로 얻음으로써, 그는 영신수련을 주는 사람이 그 사실의 의미를 길게 설명하고 부연했을 때보다 영적 맛과 결실을 더 많이 얻기 때문이다. 실은 영혼을 충만케 하고 만족하게 하는 것은 많이 아는 것이 아니라, 그것들을 내적으로 체득하고 맛 들이는 데 있다."

134 The Brazos' Introduction to Christian Spirituality(Grand Rapids, MI: Brazos Press, 2008); James Wilhoit & Evan Howard, Discovering Lectio Divina; Bringing Scripture into Ordinary Life(Downers Grove, IL: IVP, 2012); 「렉시오 디비나: 거룩한 독서의 모든 것」, 홍병룡 역(서울: 아바서원, 2016); A Guide to Christian Spiritual Formation: How Scritpure, Spirit, Community, and Mission Shape Our Souls(Grand Rapids, MI: Baker Academic, 2018); Praying the Scriptures: A Field Guide for Your Spiritual Journey(Downers Grove, IL: IVP, 1999); 「성경 그대로 기도하기」, 채수범 역(서울: 규장, 2014); Evangelical Spirituality, in Four Views on Christian Spirituality, ed. Stanley N. Gundry, 159-186(Grand Rapids, MI: Zondervan, 2012)

135 다음의 내용은 〈기독교영성형성 가이드〉의 요약이다.

136 "a Spirit-and human-led process by which individuals and communities mature in relationship with the Christian God(Father, Son, and Holy Spirit) and are changed into ever-greater likeness to the life and gospel of this God." Howard, A Guide to Christian Spiritual Formation, 18.

137 전통적인 영성형성 단계를 현대 영성지도자들은 동일한 방식으로 사용하지 않는다. 하워드와 마찬가지로, 헨리 나우웬(Henri Nouwen)도 전통적인 단계를 사용하기 보다는 영적인 움직임을 양극성 사이의 움직임으로 묘사했다: 예를 들어, 〈영적 발돋움〉에서는 외로움에서 고독으로, 적대감에서 환대로, 불멸의 환상에서 기도로 영성형성 과정을 묘사했다. 나우웬은 그의 저작을 통틀어 26개의 쌍을 언급하고 있다.

138 Howard, A Guide to Christian Spiritual Formation, 92.

139 Howard, A Guide to Christian Spiritual Formation, 93.

140 Howard, "Evangelical Spirituality," 181-85. 지면 관계상 각각의 영성훈련에 대해 상술하지는 않겠다.

141 윌리엄 베리 & 윌리엄 코널리, 「영적 지도의 실제」, 김창재, 김선숙 옮김(왜관, 경북: 분도출판사, 1995), [] 표시는 필자의 것.

142 Howard, A Guide to Christian Spiritual Formation, 77.

143 Howard, A Guide to Christian Spiritual Formation, 76-80.

IV. 경건주의와 예수동행일기(역사신학)

144 '나와 세계'는 현대의 일기에서 가장 중요한 주제이다.

145 "상당한 두려움[Angst] 가운데, 정말로 하나님이 계시기를 바라면서 나는 주일 저녁인 오늘 다시 한 번 더 무릎을 꿇고 비참한 상태에서 구원을 위해 여전히 알 수도 없고 믿을 수 없는 하나님께 간구했다. 그 후, 주님이신 살아계신 하나님은 내가 여전히 무릎을 꿇 고 있는 가운데 보좌로부터 음성을 들려주셨다. 하나님 아버지의 사랑은 너무 컸기에 그 분은 내 마음에서 일어나는 의심과 불안을 점차적으로 진정시키는 것보다(이것으로도 나 에게는 충분한 것이었지만) 대신에 갑자기 내 기도에 응답하기로 하셨고 결과적으로 나는 더욱 마음을 돌이켰고, 내가 잘못하게 된 이유는 그분의 힘과 신실하심에 대적하지 않도 록 되었어야 하는 것이었다. 그 후 나의 모든 의심은 손바닥을 뒤집듯이 순식간에 사라졌 다. 마음속에서, 예수 그리스도 안에서 하나님의 은혜를 확신하였다. 그리고 나는 하나님 을 하나님이자 나의 아버지로 부를 수 있었다. 마음의 모든 슬픔과 불안은 갑자기 사라졌 고, 순간적으로 나는 기쁨의 물결에 휩싸였고 그토록 큰 은혜를 베풀어 주신 하나님께 온 마음을 다해 높이며 찬양 드렸다...그때부터 내가 믿는 기독교는 다함이 없었다."

146 "신학공부는 영혼의 돌봄(cultura animi)이다. 이것은 경건한 기도자의 간구를 통하여 성령 의 은혜로운 인도하심 속에서 생긴다. 따라서 성령은 성경으로부터 거룩한 진리에 대한 정확하고도 살아있는 지식으로 신뢰를 창조하시며, 이 신뢰는 당신 안에서 지속적인 사 역으로서 끝까지 확증해 줄 것이다. 즉 자신의 역량을 연구에 바쳐 무엇보다 자기 계발, 그리스도에게로의 참된 회심, 매일의 갱신을 위해 이를 올바르게 사용한 자로서 순수한 삶, 순수한 교리, 지혜의 은사 등을[순서에 유의하라] 사용하여 모범을 보임으로 사단의 횡포를 멸하고 그리고 꾸준한 신실함을 통해 사람들 가운데서 하나님의 나라가 발전하 고 확장되게 하기 위해서 다른 사람들 앞에서 빛을 낼 것이다. 이를 통하여 하나님의 은 혜를 입은 모든 사람들은 말씀을 따라 일한다. 그리고 그들은 성령이 가시는 길에 장애물 을 놓지 않으며, 예수 그리스도 안에 있는 믿음을 통하여 구원으로 돌아가도록 인도하며 영원한 생명을 갈망하게 한다."

147 Sibylle Schönborn: Das Buch der Seele. Tagebuchliteratur zwischen Aufklärung und Kunstperiode. Tübingen 1999.

148 August Hermann Francke: Tagebuch 1714. Hg., von Veronika Albrecht-Birkner und Udo Sträter. Halle 2014. 프랑케는 일기를 독일어와 라틴어로 기록하였다. 참고로 헤른후트 공동체의 니콜라우스 루트비히 폰 진첸도르프는 1716년부터 일기를 작성했다.

149 엘러스는 프랑케와 가장 밀접하게 사역했던 동역자의 한 사람으로 일기만이 아니라 다 른 저작들의 집필에도 상당히 기여한 것으로 알려져 있다.

150 쾨펜은 프랑케가 1717-18년 독일의 남부지역을 여행할 때 동반하면서 일기를 작성한 것으로 알려져 있다.

151 필기달력은 근대 초기에 가장 성공적인 인쇄물에 해당하지만, 그동안 미디어 분야에 서 캘린더에 관한 연구가 미약했기에 잘 알려지지 않았으며 더구나 17세기에 대한 무 시가 이를 부추긴 경향이 있었다. 그러나 2006년 클라우스 디터 헤릅스트(Klaus Dieter Herbst)의 놀라운 발견으로 인해 17세기에 천문학역사가에 의한 수천여점의 필기달력

이 존재했음이 밝혀졌다. Klaus Dieter Herbst, Verzeichnis der Schreibkalender des 17. Jahrhunderts, Jena 2008.
달력포고령의 맥락에서 보자면, 요한 모리츠 폴츠(Johann Moritz Poltz, 1638-1708)의 "필기달력"(Schreib=Calender, 1684년부터)이 주석을 달고, 질적으로 설득력있는 복사본으로 인정된다. 헤릅스트에 따르면, 17세기의 필기달력은 옛 관습을 극복하고 신-중심적인 세계관을 벗어나려는 비평적인 자극을 제공하였다고 소개한다. 또한 일기의 역사에서 밝힌 것처럼, 필기달력의 경우에도 점차 자아(Ego) 중심적인 문서로 발전하였다.

152 그런 점에서 1714년 1월 18일의 일기는 예외에 가깝다. "오전과 오후 내내 숨어계신 하나님께서 내 불행하고 비참함을 가져오셨다. 그분 앞에서 내 마음은 파헤쳐졌다."

153 "그러므로 여러분은 어떻게 살아가야 할지를 조심하여, 지혜롭지 못한 사람처럼 하지 말고, 지혜로운 사람처럼 하십시오. 세월을 아끼십시오. 때가 악합니다."(엡 5:15-16) "때를 선용하십시오. 여러분은 언제나, 소금으로 맛을 내는 것과 같이, 은혜가 넘치게 말을 하십시오. 여러분은 묻는 이들에게 적절한 대답을 할 줄 알아야 합니다."(골 4:5-6)

154 A. H. Francke: Idea Studiosi Theologiae, oder Abbildung eines der Theologie beflissenen (...). Halle: Waisenhaus 1712.

155 A. H. Francke: Der rechte Gebrauch der Zeit (...). Halle: Waisenhaus 1713.

156 Peter Boerner: Tagebuch. Stuttgart 1969. 42f. 헤른후트 공동체의 지도자인 친젠도르프의 일기(1716-1719)도 출간되었다.

157 A. H. Francke: Die erste Lectio Paraenetica Bey dem Beschluß des Jahres 1718. Halle: Waisenhaus 1729. 18f.

158 참조. 본래 이 말은 플라톤과 아리스토텔레스를 거쳐 기독교 세계에 차용된 용어들이다. Lust는 delectatio를, Freude는 gaudium을 번역한 것이다.

159 A. H. Francke: Die erste Lectio Paraenetica Bey dem Beschluß des Jahres 1718. Halle: Waisenhaus 1729. 19-20.

160 그 당시에 일기가 사적인 것이긴 하지만 그렇다고 해서 비밀스러운 것은 아니었다. 대표적으로 1771년 스위스의 설교자인 요한 카스파르 라바터(Johann Caspar Lavater)가 〈비밀일기, 자기 자신의 관찰자에 관하여〉를 출판함으로써 일기가 문학적인 장르로 도입되었다. 프랑케의 경우, 무엇보다 이런 배경에는 고아원아이들을 위해 교사들이 통제하고 관리할 차원에서 '일기를 사용하도록' 했던 것이다. 아이들 스스로가 잘하는지 못하는지를 인지하도록 하려는 것인데, 이로써 아이들은 자신을 해명하거나 정감을 배우는 일에 유용하도록 하기 위함이었다. A. H. Francke: Instruction oder Regeln für die Präzeptores der Waisenkinder. in: ders., Schriften über Erziehung und Unterricht. Berlin 1871, 556.

161 실제로 프랑케의 일기는 대학의 교수요, 글라우하의 목회자요, 할레 공동체의 원장으로서 다방면의 사역과 모습을 보여준다. 일기의 내용에는 서신교환, 방문자들, 대화, 기도, 공동체 운영에 관한 논의, 설교, 강의, 소그룹 모임, 기부금, 출판, 약품, 추천과 직위문제 등이 언급되고 있으며, 그 대상도 귀족들, 군인들, 시민들, 수공업자들, 여성들 등등 모든 계층이 망라되고 있다. 매우 흥미로운 것은 프랑케가 이 기간에 시편을 묵상하고 있었는데, 그는 하루에 한편씩 읽는 것이 아니라, 한편에 대해 여러 날을 읽고 묵상하였다는 사실이다. 1714년 1월 13일부터 5월 19일까지 4개월 동안 프랑케는 시편 68편부터 105편까지 읽어나갔다.

162 이에 관해서는 A. H. Francke: Segensvolle Fußstapfen. Bearb. u. hg. v. Michael Welte. Gießen 1994를 보라.

예수동행신학

예수동행일기와 그 신학적 근거에 대하여

초판 1쇄 발행 2024년 7월 5일

지은이   정성욱·유기성·유재경·이강학·이은재

기획·편집   김정태·홍정호·유지영
디자인   파크인미

펴낸곳   도서출판 위드지저스
등록번호   제251-2021-000163호
주 소   경기도 성남시 분당구 하오개로344번길 2
전 화   031-759-8308
팩 스   031-759-8309
전자우편   wjp@wjm.kr

Copyright © 유기성, 2023, Printed in Korea

ISBN   979-11-91027-42-6 93230

* 잘못된 책은 바꿔드립니다.
* 책값은 뒤표지에 있습니다.